高等职业教育高水平专业群创新系列教材·汽车类

汽车单片机应用技术

——基于 Proteus 和 Keil C51 仿真

主　编　王秀清　侯丽春
副主编　李　楠　孙乐春
参　编　冷　帅　李雪松　汪月英
　　　　郭其涛　郝　俊　沙泽英
　　　　王　颖　楚玉生

北京理工大学出版社
BEIJING INSTITUTE OF TECHNOLOGY PRESS

内 容 简 介

本书以汽车电控单元（ECU）的控制过程为导向，紧紧围绕汽车类专业岗位所需的素质和能力要求，以九个典型项目为主体，把整个单片机应用技术的理论知识，贯穿于模拟的汽车控制电路中。课程内容既有理论知识又有项目实施，理实结合，活学活用，体现"做中学""学中做"的思想。项目内容包括汽车电控单元（ECU）认知、汽车转向灯控制、汽车电动车窗玻璃升降器控制、电动汽车充电指示显示控制、汽车的延时照明控制、电动汽车启动控制、汽车雨刷控制、汽车发动机水温显示及报警控制、汽车车灯局域网控制。每个项目都是在明确项目要求、知识储备的基础上进行项目实施，项目实施的过程就是单片机硬件电路搭建和C语言程序设计的结合。教师在讲授专业知识的过程当中可以结合每个项目的知识点对学生渗透育人立意和价值导向方面的教育，以完成素养目标的要求。

为方便教师教学，本书配有电子教学课件和习题参考答案，有此需要的教师可在北京理工大学出版社的官方网站网站免费注册后进行下载。书中还配有部分知识讲解、思政点及项目仿真视频，读者可以直接扫一扫书中的二维码观看。

由于编者水平有限，书中难免有疏漏之处，殷切希望使用本书的师生和读者批评指正。

版权专有　侵权必究

图书在版编目（CIP）数据

汽车单片机应用技术：基于 Proteus 和 Keil C51 仿真 / 王秀清，侯丽春主编. ——北京：北京理工大学出版社，2021.7（2022.2重印）

ISBN 978-7-5682-9053-1

Ⅰ.①汽…　Ⅱ.①王…②侯…　Ⅲ.①汽车－单片微型计算机－高等学校－教材　Ⅳ.①U463.6

中国版本图书馆 CIP 数据核字（2021）第 138348 号

出版发行 / 北京理工大学出版社有限责任公司	
社　　址 / 北京市海淀区中关村南大街 5 号	
邮　　编 / 100081	
电　　话 /（010）68914775（总编室）	
（010）82562903（教材售后服务热线）	
（010）68944723（其他图书服务热线）	
网　　址 / http://www.bitpress.com.cn	
经　　销 / 全国各地新华书店	
印　　刷 / 河北鑫彩博图印刷有限公司	
开　　本 / 787 毫米 × 1092 毫米　1/16	
印　　张 / 19	责任编辑 / 高雪梅
字　　数 / 406 千字	文案编辑 / 高雪梅
版　　次 / 2021 年 7 月第 1 版　2022 年 2 月第 2 次印刷	责任校对 / 周瑞红
定　　价 / 45.00 元	责任印制 / 李志强

图书出现印装质量问题，请拨打售后服务热线，本社负责调换

前 言

△ 汽车单片机应用技术——基于 Proteus 和 Keil C51 仿真

本书以51系列单片机为主体，应用 Proteus 和 Keil C51 软件进行项目仿真。通过本课程的学习，可以使学生掌握汽车单片机应用技术方面的基础知识、基本理论和基本技能；掌握这些知识及技能在汽车电子控制技术方面的应用；加深学生对汽车电控单元工作过程的分析和理解；培养学生进行单片机应用系统的硬件电路设计、电路板制作和程序编写、调试的专业实践能力，并为学习后续课程和今后在实际工作中应用单片机技术打好基础。

本书融合了编者多年的教学改革经验及教学科研成果编写而成，全书共分九个典型项目，每个项目分为三大模块：项目要求、知识储备、项目实施。项目要求设定了3个目标，知识目标是基础，能力目标是实践，素养目标是升华。三者紧密结合缺一不可。使用本书的教师要领会《习近平新时代中国特色社会主义思想进课程教材指南》精神，在教学过程中，将专业元素与思政元素结合，解决学生意识形态的问题。知识储备和项目实施内容皆以模拟汽车上的电控单元控制为主线，配以所需的理论知识和项目实践，贴近岗位需求。教学实施过程采用项目驱动的方法，带着项目和问题学知识、练技能，体现"做中学""学中做"的思想，使C语言不再枯燥，单片机不再高深，汽车电控单元（ECU）不再难懂。项目九为汽车车灯局域网控制，是编者和团队的课题研究成果，将其全部内容呈现在本书里，供读者学习和参考。本书的参考学时数约为90学时，在使用时可根据具体教学情况酌情增减学时。

王秀清和侯丽春对本书的编写思路与大纲进行了总体规划，指导全书的编写，对全书统稿，并编写项目四、项目九，李楠和孙乐春协助完成统稿工作，并分别编写项目七、项目八，沙泽英编写项目一，楚玉生和王颖编写项目二、附录1和附录2，郝俊和汪月英编写项目三和附录3，李雪松和郭其涛编写项目五、附录4和附录5，冷帅编写项目六。

感谢教学合作企业的工程技术人员及教学团队的各位老师对本书提出的宝贵意见和建议，同时在编写过程中参考了多位同行老师的著作及资料，在此一并表示感谢。

为方便教师教学，本书配有电子教学课件、习题参考答案、项目实施的仿真视频及思政点，其中项目实施的仿真视频及思政点，可以直接扫一扫书中的二维码观看。

由于编者水平有限，书中疏漏之处，殷切希望使用本书的师生和读者批评指正。

编 者

目 录

△ 汽车单片机应用技术——基于 Proteus 和 Keil C51 仿真

▶ 项目一　汽车电控单元（ECU）认知 ·· 1

项目要求 ·· 1
知识储备 ·· 1
　一、ECU 的定义及主要厂家 ·· 1
　二、ECU 的基本组成 ·· 2
　三、ECU 的基本结构体系 ·· 2
　四、传统汽车 ECU 与电动汽车 ECU 的异同点 ·· 4
　五、ECU 的未来发展 ·· 5
　六、汽车上的 ECU 应用举例 ·· 5
项目实施 ·· 7
练习题 ·· 10

▶ 项目二　汽车转向灯控制 ··· 11

项目要求 ·· 11
知识储备 ·· 11
　一、单片机概述 ·· 11
　二、单片机学习软件 ·· 15
　三、STC – ISP 软件 ·· 38
项目实施 ·· 42
练习题 ·· 50

▶ 项目三　汽车电动车窗玻璃升降器控制 ······································ 51

项目要求 ·· 51

知识储备 ·· 51
  一、单片机内部结构 ··· 51
  二、8051 的信号引脚 ··· 53
  三、单片机最小系统电路 ··· 54
  四、51 单片机的存储器结构 ··· 60
  五、单片机并行 I/O 端口 ·· 67
项目实施 ·· 68
练习题 ··· 76

▶ 项目四　电动汽车充电指示显示控制　78

项目要求 ·· 78
知识储备 ·· 78
  一、C 语言概述 ·· 78
  二、C 语言的函数 ··· 80
  三、C 语言的基本语句 ·· 83
  四、C 语言的数据与运算 ··· 95
  五、C 语言的数组 ··· 112
项目实施 ·· 116
练习题 ··· 125

▶ 项目五　汽车的延时照明控制　129

项目要求 ·· 129
知识储备 ·· 129
  一、定时/计数器 ·· 129
  二、中断系统 ·· 134
项目实施 ·· 140
练习题 ··· 152

▶ 项目六　电动汽车起动控制　153

项目要求 ·· 153
知识储备 ·· 153
  一、单片机与 LED 数码管接口 ·· 153
  二、单片机与 LED 点阵显示器接口 ·································· 163
  三、单片机与字符 LCD 液晶显示器接口 ···························· 172

四、单片机与矩阵键盘接口 182
项目实施 194
练习题 206

▶ 项目七 汽车雨刷控制 208

项目要求 208
知识储备 208
　一、数据传输的概念 208
　二、51单片机的串行接口 211
　三、51单片机串行口应用编程 216
　四、扩展并行I/O端口 220
　五、常用串行通信总线 225
项目实施 227
练习题 232

▶ 项目八 汽车发动机水温显示及报警控制 234

项目要求 234
知识储备 234
　一、模拟信号与数字信号 234
　二、A/D转换原理 235
　三、A/D转换的主要技术指标 237
　四、单片机内部ADC及其应用 237
项目实施 241
练习题 250

▶ 项目九 汽车车灯局域网控制 252

项目要求 252
知识储备 252
　一、汽车网络技术的发展历史 252
　二、汽车网络技术的作用 253
　三、汽车网络的拓扑结构 253
　四、汽车网络的类型 254
　五、汽车网络技术的发展趋势 255
　六、汽车单片机局域网的基本概念 256

项目实施 ……………………………………………………………………………… 259
练习题 …………………………………………………………………………………… 279

▶ 附录

附录1　ASCII 码字符表 ………………………………………………………… 280
附录2　汽车电控单元汇总 ……………………………………………………… 281
附录3　汽车传感器汇总 ………………………………………………………… 282
附录4　Proteus 常用元件表 …………………………………………………… 285
附录5　常用的 C51 标准库函数 ……………………………………………… 287

▶ 参考文献 …………………………………………………………………………… 294

项目一 汽车电控单元(ECU)认知

△ 汽车单片机应用技术——基于 Proteus 和 Keil C51 仿真

🚗 项目要求

知识目标：
1. 了解汽车电控单元(ECU)的定义、种类、功能及组成。
2. 掌握汽车电控单元(ECU)的工作过程。

能力目标：
1. 能在汽车上找到至少 5 种汽车电控单元(ECU)的位置。
2. 能识别汽车上至少 5 种汽车电控单元(ECU)的名称及作用。

素养目标：
1. 汽车电子控制系统有核心技术，中国人民有共产党的核心领导。
2. 涵养家国情怀，激发使命担当。

🚗 知识储备

汽车电控单元(ECU)是汽车电子控制系统的核心技术。

核心

一、ECU 的定义及主要厂家

ECU 原来指的是 Engine Control Unit，即发动机控制单元，特指电喷发动机的电子控制系统。但是随着汽车电子的迅速发展，ECU 的定义也发生了巨大的变化，变成了 Electronic Control Unit，即电子控制单元，泛指汽车上所有电子控制系统，可以是转向 ECU，也可以是调速 ECU、空调 ECU 等，而原来的发动机 ECU，有很多的公司称之为 EMS(Engine Management System)。随着汽车电子的自动化程度越来越高，汽车零部件中也出现了越来越多的 ECU，线路之间复杂程度也急剧增加。为了使电路简单化、精细化、小型化，汽车电子中引进了 CAN 总线来解决这个问题。因为 CAN 总线能将车辆上多个 ECU 之间的信息传递形成一个局域网络，有效地解决线路信息传递所带来的复杂化问题。目前博世、德尔福、电装、中国的 VDO 等都是汽车 ECU 行业的领导者。

二、ECU 的基本组成

简单来说，ECU 由微机和外围电路组成。而微机就是在一块芯片上集成了微处理器（CPU）、存储器和输入/输出接口的单元，也称它为单片机。ECU 的主要部分是微机（单片机），微机的核心部件是 CPU。输入电路接收传感器和其他装置输入的信号，对信号进行过滤处理和放大，然后转换成输入电平信号。从传感器送到 ECU 输入电路的信号既有模拟信号也有数字信号，输入电路中的模/数转换器可以将模拟信号转换为数字信号，然后传递给微机。微机将上述已经预处理过的信号进行运算处理，并将处理数据送至输出电路。输出电路将数字信息的功率放大，有些还要还原为模拟信号，使其驱动被控的调节伺服元件工作，例如继电器和开关等。因此，ECU 实际上是一个电子控制单元，由输入处理电路、微处理器（单片机）、输出处理电路、系统通信电路及电源电路组成。ECU 的结构如图 1-1 所示。

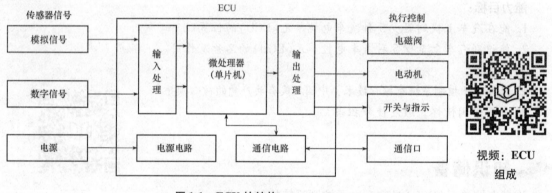

图 1-1　ECU 的结构

详细来说，ECU 一般由微机（单片机）、扩展内存、扩展 IO 口、CAN/LIN 总线收发控制器、A/D 及 D/A 转换口（有时集成在 CPU 中）、PWM 脉宽调制、PID 控制、电压控制、看门狗、散热片和其他一些电子元器件组成，特定功能的 ECU 还带有诸如红外线收发器、传感器、DSP 数字信号处理器、脉冲发生器、脉冲分配器、电动机驱动单元、放大单元、强弱电隔离等元器件。整块电路板设计安装在一个铝质盒内，通过卡扣或者螺钉安装于车身钣金上。ECU 一般采用通用且功能集成开发容易的 CPU，软件一般用 C 语言来编写，图 1-2 所示是汽车使用较普遍的一种电控系统结构。

三、ECU 的基本结构体系

汽车电子控制系统包括硬件和软件两部分。硬件有电子控制单元及其接口、传感器、执

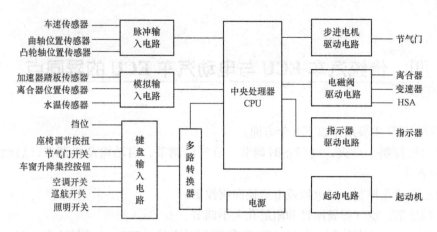

图1-2 电控系统结构

行机构、显示机构等；软件存储在 ECU 中支配电子控制系统完成实时测控功能。汽车上的大部分电子控制系统中的 ECU 电路结构大同小异，其控制功能的变化主要依赖软件及输入、输出模块的功能变化，随控制系统所要完成的任务不同而不同，ECU 的基本结构体系包括输入处理电路、微处理器、输出处理电路、电源电路。

输入处理电路通过模/数转换器将输入的非数字信号转换为数字信号，提供给微处理器。控制系统要求模数信号转换具有较高的分辨率和精度（>10 位）。为了保证测控系统的实时性，采样间隔一般要求小于 4 ms。数字信号需要通过电平转换得到计算机接收的信号。对超过电源电压、电压在正负之间变化、带有较高的振荡或噪声、带有波动电压等输入信号，输入电路也对其进行转换处理。

微处理器对输入信号进行运算处理，并控制所需的输出值，按要求适时地向执行机构发送控制信号。过去微处理器多数是 8 位和 16 位的，也有少数采用 32 位的。现在多用 16 位和 32 位。

在输出处理电路中，微处理器输出的信号往往用作控制电磁阀、指示灯、步进电机等执行件。微处理器输出信号功率小，使用 +5 V 的电压，汽车上执行机构的电源大多数是蓄电池，需要将微处理器的控制信号通过输出处理电路处理后再驱动执行机构。

在电源电路中，ECU 内部一般带有内置电源和电压转换电路，以保证微处理器及其接口电路工作在 +5 V 的电压下，即使在发动机启动工况等使汽车蓄电池电压有较大波动时，也能提供 +5 V 的稳定电压，从而保证系统的正常工作。

在软件方面，ECU 的控制程序包括计算、控制、监测与诊断、管理、监控几个方面。执行如图 1-3 所示的控制模式。

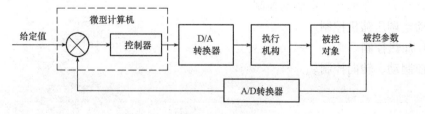

图1-3 控制模式

四、传统汽车 ECU 与电动汽车 ECU 的异同点

传统汽车 ECU 主要用于以下几个方面：

(1) 发动机控制，点火，气门正时调节，节气门调节，启动电动机调节，启动离合调节，喷油调节等。

(2) 自动变速箱控制，继电器或电磁换向阀控制。

(3) 主动悬架，空气弹簧刚性和阻尼孔大小调节。

(4) 驱动力以及防滑控制，包括 ABS 防抱死制动系统、EBD 电子制动力分配、EBA 紧急制动辅助装置、ESP 电控行驶平稳系统、TCS 循迹控制系统、MSR 发动机阻力矩控制、EDS 电子差速锁、OBD 车载自动诊断系统、DSC 动态稳定控制系统。

(5) 车身控制 BCM，包括车窗升降（包括力传感——用于安全）、天窗折叠、滑动，座椅升降调制，雨刮，除霜器等。

(6) 空调，采暖，通风控制，包括压缩机、冷凝器、蒸发器风扇、膨胀阀等控制。

(7) 电子开关和照明，包括大灯、尾灯、显示背光、加减速、电台、CD 等。

(8) ACC 电子主动巡航控制。

(9) 安全气囊自诊断和点爆控制。

(10) 主动式安全带自诊断和点爆控制，回拉式安全带点爆控制。

(11) EPS 转向控制，HPS 转向控制。

(12) TPC 胎压控制。

(13) 汽车仪表。

(14) 防盗报警。

(15) 车尾高度平衡系统。

(16) 智能传感器，即带 ECU 的传感器。

电动汽车相对于传统汽车，多了电池管理系统、电机控制器、车载充电机、DC/DC 转换器等部件，因此 ECU 的控制功能也有一些不同，电动汽车的 ECU 控制与传统汽车相比有以下不同：

(1) 电机控制。

(2) 动力电池管理系统。

(3) 充电控制。

(4) 混合动力汽车油耗、电驱动控制。

(5) 电动空调压缩机控制。

(6) PTC 加热控制。

(7) 线控制动、转向控制。

五、ECU 的未来发展

如图 1-4 所示,随着汽车电控技术及车载网络技术的发展,集中综合控制、总线技术、汽车智能控制是未来汽车电子控制技术的重点发展方向。集中综合控制指的是单片机的类型将会启用更高位数的,各系统 ECU 向综合一体发展,互联网技术将可能切入,车载 PC 融入等。总线技术指的是各个 ECU 通过局域网技术实现车内互联,各 ECU 之间信息共享。汽车智能控制指的是传感技术、图像识别技术、导航技术,将使汽车智能控制得到发展。汽车网络技术发展必然将所有的控制系统集为一体,未来的 ECU 将会是强大的计算机系统,将整合电动机及控制系统、自动变速箱、ABS 系统、车载娱乐影音系统、四轮驱动扭矩分配系统、主动悬挂系统、安全气囊+安全带系统等所有需要管理的部件,我们可以享受汽车影音系统,可以玩 PC-Game,可以接收 GPS 信号,甚至连一个杯架都会处于 ECU 的管理之下,可以说 ECU 是汽车电子控制系统的核心技术。

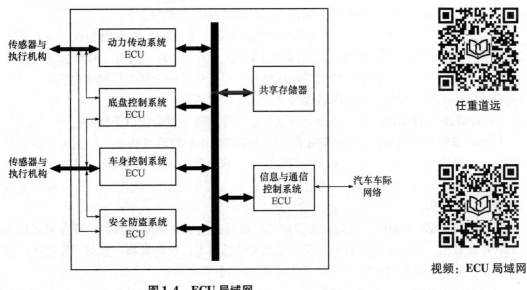

图 1-4 ECU 局域网

六、汽车上的 ECU 应用举例

大众车系发动机电控单元(ECU)J623 是发动机的综合控制装置。它的功用是根据自身存储的程序对发动机各传感器输入的各种信息进行运算、处理、判断,然后输出指令,控制有关执行器动作,达到快速、准确、自动控制发动机工作的目的。

（一）J623 的构成

J623 主要由以下四部分组成。

1. 输入回路

接收从传感器来的输入信号，对输入信号进行预处理，一般是去除杂波和把正弦波变为矩形波后，再转换成电压信号。与 J623 连接的传感器有离合器温度传感器、换挡执行器行程传感器、发动机水温传感器、曲轴位置传感器、油门踏板位置传感器、氧传感器、机油压力开关爆震传感器等。

2. A/D 转换器（模/数转换器）

从传感器送出的信号有相当一部分是模拟信号，经输入回路处理后，虽已变成相应的电压信号，但这些信号微型计算机（单片机）还不能直接处理，需经过相应的 A/D 转换器，将模拟信号转换成数字信号后再输入微型计算机（单片机）。

3. 微型计算机（单片机）

微型计算机（单片机）是发动机电子控制的中心，它能根据需要把各种传感器送来的信号，用内存程序和数据进行运算处理，并把处理结果送往输出回路。微型计算机（单片机）主要由**中央处理器（CPU）**、**存储器**、**输入/输出接口（I/O）** 等组成。

（1）**中央处理器（CPU）**。中央处理器主要由**运算器**、**寄存器**、**控制器**组成。CPU 的工作是在**时钟脉冲发生器**操作下进行的，当微型计算机（单片机）通电后时，时钟脉冲发生器立即产生一连串的具有一定频率和脉宽的电压脉冲，使计算机的全部工作同步，保证同一时间内完成一定的操作，实现控制系统各部分协调工作的目的。

（2）**存储器**。存储器的主要功能是存储信息。存储器一般分为以下两种：

1）**随机存储器（RAM）**。它主要用来存储计算机操作时的可变数据，如用来存储计算机的输入、输出数据和计算过程产生的中间数据等。当电源切断时，所存入 RAM 的数据均完全消失，所以一般 RAM 都通过专用电源后备电路与蓄电池直接连接。但拔掉蓄电池缆线时，数据仍会消失。

2）**只读存储器（ROM）**。它是只能读出的存储器，用来存储固定数据，即存放各种永久性的程序和数据，如喷油特性脉谱、点火控制特性脉谱等。这些资料一般都是制造时厂家一次存入的，新的数据不能存入，电源切断时 ROM 信息不会消失。

只读存储器存储的大量程序和数据，是计算机进行操作和控制的重要依据，它们都是通过大量实验获得的，存入只读存储器中数据的精确性（如各种工况和各种因素影响下发动机的喷油控制数据、点火控制数据），是满足微型计算机（单片机）控制发动机动力性、经济性和排放性等的最重要的保证。

（3）**输入/输出接口（I/O）**。I/O 是 CPU 与输入装置（传感器）、输出装置（执行器）间进行信息交流的控制电路，根据 CPU 的命令，输入信号以所需要的频率通过 I/O 接口接收，输出信号则按发出控制信号的形式和要求通过 I/O 接口，以最佳的速度送出。输入、输出装置一般都通过 I/O 接口才能与微型计算机（单片机）连接，它起着数据缓冲、电压信号匹配、时序匹配等多种功能。

4. 输出回路

输出回路是微型计算机(单片机)与执行器之间建立联系的一部分装置,它将微型计算机(单片机)发出的指令转变成控制信号来驱动执行器工作。输出回路一般起着生成和放大控制信号的功能。

(二)工作过程

当**发动机**启动时,电控单元进入工作状态,某些程序和步骤从 ROM 中取出,进入 CPU。这些程序可以是控制点火时刻、控制**汽油**喷射、控制**怠速**等。通过 CPU 的控制,一个个指令逐个地进行循环。执行程序中所需的发动机信息,来自各个传感器。从传感器传来的信号,首先进入输入回路,对其信号进行处理,如是数字信号,则根据 CPU 的安排,经 I/O 接口,直接进入微型计算机(单片机);如是**模拟信号**,则还要经过 A/D 转换器,转换成**数字信号**后,才能经 I/O 接口进入微型计算机(单片机)。大多数信息暂存在 RAM 中,根据指令再从 RAM 送至 CPU。下一步是将存储器 ROM 中参考数据引入 CPU,使输入传感器的信息与之比较。对来自有关传感器的每个信号,依次取样,并与参考数据进行比较。CPU 对这些数据比较运算后,做出决定并发出输出指令信号,经 I/O 接口进行放大,必要的信号还经 D/A 转换器变成模拟信号,最后经输出回路去控制执行器动作。

(三)设计原则

(1) 系统具有较好的抗震和抗电磁干扰能力,能在各种环境温度下可靠工作。
(2) 电路采用**模块化设计**方法。
(3) 采用低功耗高性能的元器件、简化电路、降低功耗、提高控制精度。
(4) 采用车上低压电池供电,选用先进的开关电源。
(5) ECU **硬件系统**安装调试方便,便于维修,质量轻。
(6) 采用标准化开放式设计方法,便于系统的扩展、移植和修改。
(7) 在**软件设计**中,采用层状结构体系和模块化技术便于修改和扩展。

项目实施

汽车电控单元(ECU)认知

1. 目的与要求

要求学生将在车上找到的电控单元(ECU)拍照上传至 UMU 教学互动软件(或其他教学软件),投屏到屏幕上,并说出所拍到的汽车电控单元(ECU)的名称及作用。使学生对汽车电控单元有一个直观的认识。为学生进一步学习单片机知识起到一个引领作用。

2. 操作步骤

组织学生到实训室,分组在实车上查找汽车电控单元(ECU),不同系统有自己独立的 ECU,根据需要放置在执行器附近,车型不同会有所区别。将查找到的汽车电控单元(ECU)的位置、外形及型号拍照,教师讲解或学生讨论所找到的 ECU 的名称及作用。

图 1-5 所示为宝马 3 系车身控制单元分布。

图 1-6 所示为 2019 款上汽大众途岳前机舱部分电控单元位置。

图 1-5 宝马 3 系车身控制单元分布

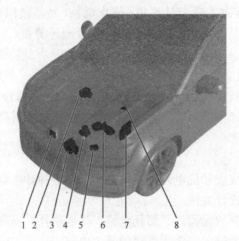

图 1-6 2019 款上汽大众途岳前机舱部分电控单元位置
1—车距调节控制单元 – J428 – [仅适用带自动车距控制（ADR）的汽车]；
2—ABS 控制单元 – J104 –；3—散热器风扇控制单元 – J293 –；
4—节气门控制单元 – GX3 –；5—双离合器变速箱机电装置 – J743 –；
6—转向辅助控制单元 – J500 –；7—发动机控制单元 – J623 –；
8—蓄电池调节控制单元 – J840 –

各 ECU 具体安装位置如图 1-7 ~ 图 1-14 所示。

图 1-7 车距调节控制单元安装位置　　图 1-8 节气门控制单元安装位置

图 1-9　ABS 控制单元安装位置

图 1-10　蓄电池调节控制单元安装位置

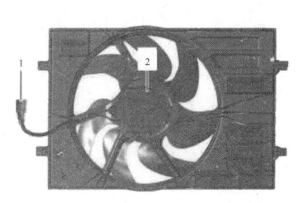
图 1-11　散热器风扇控制单元安装位置

图 1-12　双离合器变速箱机电装置安装位置

图 1-13　转向辅助控制单元安装位置

图 1-14　发动机控制单元安装位置

🚗 **练习题**

一、填空题

1. 汽车上的电控单元(ECU)有很多，每个控制系统都有自己独立的ECU，根据需要放置在_____附近，有的是安装在仪表盘下方，有的是安装在发动机舱内，车型不同会有所区别。
2. 中央处理器(CPU)主要由_____、_____、_____组成。
3. 汽车电控单元接收_____信号，输出控制信号控制_____工作，例如发动机控制单元接收_____和_____信号，控制点火时刻。

二、简答题

1. 汽车电控单元(ECU)与单片机是什么关系？
2. 汽车电控单元(ECU)由哪几部分组成？
3. 汽车电控单元(ECU)是怎么工作的？
4. 简述汽车各电控单元(ECU)在汽车上的位置。
5. 写出5种汽车电控单元(ECU)的名称及作用。

项目二 汽车单片机应用技术——基于 Proteus 和 Keil C51 仿真

汽车转向灯控制

🚗 项目要求

知识目标：
1. 了解单片机的定义、组成、特点、种类及开发流程。
2. 掌握单片机的 3 种主要学习软件。

能力目标：
1. 能正确识别模拟汽车转向灯控制系统中的电子元件、图形符号及参数，明确单片机应用系统的开发过程。
2. 会使用 Proteus 和 Keil C51 两个软件进行模拟汽车转向灯控制的硬件电路设计、程序编写、编译、加载、调试和电路板制作。对单片机应用系统有一个初步体验，对 C 语言程序设计有一个初步认识。

素养目标：
1. Proteus 和 Keil C51 软件是学习单片机的有效途径，凡事采用正确的方法论很重要。
2. 效率是做好工作的灵魂，要善于思考、勇于创新。

🚗 知识储备

通过对项目一的学习，知道汽车电控单元（ECU）的核心组成器件是单片机，因此学习有关单片机的结构、原理和工作过程将有利于理解汽车电控单元（ECU）的工作原理，为后续课程的学习打下坚实的基础。

一、单片机概述

1. 单片机的定义

随着微电子技术的不断发展，计算机技术也得到了迅速发展，并且由于芯片的集成度的提高而使计算机微型化，出现了单片微型计算机（Single Chip Microcomputer），简称单片机。它的各种功能部件，包括 CPU（Central Processing Unit）、存储器（Memory）、基本输入/输出（Input/Output，I/O）接口电路、定时/计数器和中断系统等，采用超大规模集成电路技术将这些功能部件都制作在一块集成芯片上，构成一个完整的微型计算机。单片机实物如图 2-1 所示，单片机的基本功能部件如图 2-2 所示。由于它的结构与指令功能都是按照工业控制要求设计的，故又称为微控制器（Micro Controller Unit，MCU）。

图 2-1　单片机实物　　　　　　　　　　国产单片机

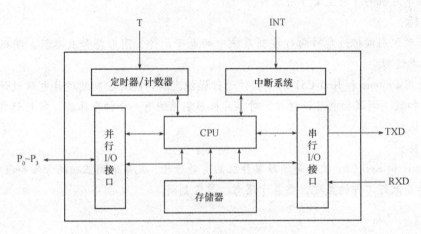

图 2-2　单片机的基本功能部件

　　单片机实质上是一个芯片，它具有结构简单、控制功能强、可靠性高、体积小、价格低等优点，单片机技术作为计算机的一个重要分支，广泛地应用于工业控制、智能化仪器仪表、家用电器、电子玩具等各个领域。

2. 单片机应用系统

　　单片机应用系统是以单片机为核心，配以输入、输出、显示等外围接口电路和控制程序，能实现一种或多种功能的实用系统。汽车电控单元（ECU）就是单片机应用系统的例子。

　　单片机应用系统由硬件和软件（控制程序）两部分组成。硬件是应用系统的基础，软件（控制程序）是在硬件的基础上对其资源进行合理调配和使用，控制其按照一定的顺序完成各种时序、运算或动作，从而完成应用系统所要求的任务。两者相互依赖，缺一不可。

　　单片机应用系统设计人员必须从硬件结构和控制程序设计两个角度来深入了解单片机应用系统，将两者有机地结合起来，才能开发出具有特定功能的单片机应用系统。单片机应用系统的组成如图 2-3 所示。单片机应用系统的开发实验板如图 2-4 所示。

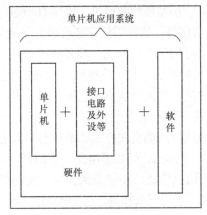

图 2-3 单片机应用系统的组成

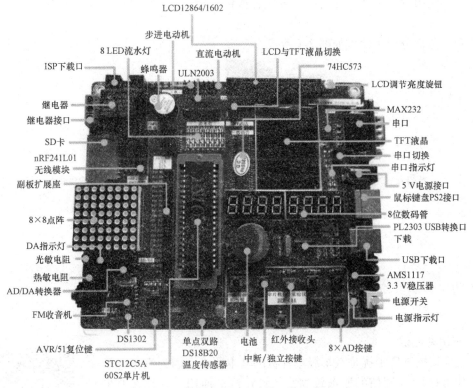

图 2-4 单片机应用系统的开发实验板

3. 单片机的应用

单片机现已渗透进日常生活中的各个领域，小到家用电器、仪器仪表，大到医疗器械、航空航天，无不存在着单片机的身影。一旦在某种产品上添加了单片机，原产品就向互联网靠拢，获得"智能型"的前缀。单片机在各个领域的应用如下：

（1）在仪器仪表领域，一旦采用单片机对其进行控制，便使得仪器仪表变得数字化、智能化、微型化，且其功能更加强大。

（2）在家用电器领域，家用电器已广泛实现了单片机控制，如电饭煲、电冰箱、空调、彩电、音响等。

(3) 在网络通信领域，手机、小型程控交换机、楼宇自动通信呼叫系统等都已实现了单片机控制，且单片机普遍具备通信接口，使得通信设备可以方便地与计算机之间进行数据通信。

(4) 在工业控制领域，可以使用单片机构成多种多样的控制系统，如工厂流水线的智能化管理、电梯智能化控制、各种报警系统、与计算机联网构成二级控制系统等。

(5) 在医疗设备领域，单片机也极大地实现了它的价值，已广泛应用于各种分析仪、监护仪、病床呼叫系统、医用呼吸机等医疗设备。

(6) 在模块化系统中，可利用单片机实现特定功能进行模块化应用，而不要求操作人员了解其内部结构，这样做大大缩小了体积，简化了电路，也降低了损坏率、错误率。

(7) 在汽车电子领域，单片机已广泛应用于点火控制、发动机控制、排放控制、喷油控制、变速控制、防滑控制、制动控制、安全气囊控制、门锁控制、刮水器控制、座椅控制、防盗报警控制、空调控制、前照灯控制、GPS 导航控制、计费器控制、交通控制、ABS 防抱死系统。

除上述应用外，单片机在工商、金融、教育、物流等领域都或多或少地发挥了其本身的作用。

单片机的部分应用领域如图 2-5 所示。

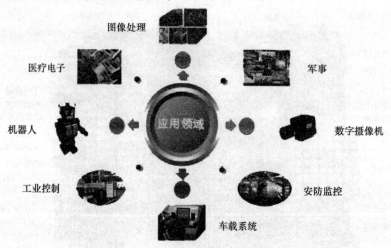

图 2-5　单片机的部分应用领域

4. 车用单片机

抗温度和抗电磁干扰是汽车级单片机的基本要求。因为汽车电子上用单片机对 CAN 通信的要求较高，而且在汽车使用上，什么恶劣环境都有可能碰到，所以对单片机稳定性要求极高。

中国"芯"

汽车上用的单片机一般都是车规级别的，汽车上用的单片机生产公司一般比较常见的有飞思卡尔(NXP)、恩智浦、瑞萨、英飞凌、TI、ST 等。目前车规单片机份额最大的应该是飞思卡尔(NXP)，恩智浦收购了飞思卡尔后，其 8 位的 S08 系列单片机、16 位的 S12 单片机、32 位的 PowerPC 的 MPC 系列单片机、32 位基于 ARM 架构的 S32 系列单片机都是车规级别的。英飞凌的 8 位 XC800 系列、16 位单片机 C166 系列等也是车规级别的。

5. 51 单片机

无论车用单片机还是工业用单片机，它们的结构和原理都有相似性。本书以目前使用最为广泛的 51 系列 8 位单片机为研究对象，介绍单片机的硬件结构、工作原理及应用系统设计。

MCS-51 单片机是指美国 Intel 公司生产的内核兼容的一系列单片机的总称。MCS-51 也代表这一系列单片机的内核。该系列单片机的硬件结构相似、指令系统兼容，包括 8031、8051、8751、8032、8052、8752 等基本型。其中，8051 单片机作为 MCS-51 单片机中的一个基本型，是 MCS-51 单片机中最早期、最典型、应用最广泛的产品，所以 8051 单片机也就成了 MCS-51 单片机的典型代表。

Intel 公司生产出 MCS-51 系列单片机以后，20 世纪 90 年代因致力于研制和生产微型计算机 CPU，而将 MCS-51 的核心技术授权给了其他半导体器件公司，包括 Philip、Atmel、Winbond、SST、Siemens、Temic、OKI、Dalas、AMD 等公司。这些公司生产的单片机都普遍使用 MCS-51 内核，并在 8051 这个基本型单片机基础上增加资源和功能改进，使其运算速度越来越快，功能越来越强大，片上资源越来越丰富，即所谓的"增强型 51 单片机"。

51 单片机是对目前所有兼容 MCS-51 指令系统的单片机的统称，包括 Intel 公司 MCS-51 系列单片机以及其他厂商生产的兼容 MCS-51 内核的增强型 8051 单片机。与 MCS-51 内核兼容的单片机都叫作 51 单片机。

目前，单片机正朝着低功耗、高性能、多品种方向发展，近年来 32 位单片机已进入实用阶段。但是由于 8 位单片机在性价比上占有优势，且 8 位增强型单片机在速度和功能上可以挑战 16 位单片机，因此 8 位单片机仍是当前单片机的主流机型。

二、单片机学习软件

在学习和掌握如何应用单片机来设计和开发应用系统时，除了要对所使用的单片机有全面和深入的了解外，配备和使用一套好的开发环境和开发平台也是必不可少的。

单片机应用系统的开发流程：设计电路图→制作电路板→控制程序设计→硬软件联调→程序下载→产品测试。

个人学习比较方便的方法：采用价格低的带有 ISP 下载功能的单片机实验板，或者直接采用软件进行辅助仿真，常用的仿真软件有 Keil C51 和 Proteus，把两者结合起来可以进行软件调试。通过软件仿真学习单片机，无须任何硬件资源，可以节约成本，并可以进行实时的调试和仿真。Keil C51 软件具有软件仿真调试功能。

Proteus 也是一款常用的仿真软件，可以直接在基于原理图的虚拟原型上编程，并实现软件代码级的调试；可以直接实时动态地模拟按钮、键盘的输入，LED、液晶显示的输出，还可以同时配合虚拟工具如示波器、逻辑分析仪等进行相应的测量和观察。另外，安装 Proteus 和 Keil C51 联调插件 vdmagdi.exe，Proteus 仿真软件就可以和 Keil C51 软件进行联调，可以像在线仿真器一样进行调试。

这种学习方法的优点是无须硬件成本，有一台计算机就可以进行学习；缺点是只能看到仿真结果，没有动手实践。但仿真软件作为学习单片机的辅助工具是学好单片机的有效途径。

（一）Proteus 软件

1. Proteus 软件介绍

Proteus 软件是英国著名的 Lab Center Electronics 公司出版的 **EDA 工具软件**（仿真软件），从**原理图**布图、代码调试到**单片机**与外围电路协同仿真，一键切换到 PCB 设计，真正实现了从概念到产品的完整设计。Proteus 软件是目前世界上唯一将**电路仿真**软件、PCB 设计软件和虚拟模型仿真软件三合一的设计平台，其处理器模型支持 8051、HC11、PIC10/12/16/18/24/30/DSPIC33、AVR、ARM、8086 和 MSP430 等，2010 年又增加了 Cortex 和 DSP 系列处理器，并持续增加其他系列处理器模型。在编译方面，它也支持 IAR、Keil 和 MATLAB 等多种编译器。

Proteus 软件中国总代理为广州风标电子技术有限公司，它运行于 Windows 操作系统上，是目前比较好的仿真单片机及外围器件的工具，受到单片机爱好者、从事单片机教学的教师、致力于单片机开发应用的科技工作者的青睐。

2. Proteus 软件使用方法

下面简单介绍一下 Proteus 软件的使用，以单片机点亮一个发光二极管为例（本书使用的 Proteus 软件版本是 Proteus 7.5 sp3 Professional 汉化版）。

视频：Proteus 软件使用方法

（1）运行 ISIS 7 Professional。双击蓝色的 ISIS 图标，出现如图 2-6 所示的窗口界面。

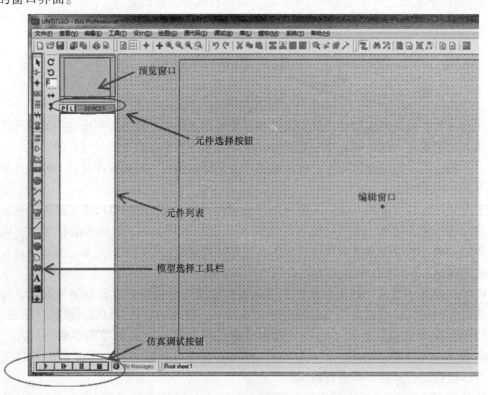

图 2-6　编辑窗口

(2)选择元件。把元件添加到元件列表中,单击"元件选择"按钮"P"(pick),系统弹出元件选择窗口(图 2-7)。

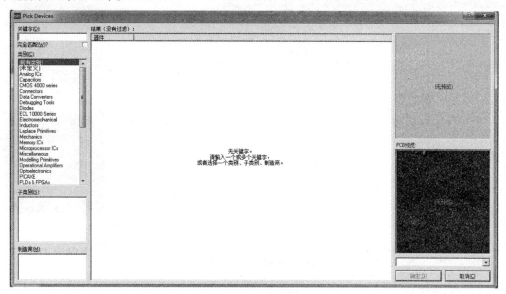

图 2-7 元件选择窗口

在左上角的"关键字"文本框中输入需要的元件名称(图 2-8),在这个实验中需要的元件有单片机 AT89C52(Microprocessor AT89C52)、晶振(Crystal)、电容(Capacitor)、电阻(Resistors)、发光二极管(LED – Blby)。输入的名称为元件的英文名称,但不一定输入完整的名称,输入相应的关键字能找到对应的元件就行,如在文本框中输入"89C52",就可得到图 2-9 所示的结果。

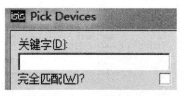

图 2-8 输入元件名称

在出现的搜索结果中双击需要的元件,该元件便会添加到主窗口左侧的元件列表区中(图 2-10)。

也可以通过元件的相关参数来搜索,例如在这个实验中需要 30 pF 的电容,可以在"关键字"文本框中输入"30p";文档最后附有一个"Proteus 常用元件库",可以在里面找到相关元件的英文名称。

找到所需要的元件并把它们添加到元件区中(图 2-11)。

(3)绘制电路图。

1)选择元件。在元件列表区中单击选中 AT89C52,将鼠标光标移到右侧绘图区中,鼠标指针变成铅笔形状,单击鼠标,绘图区中出现一个 AT89C52 原理图的轮廓图(图 2-12),移动鼠标,AT89C52 原理图可以移动。将鼠标光标移到合适的位置后,单击鼠标,原理图就放好了(图 2-13)。

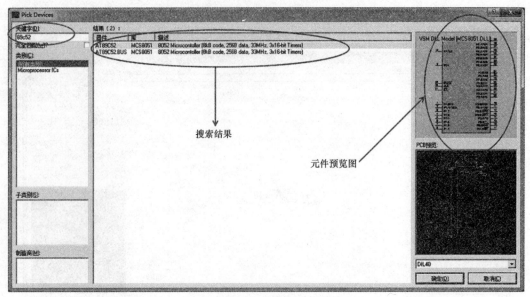

图 2-9 搜索结果和元件预览窗口

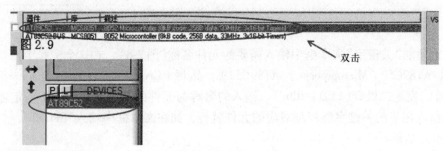

图 2-10 元件列表区窗口

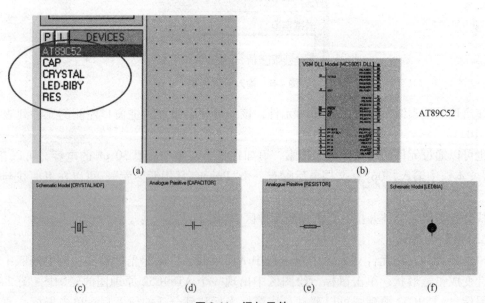

图 2-11 添加元件

(a)元件区；(b)单片机；(c)晶体振荡器；(d)电容；(e)电阻；(f)发光二极管

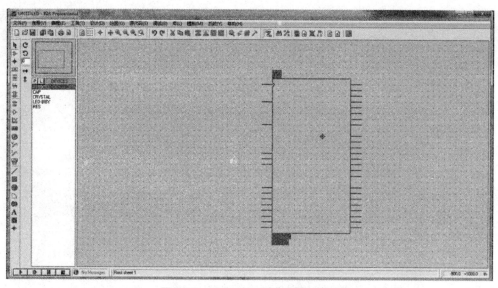

图 2-12　AT89C52 原理图的轮廓图

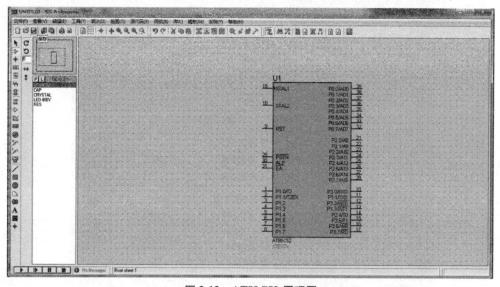

图 2-13　AT89C52 原理图

依次将各个元件放置到绘图编辑窗口的合适位置（图 2-14）。

绘制电路图时常用的操作如下：

①放置元件到绘图区。单击元件列表中要选择的元件，然后将鼠标光标移动到右侧的绘图区单击，即可将元件放置到绘图区（每单击一次鼠标就绘制一个元件，在绘图区空白处单击右键结束这种状态）。

②删除元件。将鼠标光标移至待选元件单击鼠标右键一次表示选中（被选中的元件呈红色），选中后再一次单击鼠标右键则是删除。

③移动元件。选中元件后，按住鼠标左键即可移动。

④旋转元件。选中元件后，按数字键盘上的"＋"号或"－"号能实现 90°旋转。

以上操作也可以选中元件单击鼠标右键（图 2-15），在弹出的菜单中直接选择进行操作。

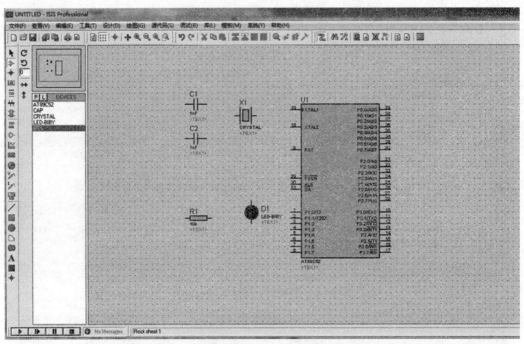

图 2-14 将元件放到绘图区

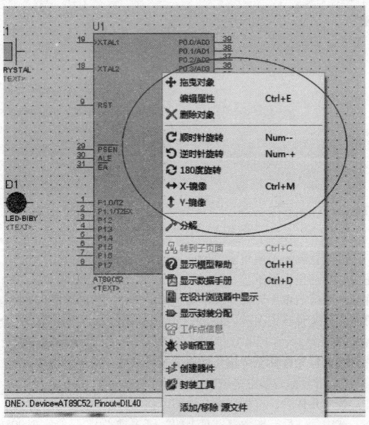

图 2-15 右击元件对话框

放大/缩小电路视图可直接滚动鼠标滚轮，视图会以鼠标指针为中心进行放大/缩小；绘图编辑窗口没有滚动条，只能通过预览窗口来调节绘图编辑窗口的可视范围。

在预览窗口中移动绿色方框的位置即可改变绘图编辑窗口的可视范围(图 2-16 ~ 图 2-18)。

图 2-16　预览窗口

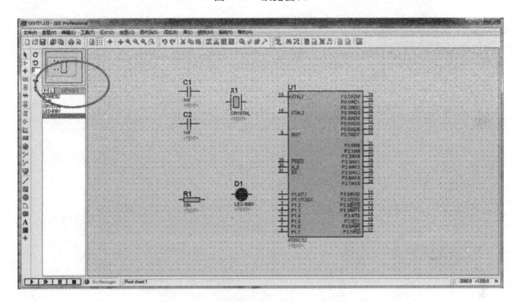

图 2-17　绘图编辑窗口可视范围变大

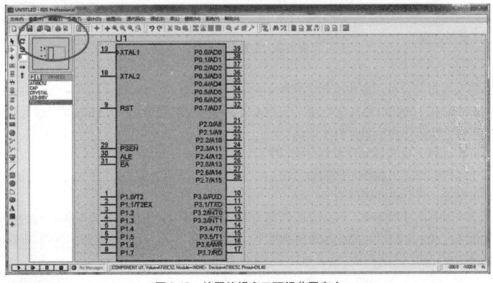

图 2-18　绘图编辑窗口可视范围变小

2)连线(图2-19)。将鼠标光标靠近元件的一端,当鼠标的铅笔形状变为绿色时,表示可以连线,单击该点,再将鼠标移至另一元件的一端,单击鼠标左键,两点之间的线路就画好了(靠近连线后,双击鼠标右键可删除连线)。

依次连接好所有线路(图2-20)(注意发光二极管的方向)。

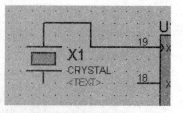

图2-19 连线

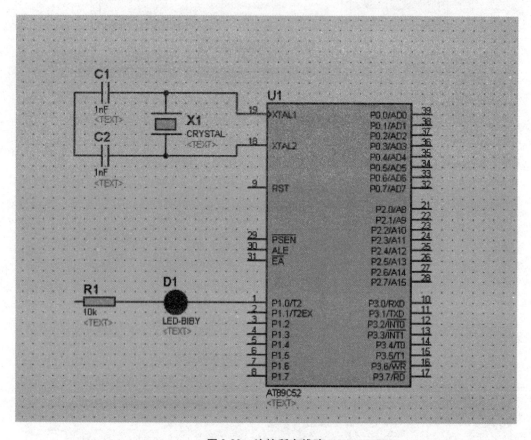

图2-20 连接所有线路

3)添加电源及地极。模型选择工具栏中的 ▭ 图标(图2-21)。再分别选择"POWER"(电源)、"GROUND"(地极)添加至绘图区,并连接好线路(图2-22)(因为Proteus中单片机已默认提供电源,所以不用给单片机加电源)。

4)编辑元件,设置各元件参数(图2-23)。

双击元件,会弹出编辑元件的对话框。

双击电容,将其电容值改为30 pF。

依次设置各元件的参数,其中晶振频率为11.059 2 MHz,电阻阻值为1 kΩ,因为发光二极管点亮电流大小为3~10 mA,阴极接低电平,阳极接高电平,压降一般在1.7 V,所以电阻值应该是$(5-1.7)/(3.3\times10^{-3})=1$ kΩ。

项目二　汽车转向灯控制

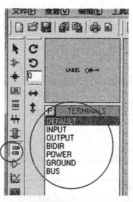

图 2-21　单击模型选择工具栏中的 图标

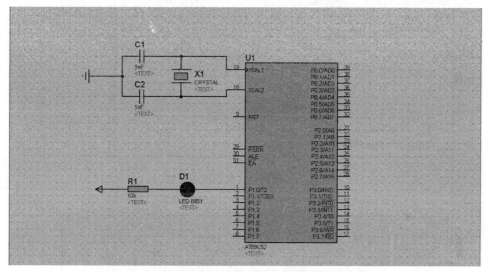

图 2-22　添加电源及地极

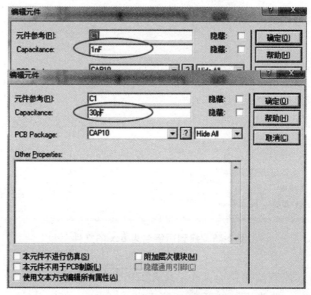

图 2-23　设置电容元件参数

5) 导入程序。双击单片机,单击 按钮(图 2-24),找到已编好的程序,其后辍名为 hex(图 2-25),导入程序。

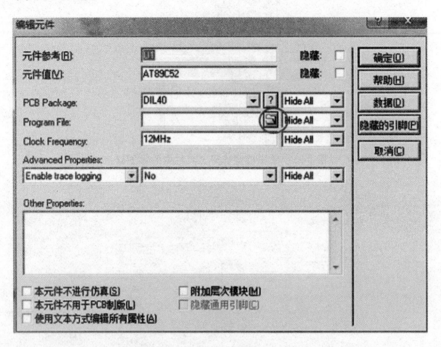

图 2-24 双击单片机后的对话框

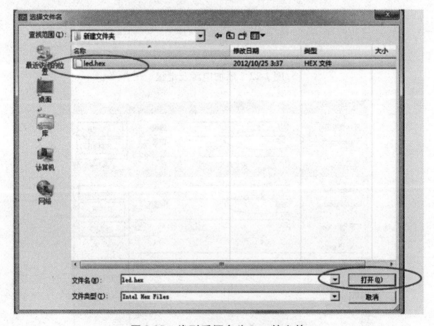

图 2-25 找到后缀名为 hex 的文件

6) 仿真调试。仿真控制按钮共有 4 个:　　　　。其意义分别为运行、单步运行、暂停、停止。

单击运行按钮 ![btn]，程序开始执行，发光二极管亮了。在运行时，电路中输出的高电平用红色表示，低电平用蓝色表示。单片机仿真运行前后状态如图 2-26、图 2-27 所示。

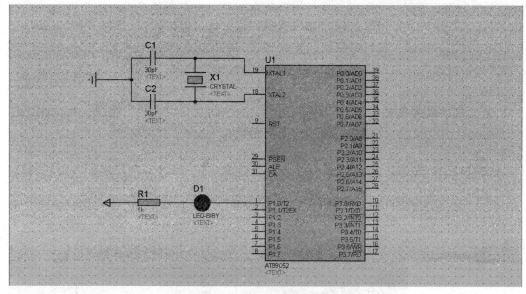

图 2-26　单片机仿真运行前状态

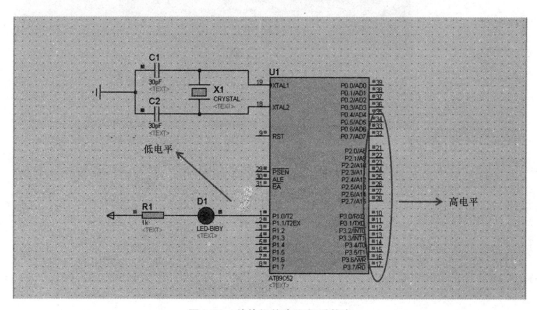

图 2-27　单片机仿真运行后状态

（二）Keil C51 软件

1. Keil 软件介绍

Keil 是一个公司的名字。它是由德国慕尼黑的 Keil Elektronik GmbH 和美国得克萨斯的 Keil Software 组成。Keil 软件是目前最流行的开发 51 系列单片机的软件，支持 C 语言、汇编语言。

Keil C51 是美国 Keil Software 公司出品的 51 系列兼容单片机 C 语言软件开发系统。Keil 软件提供了包括 C 编译器、宏汇编、连接器、库管理和一个功能强大的仿真调试器等在内的完整开发方案,通过一个集成开发环境(uVision)将这些部分组合在一起。运行 Keil 软件需要 Windows 操作系统。如果使用 C 语言编程,那么 Keil 几乎是不二之选,即使不使用 C 语言而仅用汇编语言编程,其方便易用的集成环境、强大的软件仿真调试工具也会事半功倍。Keil 软件经过改进已经有了几个版本,但是操作方法大同小异,下面讲解如何使用 Keil 软件。

2. Keil 软件使用方法

下面用 C 语言编写一个简单的程序来介绍如何使用 Keil 4 软件建立一个工程。

(1)打开 Keil 4 软件,将出现图 2-28 所示的界面。

视频:Keil C51 软件

图 2-28 Keil 4 软件启动界面

1)建立一个工程。选择"Project"菜单选项中"New uVision Project"命令,选择建立工程文件的路径,输入功能的名字(最好一个功能单独建一个文件夹)。将其取名为 led,单击"保存"按钮,如图 2-29、图 2-30 所示。

2)选择单片机型号。当单击"保存"按钮后会出现图 2-31 所示的对话框,选择单片机型号。我们用的单片机是 STC12C5A16S2,里面找不到单片机型号。51 内核的单片机有通用性,所以此处选择 Atmel 下面的 AT89C52。对话框右边是对此型号单片机的说明。单击"OK"按钮。

项目二 汽车转向灯控制

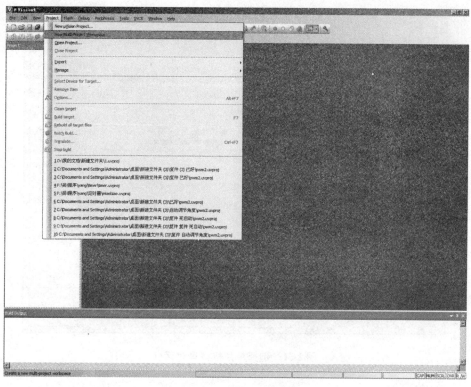

图 2-29　建立工程文件

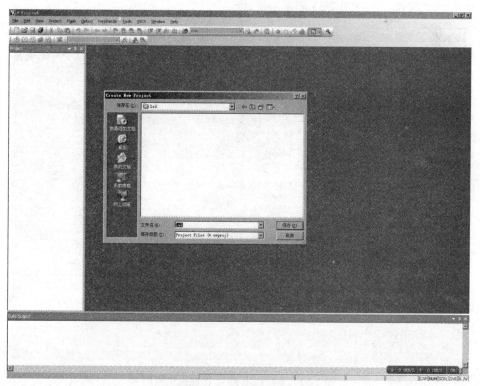

图 2-30　保存工程文件

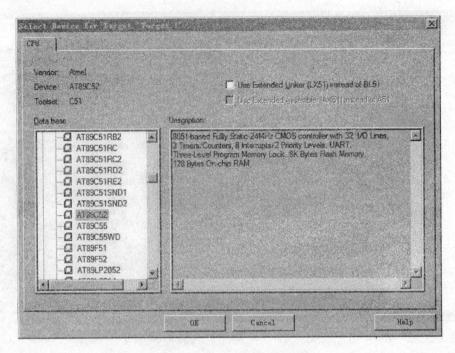

图 2-31 选择单片机型号对话框

完成上面的操作后出现图 2-32 所示的对话框,提示"是否把标准 8051 代码加入工程文件",单击"是"按钮,出现图 2-33 所示的界面。

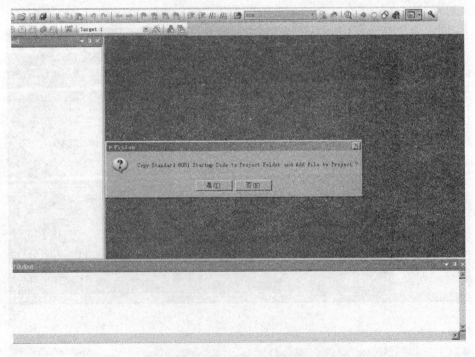

图 2-32 复制标准 8051 代码选择窗口

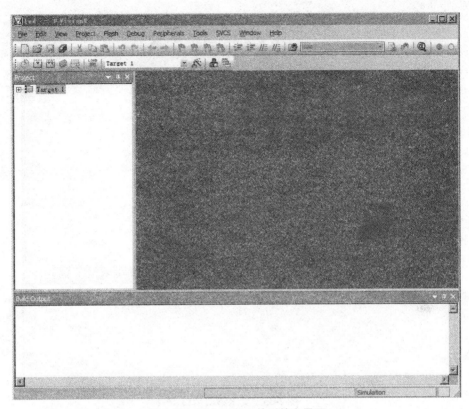

图 2-33　建立工程文件后的主界面

至此建立了一个工程文件，但是里面还没用工程代码文件，下面建立代码文件。

3）建立程序代码文件。执行菜单"File"选项中"New"命令，如图 2-34 所示。

图 2-34　新建文本编辑文件

完成后出现图 2-35 所示的文本编辑窗口，在该窗口中输入源程序。

单击工具栏中保存按钮　　，出现图 2-36 所示的对话框。输入文件名（文件名可与工程名相同），后缀必须为". c"（如果用汇编编写，则后缀是. asm），在此我们保存为"led. c"，单击"保存"按钮，出现图 2-37 所示的界面，可以看到光标在闪烁。

4）添加代码文件到工程。单击左侧区域中"Target 1"前面的"+"号，再在"Source Group 1"选项上单击鼠标右键，在弹出菜单中选择"Add Files to Group Source Group 1"菜单项。具体操作如图 2-38、图 2-39 所示。

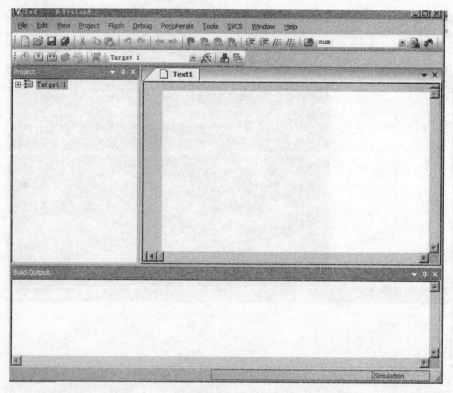

图 2-35 文本编辑窗口

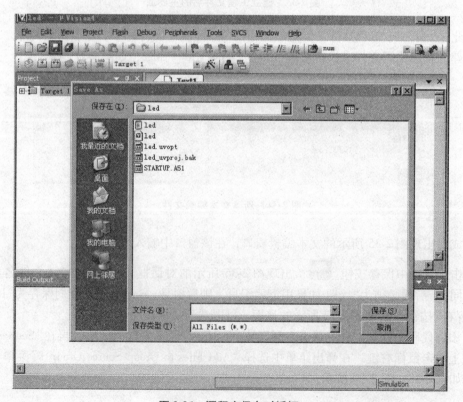

图 2-36 源程序保存对话框

项目二 汽车转向灯控制

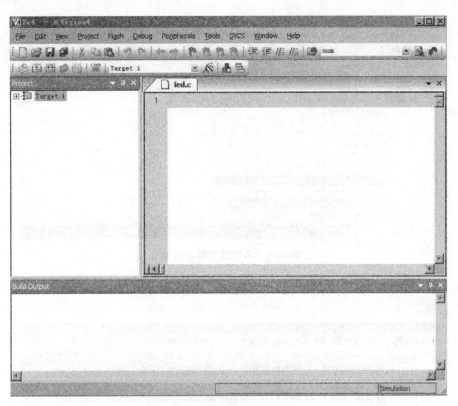

图 2-37 源程序编辑界面

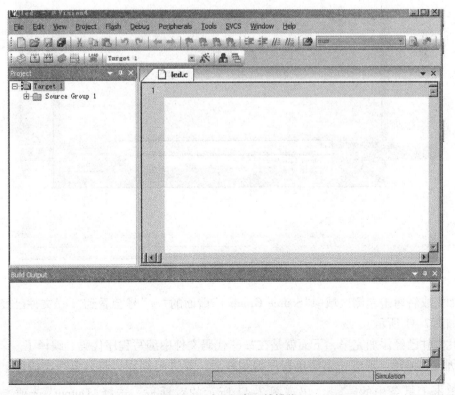

图 2-38 对工程窗口的操作

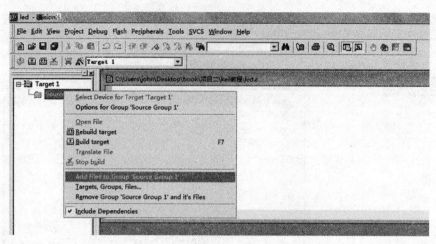

图 2-39　添加源文件到组中

完成以上操作后,出现图 2-40 所示的对话框,选择刚才保存的".c"文件添加进去,单击"Add"按钮。

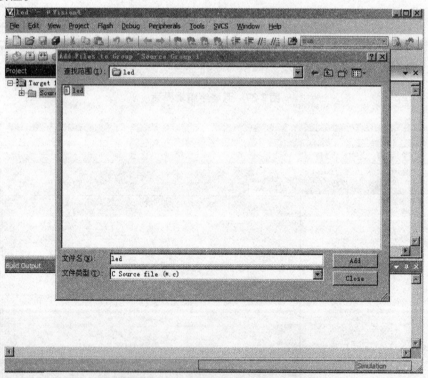

图 2-40　选择文件类型及添加源文件对话框

添加完成后单击左侧区域中"Source Group 1"前面的"+"号会看到".c"文件已经添加进去了,如图 2-41 所示。

至此文件已经添加完毕,下面就是在".c"代码文件中编写程序代码、编译了。

5) 编辑、编译。现将一个简单程序编写好后,要进行编译,若是第一次编译,在编译之前要单击工具条中的 ，出现图 2-42 所示的对话框。选择"Output"选项卡,选中

项目二 汽车转向灯控制 33

☐ Create HEX File HEX Format: HEX-80 选项，之后编译时才能生成程序代码".hex"文件供我们下载到单片机里，如图2-43所示。

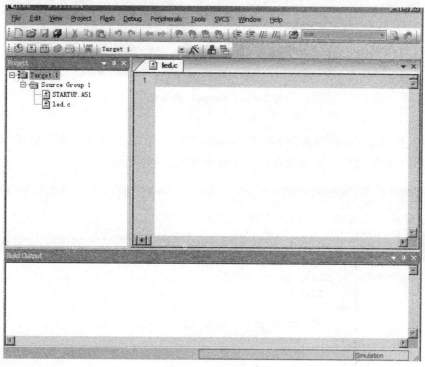

图2-41 加入文件

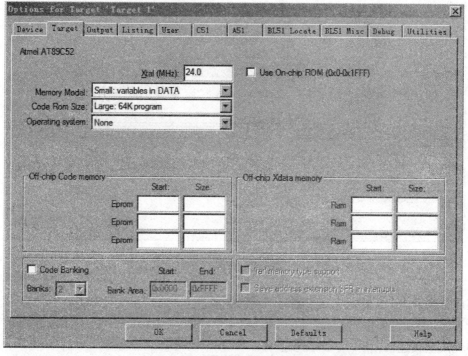

图2-42 配置目标属性对话框

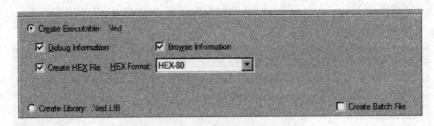

图 2-43 "Output"选项卡

完成以上操作后单击"OK"按钮返回编辑界面。单击工具条中的"编译"按钮,"Output"选项卡开始编译,如果没有错误即可出现图 2-44 所示的界面。

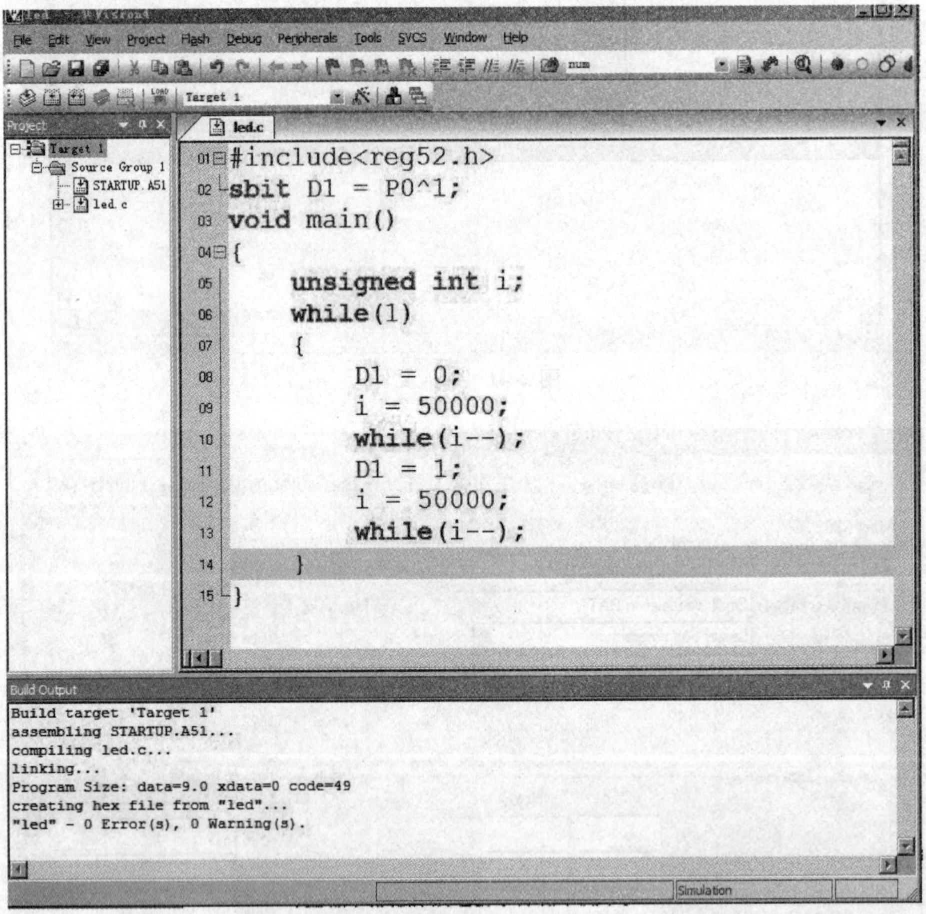

图 2-44 编译结果

至此完成了一个工程的建立,编写、编译完成。
(2) 用汇编编写程序。
1) 完成上文述(1)中1)、2)两步操作。
2) 当出现图 2-32 界面时,要选择"否"。

3)在上述(1)中用 C 语言编写的 3)、4)步骤中建立、保存、添加的文件的后缀都要改成".asm",具体操作如图 2-45~图 2-49 所示。

4)编写代码,同样第一次编译需要操作上述(1)中的第 5)步设置输出".hex"文件,进行编译,如图 2-50 所示。

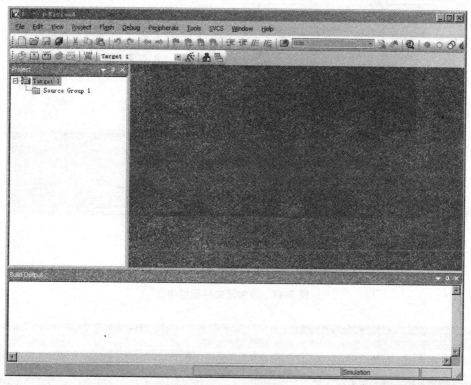

图 2-45　对工程窗口的操作

图 2-46　汇编源程序保存对话框

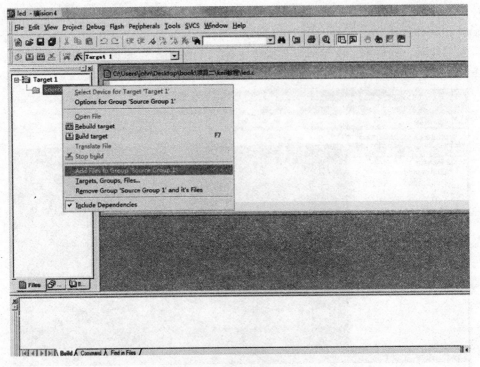

图 2-47　添加源文件到组中

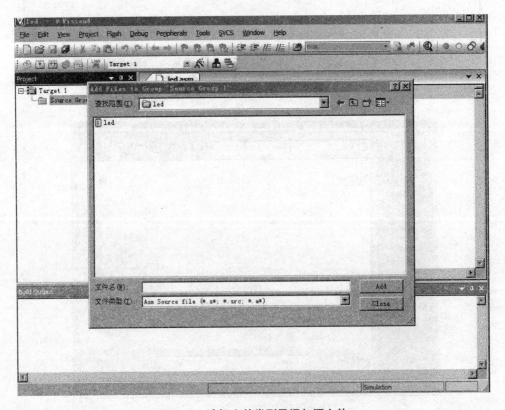

图 2-48　选择文件类型及添加源文件

项目二 汽车转向灯控制

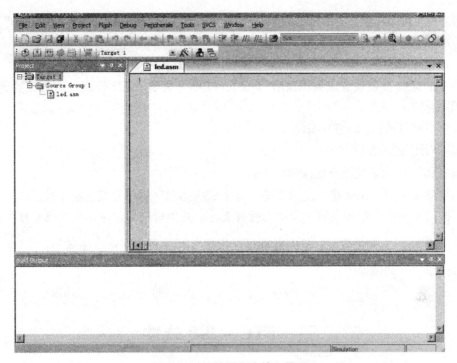

图 2-49 汇编源程序输入界面

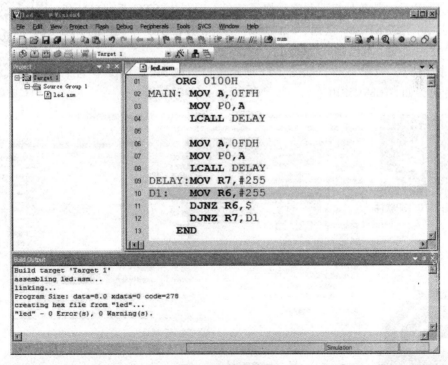

图 2-50 编译结果

总结建立一个工程步骤如下：
(1)新建一个工程，取名保存。

(2) 在此工程下新建一个编辑代码文件,保存为".c"文档(用汇编编写保存为".asm")。

(3) 添加上步保存的编辑文件到工程中。

(4) 在".c"(或者".asm")文件中编写程序,并检查无误后准备编译。

(5) 单击 按钮设置成编译输出.hex 文件(第一次编译新工程文件需要设置此项,以后不需要设置)。

(6) 单击编译按钮 进行编译。

一些功能按钮的介绍如下:

按钮——用于编译正在操作的文件。

按钮——用于编译修改过的文件,并生成应用程序供单片机直接下载。

按钮——用于编译当前工程中的所有文件,并生成应用程序供单片机直接下载。

按钮——文件设置项。打开此项可以设置".c"文件中字体的格式等。

按钮——调试程序。

三、STC - ISP 软件

STC - ISP 是一款**单片机**下载编程**烧录**软件,是针对 **STC** 系列单片机而设计的,可下载 STC 89 系列、12C2052 系列和 12C5410 等系列的 STC 单片机,使用简便,现已被广泛使用。

STC 宏晶科技

(1) 打开 STC - ISP 软件,如图 2-51 所示窗口,在 **MCU Type** 栏目下选中单片机,如 STC89C52RC。

视频:STC-ISP软件

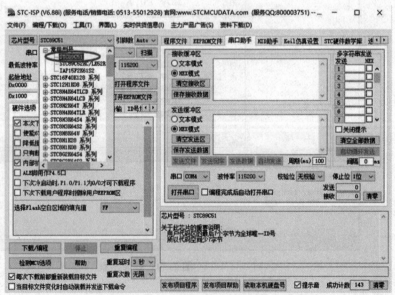

(a)   (b)

图 2-51 选择目标器件

(a)启动图标;(b)启动后窗口

（2）根据数据下载线连接情况选中 **COM 端口**，**波特率**一般保持默认，如果遇到下载问题，可以适当下调一些，按图 2-52 所示选中各项。

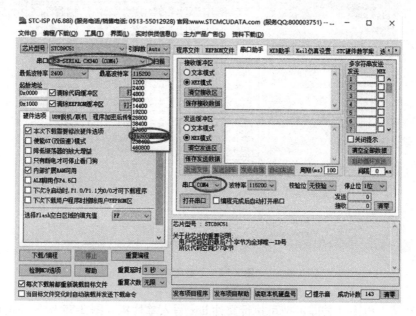

图 2-52　配置下载项

（3）先确认硬件连接正确，按图 2-53 所示单击"打开文件"按钮并在对话框内找到要下载的"**. hex**"文件。

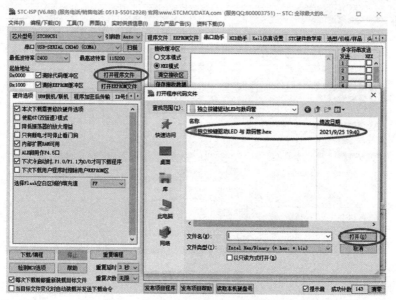

图 2-53　选择代码文件

（4）按图 2-54 所示选中 2 个条件项，这样可以在每次编译 **Keil** 时 hex 代码能自动加载到 STC - ISP，单击"Download/下载"按钮。

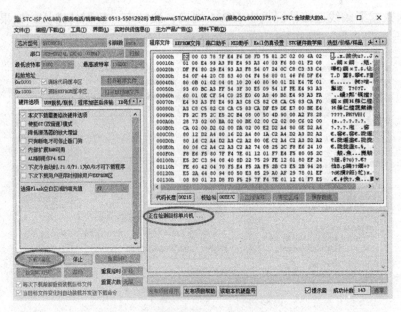

图 2-54　下载程序

(5) 手动按下电源开关即可把**可执行文件** hex 写入单片机，图 2-55 所示是正在写入程序截图。

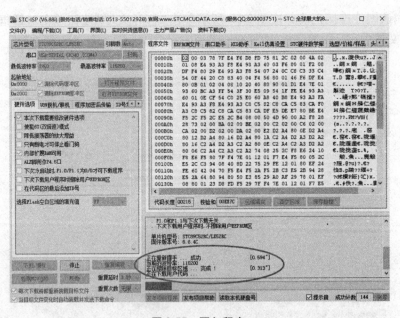

图 2-55　写入程序

(6) 图 2-56 所示程序写入完毕，**目标板**开始运行程序结果。

本书的所有项目实施可以通过三个途径实现：

(1) 在计算机上由 Proteus 和 Keil C51 软件仿真实现。

(2) 购买电子元件，动手焊接电路板实施。

项目二 汽车转向灯控制 41

（3）在图 2-57 和图 2-58 的试验电路板中用 STC – ISP 软件下载程序观看项目实施的效果。

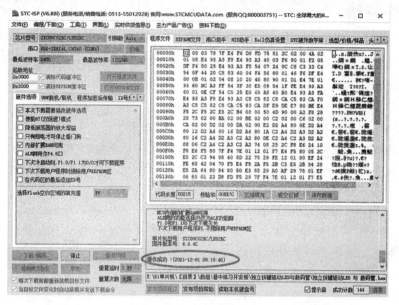

图 2-56　程序写入完毕

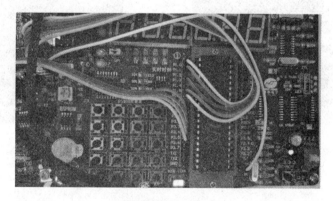

图 2-57　试验电路板 1

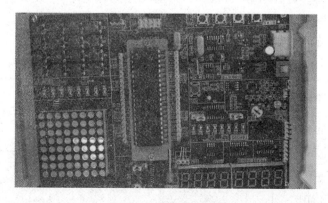

图 2-58　试验电路板 2

效率

项目实施

汽车转向灯控制

安装在汽车不同位置的信号灯是汽车驾驶员之间及驾驶员向行人传递汽车行驶状况的语言工具。汽车信号灯一般包括转向灯、刹车灯、倒车灯、雾灯等,其中汽车转向灯包括左转灯和右转灯。

1. 目的与要求

采用单片机控制,制作一个模拟汽车左右转向灯控制系统,重点训练学生利用 Proteus 和 Keil C51 两个软件进行单片机应用系统的开发。让学生对单片机应用系统有一个初步体验,对 C 语言程序设计有一个感性认识。

2. 电路功能

采用 AT89C51 单片机作为核心器件,选用两个拨动开关作为单片机的输入器件,选择两个或多个发光二极管作为单片机的输出显示器件。操作拨动开关的左、右位置来模仿驾驶员发出左转和右转命令,单片机根据左转或右转命令输出相应的信号控制发光二极管的亮灭,以警示行人或机动车进行避让。汽车上的转向灯及开关如图 2-59 所示。

(a)

(b)

图 2-59 汽车上的转向灯及开关
(a)转向灯开关;(b)转向灯亮

3. 电路设计

由 Proteus 软件画出的单片机模拟汽车左右转向灯控制系统电路如图 2-60 所示。图中包括单片机、复位电路、时钟电路(Proteus 软件略去了电源电路)、发光二极管显示电路、开关控制电路。

单片机模拟汽车左右转向灯控制系统电路的器件清单见表 2-1。

表 2-1 单片机模拟汽车左右转向灯控制系统电路的器件清单

元件名称	参数	数量	关键字(Proteus)	元件名称	参数	数量	关键字(Proteus)
单片机	DIP40 封装的 51 单片机	1	AT89C51	电解电容 C3	22 μF	1	CAP-ELEC
晶体振荡器	6 MHz 或 12 MHz	1	CRYSTAL	电阻 R1、R2	300Ω ~ 1 kΩ	2	RES

续表

元件名称	参数	数量	关键字（Proteus）	元件名称	参数	数量	关键字（Proteus）
瓷片电容 C1、C2	30 pF	2	CAP	电阻 R3、R4	1 k ~ 10 kΩ	2	RES
发光二极管 V	黄色	2	LED-YELLOW	电阻 R5	10 kΩ	1	RES
弹性按键 S		1	BUTTON	拨动开关		2	SWITCH

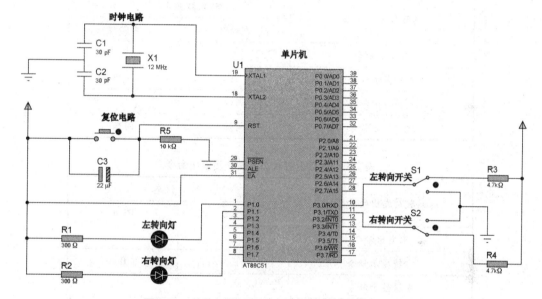

图 2-60　单片机模拟汽车左右转向灯控制系统电路

Proteus 软件默认有电源电路，设计中略去，默认电源为直流 +5 V。

时钟电路为单片机工作提供基本时钟，因为单片机内部由大量的时序电路构成，如果没有时钟脉冲即"脉搏"的跳动，各个部分将无法工作。复位电路用于将单片机内部电路的状态恢复到初始值。

51 单片机的 EA 引脚连接 +5 V，表示程序将下载到单片机内部程序存储器中。

视频：汽车转向灯控制

显示电路选择的 2 个 LED 发光二极管分别作为左右转向灯，发光二极管具有单向导电性，二极管的阳极通过限流电阻接至 5 V 电源的正极，二极管 D1（左转向灯）的阴极接到单片机 P1 端口的 P1.0 引脚上，二极管 D2（右转向灯）的阴极接到单片机 P1 端口的 P1.1 引脚上，通过编写程序控制单片机 P1 端口的 P1.0 和 P1.1 引脚输出高低电平来控制 LED 发光二极管的亮灭，当 P1.0 和 P1.1 引脚输出低电平时，发光二极管（左右转向灯）点亮；当 P1.0 和 P1.1 引脚输出高电平时，发光二极管（左右转向灯）熄灭。

开关控制电路的 2 个拨动开关 S1 和 S2 模拟驾驶员发出左转、右转命令。拨动开关具有 1 个动触头和 2 个静触点 1 和 2，具有动触头分别与静触点 1 和 2 接触的 2 个稳定状态。S1

和 S2 的动触头分别连接至 P3 端口的 P3.0 和 P3.1 引脚上，静触点 1 通过 4.7 kΩ 电阻连接到 +5 V 电源上，静触点 2 接地。当拨动开关 S1 拨至位置 1 时，P3.0 引脚为高电平，即 P3.0=1；当拨动开关 S1 拨至位置 2 时，P3.0 引脚为低电平，即 P3.0=0。拨动开关 S2 亦然。

4. 源程序设计

汽车转向灯显示状态见表 2-2。驾驶员发出的命令与 P3.0 和 P3.1 引脚的电平状态对应关系见表 2-3。

表 2-2　汽车转向灯显示状态

驾驶员发出命令	转向灯显示状态	
	左转灯	右转灯
未发出命令	灭	灭
右转显示命令	灭	闪烁
左转显示命令	闪烁	灭
故障显示命令	闪烁	闪烁

表 2-3　P3 口引脚状态与驾驶员发出命令

驾驶员发出的命令	P3 口状态	
	P3.0	P3.1
未发出命令	1	1
右转显示命令	1	0
左转显示命令	0	1
故障显示命令	0	0

比较表 2-2 和表 2-3 可以看到，P3.0 引脚的电平状态与左转灯的亮灭状态相对应，当 P3.0 引脚的状态为 1 时，左转灯熄灭；当 P3.0 引脚的状态为 0 时，左转灯点亮；同样，P3.1 引脚的电平状态与右转灯的亮灭状态相对应。

模拟汽车左右转向灯控制源程序如下：

```
//功能:模拟汽车转向灯控制
#include <reg51.h>           //包含头文件,定义51单片机的特殊功能寄存器
sbit P10= P1^0;              //定义 P1.0 引脚为 P10
sbit P11= P1^1;              //定义 P1.1 引脚为 P11
sbit P30= P3^0;              //定义 P3.0 引脚为 P30
sbit P31= P3^1;              //定义 P3.1 引脚为 P31
void delay(unsigned char i); //延时函数的声明语句
void main()                  //主函数
{
  while(1)                   //无限循环语句
```

```
    {
        if(P30==0)P10=0;           //读取P3.0引脚(左转向灯)的命令状态,如发出
                                   //左转向命令,则点亮左转向灯
        if(P31==0)P11=0;           //读取P3.1引脚(右转向灯)的命令状态,如发出
                                   //右转向命令,则点亮右转向灯
        delay(200);                //调用延时函数
        P10=1;                     //熄灭左转向灯
        P11=1;                     //熄灭右转向灯
        delay(200);                //调用延时函数
    }
}
//函数功能:实现软件延时
void delay(unsigned char i)        //函数定义语句
{                                  //函数体开始
    unsigned char j,k;
    for(k=0;k<i;k++)               //255*i
    for(j=0;j<255;j++);
}                                  //函数体结束
```

5. 电路板制作

在万能板上按照电路图焊接元器件,完成电路板制作,下载程序,接通电源并运行。模拟汽车转向灯控制电路板如图2-61所示。

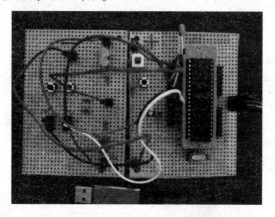

图2-61 模拟汽车转向灯控制电路板

☞小资料☜

1. 发光二极管

发光二极管(Light Emitting Diode,LED)是单片机控制系统中常用的一种显示器件,其实物及构造如图2-62所示。发光二极管是一种能将电能转化为光能的半导体电子元件。

LED具有单向导通性，只能往一个方向导通(通电)，正向偏置(正向偏压)时，有电流流过，电子与空穴在其内复合而发出单色光，反向偏置时截止，没有电流产生，具有效率高、寿命长、不易破损、开关速度高、可靠性高等传统光源不及的优点，可以做成各种机动车辆的显示及测试装置，新颖别致，引人注目。其在普通电路及仪器中被广泛用作指示灯，或者组成文字或数字显示。根据发光材料成分不同，LED可发出黄、绿、红、蓝等颜色的光。

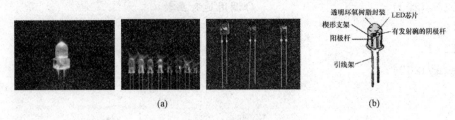

图 2-62 发光二极管实物及构造
(a)发光二极管实物；(b)发光二极管构造

发光二极管还可分为普通单色发光二极管、高亮度发光二极管、超高亮度发光二极管、变色发光二极管、闪烁发光二极管等。其中，超高亮度LED可以做成汽车的刹车灯、尾灯和方向灯，也可用于仪表照明和车内照明，它在耐震动、省电及长寿命方面比白炽灯有明显的优势。用作刹车灯，它的响应时间为60 ns，比白炽灯的140 ms要短许多，在典型的高速公路上行驶，会增加4~6 m的安全距离。

LED使用低压电源，当LED发光时，它两端的电压一般在1.7 V左右(不同类型或颜色的发光二极管，该值有所不同)。发光二极管的导通电流为3~20 mA，电流越大，其亮度越强，但若电流过大，会烧坏二极管。为了限制通过发光二极管的电流过大，需要串联一个限流电阻。

2. 开关简介

开关在普通电路中通常是起到接通和断开电路的作用，而在单片机应用系统中起到一种信号的作用，是常用的一种输入控制器件。开关的种类很多，在此只简单介绍几种。

(1)弹性开关。弹性开关实物如图2-63所示。

特点：按下按键后，其中的两个触点闭合导通。放开时，触点在弹力作用下自动抬起，断开连接。单片机的复位按钮常采用此类开关。

(2)自锁开关。自锁开关实物如图2-64所示。

图 2-63 弹性开关　　　　　　　　　　图 2-64 自锁开关

特点：按一下触点闭合导通，并维持在这个状态，再按一下触点才可以断开，与弹性开关外形相同。

(3)拨码开关(图2-65)。拨码开关是一款能用手拨动的微型开关，每一个键对应的背面上、下各有两个引脚，拨至 ON 一侧，下面两个引脚接通；反之，则断开。通常有多种组合，各个键是独立的，相互没有关联。此类元件多用于二进制编码。

图 2-65　拨码开关

3. 汽车内常用按键简介

随着汽车技术的不断发展进步，车内的按键及显示也越来越复杂多样。

（1）灯光相关按键。通常，德系和美系车型的汽车灯光控制调节都设置在方向盘的左下方，标识也较好理解，图 2-66 是奥迪车型的一个例子。没有大灯自动调节的车型就会设有手动调节旋钮，而打开近光灯后配合转向灯拨杆前推就可以变换为远光灯，往后拉则远光灯闪一下，也就是俗称的闪灯，许多车主在会车时常常用到。

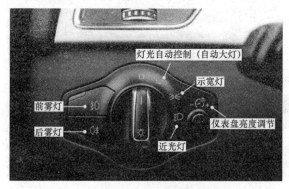

图 2-66　奥迪车的灯光按键

图 2-67 中，转向灯拨杆向下为左、向上为右。左边的按钮则是行车电脑调节，可以选择显示油耗或续航里程等。有些高配车型的转向灯拨杆上还设有车道辅助系统，可以监控前方道路，当车辆偏离航道时通过方向盘震动提示驾驶者。

图 2-67　高配车型的转向灯拨杆

与德系、美系不同，日韩车型和我国的自主车型，都习惯于将灯光控制集中在方向盘后的转向灯拨杆上，但功能和标识都大同小异。如图 2-68 所示。

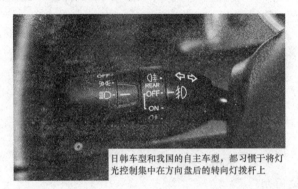

图 2-68　日韩车型的转向灯拨杆

(2) 中控台按键。中控台按键如图 2-69 所示。中控台大致可以分为两部分，通常上方为车载多媒体系统，下方则是空调控制区域，当然也有反过来设计的车型，为数不多。

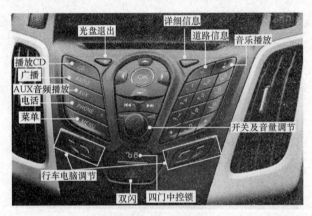

图 2-69　中控台按键

(3) 车内空调按键。车内空调按键有自动和手动两种，如图 2-70 所示。其中，自动空调是设定好温度后，只要车辆点火就会自动启动，非常方便；而手动空调就不能自动开启，需要手动调节。现在的空调都具有内外循环开关，其中内循环表示空调不再吸入外界空气，只循环加热、冷却、过滤车内空气，适合在拥堵路况等尾气增多的情况下使用，制冷效果很好；外循环模式则是持续吸入外界空气，

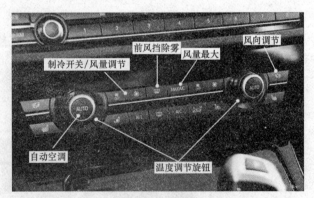

图 2-70　空调按键

适合在空气质量较好的环境下使用。但长期使用内循环会让车内空气质量下降，最好能内外

循环交替使用。而高配车型上的自动模式就是为此而生的,能够通过传感器自动感知外界空气中的有害物质并自动调节风门,控制进风量。

(4)方向盘相关按键。方向盘上的多功能按键如图2-71所示。通常都是方便驾驶者操作的音量调节和菜单选择等,部分带车载电话的车型也会把接听和话筒等按键设置在方向盘上。

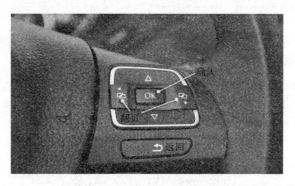

图2-71 方向盘上的多功能按键

(5)其他按键。例如,车门上按键如图2-72所示,主要是对车窗和后视镜的控制。座椅调节按键如图2-73所示,可以进行座椅位置调整等。

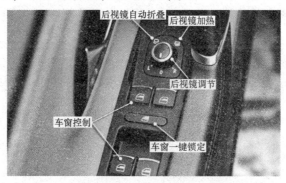

图2-72 车门上按键

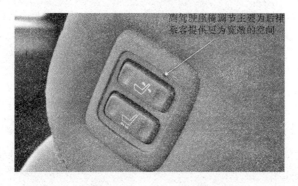

图2-73 座椅调节按键

练习题

一、填空题

1. 单片机应用系统由_____和_____两部分组成。
2. 单片机具有_____、_____、_____、_____、_____等特点。
3. 51单片机是对目前所有兼容_____指令系统的单片机的统称。
4. 在Keil软件的编译环境中输入的C语言文件名，后缀必须为_____。
5. 在Keil软件的编译环境中输入的汇编语言文件名，后缀必须为_____。
6. 在Keil软件的编译环境中须将C语言编译生成程序代码，程序代码的后缀是_____。

二、简答题

1. 什么是单片机？它由哪几部分组成？
2. 什么是单片机应用系统？
3. 对车用单片机有什么要求？
4. 简述Proteus软件的作用。
5. 简述Keil软件的主要作用。
6. 简述51系列单片机的结构。

项目三

△ 汽车单片机应用技术——基于 Proteus 和 Keil C51 仿真

汽车电动车窗玻璃升降器控制

🚗 项目要求

知识目标：
1. 了解单片机的外部引脚及功能、最小系统的组成及作用。
2. 掌握存储器的结构、容量、地址和并行 I/O 端口的应用。

能力目标：
1. 能正确识别汽车电动车窗玻璃升降器控制系统中的电动机及继电器，认识其图形符号，了解其参数及工作原理。
2. 会使用单片机 I/O 端口进行输入和输出操作；进一步熟悉 Proteus 和 Keil C51 两个软件的使用方法及单片机应用系统的开发过程。

素养目标：
1. 硬件决定了单片机的性能，体会打铁还需自身硬的道理。
2. 强健体魄，练就本领，承担起民族复兴大任。

🚗 知识储备

一、单片机内部结构

MCS-51 单片机是 Intel 公司在 20 世纪 80 年代初研制出来的产品，其典型代表 51 系列单片机 8031/8051/8751 很快就在我国得到广泛的应用。Atmel 公司是 20 世纪 80 年代中期成立并发展起来的半导体公司，该公司的技术优势在于 Flash 存储器技术。为了进入单片机市场，该公司在 1994 年以 EEPROM 技术和 Intel 公司的 80C31 单片机核心技术进行交换，从而取得了 80C31 核的使用权。Atmel 公司将 Flash 存储器技术和 80C31 核相结合，从而生产出 AT89 系列单片机。

8051 内部有 4KB ROM，8751 内部有 4KB EPROM，8031 内部无 ROM；除此之外，三

者的内部结构及引脚完全相同。因此本书以 8051 为例说明本系列单片机的内部组成及信号引脚。

8051 单片机的基本组成如图 3-1 所示，各部分组成介绍如下。

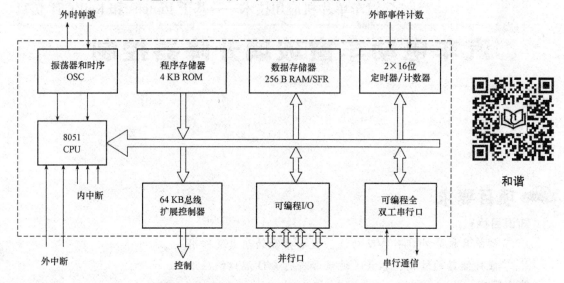

图 3-1　8051 单片机内部结构

（1）中央处理器（CPU）。中央处理器是单片机运算的核心，完成运算和控制功能。MCS-51 的 CPU 能处理 8 位二进制数或代码。

（2）内部数据存储器（内部 RAM）。8051 芯片中共有 256 个 RAM 单元，但其中后 128 个单元被专用寄存器占用，能作为寄存器供用户使用的只是前 128 个单元，用于存放可读/写的数据。因此，通常所说的内部数据存储器就是指前 128 个单元，简称内部 RAM。

（3）内部程序存储器（内部 ROM）。8051 共有 4 KB 掩膜 ROM，用于存放程序和原始表格常数，因此称为程序存储器，简称内部 ROM。

（4）定时器/计数器。8051 共有 2 个 16 位的可编程定时/计数器，以实现定时或计数功能，当定时/计数器产生溢出时，可用中断方式控制程序转向。

（5）并行输入输出（I/O）口。MCS-51 共有 4 个 8 位的并行 I/O 口（P0、P1、P2、P3），以实现数据的并行输入输出。

（6）全双工串行口。MCS-51 单片机有一个全双工的串行口，以实现单片机和其他设备之间的串行数据传送。该串行口功能较强，既可作为全双工异步通信收发器，也可作为同步移位器。

（7）中断控制系统。MCS-51 单片机的中断功能较强，以满足控制应用的需要。8051 共有 5 个中断源，即外中断 2 个、定时/计数中断 2 个、串行中断 1 个。全部中断分为高级和低级共两个优先级别。

（8）时钟电路。MCS-51 芯片的内部有时钟电路，但石英晶体和微调电容需外接。时钟电路为单片机产生时钟脉冲序列。系统允许的晶振频率一般为 6 MHz、12 MHz 或 11.059 2 MHz。

从上述内容可以看出，MCS-51 虽然是一个单片机芯片，但包括作为计算机应该具有的基本部件。因此，实际上它已是一个简单的微型计算机系统了。

二、8051 的信号引脚

8051 单片机是标准的 40 引脚双列直插式 PDIP 封装的集成电路芯片,其外形如图 3-2 所示,引脚排列如图 3-3 所示。

引脚序号的识别:芯片缺口朝上,缺口左侧的引脚顶上有一个凹点,凹点对应的引脚序号为 1,逆时针数起,依次为 1、2、3、4、…、40。

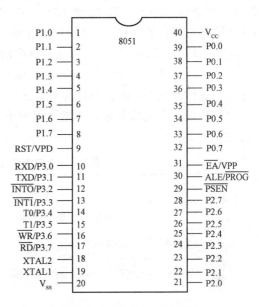

图 3-2 双列直插式单片机　　　　图 3-3 8051 单片机的引脚

8051 单片机信号引脚功能介绍如下:

1. 主电源引脚(2 个)

V_{cc}(40):电源输入,接 +5 V 电源。

V_{ss}(20):接地线。

2. 外接晶振引脚(2 个)

XTAL1(19):内部振荡电路反相放大器的输入端。它是外接晶体的一个引脚。当采用外部振荡器时,此引脚接地。

XTAL2(18):内部振荡电路反相放大器的输出端。它是外接晶体的另一端。当采用外部振荡器时,此引脚接外部振荡源。

即当使用芯片内部时钟时,此二引线端用于外接石英晶体和微调电容;当使用外部时钟时,用于接外部时钟脉冲信号。

3. 控制引脚(4 个)

RST(9):复位信号引脚。当输入的复位信号延续 2 个机器周期及以上高电平即有效,用以完成单片机的复位初始化操作。

$\overline{PSEN}$(29)：外部程序存储器读选通信号。在读外部 ROM 时$\overline{PSEN}$有效（低电平），以实现外部 ROM 单元的读操作。

ALE(30)：地址锁存控制信号。在系统扩展时，ALE 用于控制把 P0 口输出的低 8 位地址锁存器锁存起来，以实现低位地址和数据的隔离。此外，由于 ALE 是以晶振 1/6 的固定频率输出的正脉冲，因此可作为外部时钟或外部定时脉冲使用。

$\overline{EA}$(31)：访问程序存储控制信号。当$\overline{EA}$信号为低电平时，对 ROM 的读操作限定在外部程序存储器；而当$\overline{EA}$信号为高电平时，则对 ROM 的读操作是从内部程序存储器开始，并可延至外部程序存储器。

4. 并行 I/O 引脚(32 个，分成 4 个 8 位口)

P0 口(32~39)：P0.0~P0.7，通用 I/O 引脚或数据/低位地址总线复用引脚。

P1 口(1~8)：P1.0~P1.7，通用 I/O 引脚。

P2 口(21~28)：P2.0~P2.7，通用 I/O 引脚或高位地址总线引脚。

P3 口(10~17)：P3.0~P3.7，通用 I/O 引脚或第二功能引脚。

由于工艺及标准化等原因，芯片的引脚数目是有限的。为了满足实际需要，部分信号引脚被赋予双重功能。当引脚做第二功能使用时不能同时当作通用 I/O 口使用。P3 口各引脚的第二功能见表 3-1。

表 3-1 P3 口各引脚的第二功能

引脚	第二功能
P3.0	RXD(串行数据接收端)
P3.1	TXD(串行数据发送端)
P3.2	$\overline{INT0}$(外部中断 0 申请信号输入端)
P3.3	$\overline{INT1}$(外部中断 1 申请信号输入端)
P3.4	T0(定时/计数器 T0 的外部计数脉冲输入端)
P3.5	T1(定时/计数器 T1 的外部计数脉冲输入端)
P3.6	$\overline{WR}$(外部数据存储器写脉冲信号输出端)
P3.7	$\overline{RD}$(外部数据存储器读脉冲信号输出端)

三、单片机最小系统电路

单片机最小系统是能够让单片机正常工作的最少硬件电路系统，除单片机之外，还包括电源电路、时钟电路、复位电路。8051 单片机的最小系统电路如图 3-4 所示。其最小系统电路板如图 3-5 所示。其中电源电路就是单片机的供电电路，一般是 3.3 V 或是 5 V，具体多少要参考各种型号的单片机工作电压。这里 8051 使用的是 5 V 电源。

项目三 汽车电动车窗玻璃升降器控制

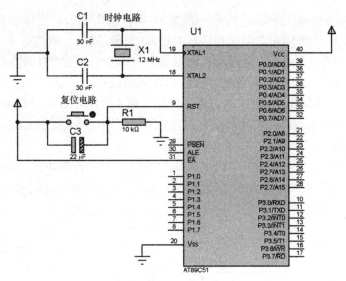

图 3-4　8051 单片机的最小系统电路

图 3-5　单片机最小系统电路板

(一)单片机时钟电路

单片机 CPU 的工作过程就是执行用户程序,即不断地取指令和执行指令,发出各种控制信号指挥各部件协调工作,完成既定的任务。取指令和执行指令都是在时钟脉冲控制下有序进行的,时钟脉冲信号如图 3-6 所示。时钟频率直接影响单片机的工作速度,时钟电路的质量也直接影响单片机系统的稳定性。

图 3-6　时钟脉冲信号

1. 时钟信号的产生

单片机的时钟信号由外部振荡和内部振荡两种方式取得。

(1) 内部时钟方式如图 3-7(a) 所示。在 8051 单片机内部有一高增益的反向放大器，只要在单片机的 XTAL1 和 XTAL2 引脚外接石英晶体(简称晶振)，就构成了自激振荡器，石英晶体和电容实物如图 3-8 所示。单片机上电后就会在单片机内部产生图 3-9 所示的时钟脉冲信号，同时 ALE 引脚也会产生时钟脉冲信号的 6 分频信号。

一般电容 C1 和 C2 取 30 pF 左右，晶体的振荡频率范围是 1.2~12 MHz。晶体振荡频率高，则系统的时钟频率也高，单片机运行速度也就快。MCS-51 在通常应用情况下，使用振荡频率为 6 MHz 或 12 MHz。

(2) 外部时钟方式在由多片单片机组成的系统中，为了各单片机之间时钟信号的同步，应当引入唯一的公用外部脉冲信号作为各单片机的振荡脉冲。这时外部的脉冲信号是经 XTAL2 引脚注入，其连接方式如图 3-7(b) 所示。

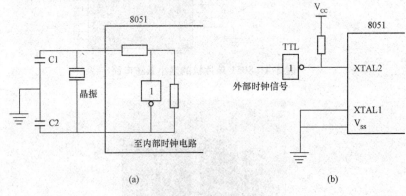

图 3-7　单片机时钟方式
(a) 内部时钟方式；(b) 外部时钟方式

图 3-8　石英晶体和电容实物
(a) 石英晶体；(b) 电容实物

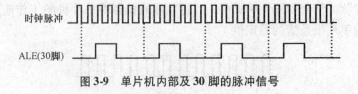

图 3-9　单片机内部及 30 脚的脉冲信号

2. 时序

时钟电路用于产生单片机工作所需要的时钟信号，而时序所研究的是指令执行中各信号之间的相互关系。单片机本身就如一个复杂的同步时序电路，为了保证同步工作方式的实现,电路应在唯一的时钟信号控制下严格地按时序进行工作。时序是用定时单位来说明的。MCS-51 的时序定时单位共有 4 个,从小到大依次是节拍、状态、机器周期和指令周期。

(1)节拍与状态。把振荡脉冲的周期定义为节拍(用 P 表示)。振荡脉冲经过二分频后,就是单片机的时钟信号的周期,定义为状态(用 S 表示)。这样,一个状态就包含两个节拍,前半周期对应的节拍叫作节拍 1(P1),后半周期对应的节拍叫作节拍 2(P2)。

(2)机器周期。MCS-51 采用定时控制方式,因此它有固定的机器周期。规定一个机器周期的宽度为 6 个状态,并依次表示为 S1~S6。由于一个状态又包括两个节拍,因此一个机器周期总共有 12 个节拍,分别记作 S1P1、S1P2、…、S6P2。由于一个机器周期共有 12 个振荡脉冲周期,因此机器周期就是振荡脉冲的十二分频。节拍、状态与机器周期的关系如图 3-10 所示。

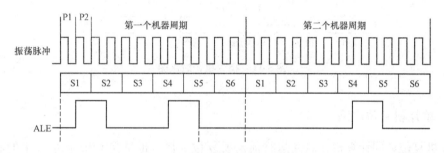

图 3-10 节拍、状态与机器周期的关系

当振荡脉冲频率为 12 MHz 时,一个机器周期为 1 μs。当振荡脉冲频率为 6 MHz 时,一个机器周期为 2 μs。

(3)指令周期。指令周期是最大的时序定时单位,执行一条指令所需要的时间称为指令周期。它一般由若干个机器周期组成。不同的指令,所需要的机器周期数也不相同。通常,包含一个机器周期的指令称为单周期指令,包含两个机器周期的指令称为双周期指令。指令的运算速度与指令所包含的机器周期有关,机器周期数越少的指令执行速度越快。MCS-51 单片机通常可以分为单周期指令、双周期指令和四周期指令三种。四周期指令只有乘法和除法指令两条,其余均为单周期和双周期指令。

单片机执行任何一条指令时都可以分为取指令阶段和执行指令阶段。ALE 引脚上出现的信号是周期性的,在每个机器周期内两次出现高电平。第一次出现在 S1P2 和 S2P1 期间,第二次出现在 S4P2 和 S5P1 期间。ALE 信号每出现一次,CPU 就进行一次取指操作,但由于不同指令的字节数和机器周期数不同,因此取指令操作也随指令不同而有小的差异。按照指令字节数和机器周期数,8051 的 111 条指令可分为六类,分别是单字节单周期指令、单字节双周期指令、单字节四周期指令、双字节单周期指令、双字节双周期指令、三字节双周期指令。单周期指令的执行始于 S1P2,这时操作码被锁存到指令寄存器内。若是双字节则在同一机器周期的 S4 读第二字节。若是单字节指令,则在 S4 仍有读出操作,但被读入的字节无效,且程序计数器 PC 并不增量。指令执行时序图如图 3-11 所示。

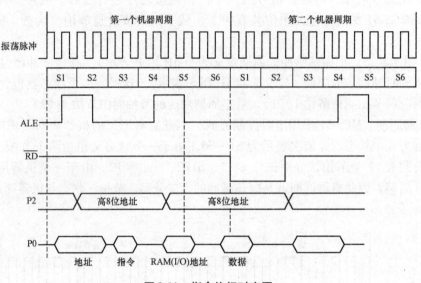

图 3-11 指令执行时序图

(二)单片机复位电路

单片机复位如同计算机在启动运行前需要复位一样,也是使 CPU 和系统中的其他功能部件都处在一个确定的初始状态,并从这个状态开始工作。例如,复位后 PC=0000H,使单片机从第一个单元取指令。无论是在单片机刚开始接上电源时,还是断电后或者发生故障后都要复位。所以必须弄清楚 MCS-51 型单片机复位的条件、复位电路和复位后状态。

单片机复位的条件是必须使 RST 引脚(9)加上持续两个机器周期(24 个振荡周期)以上的高电平。例如,若时钟频率为 12 MHz,每个机器周期为 1 μs,则只需 2 μs 以上时间的高电平。在 RST 引脚出现高电平后的第 2 个机器周期执行复位。单片机常见的复位电路如图 3-12 所示,复位引脚(RST)的信号如图 3-13 所示。

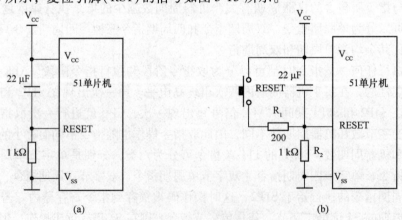

图 3-12 复位电路

(a)上电自动复位电路;(b)按键复位电路

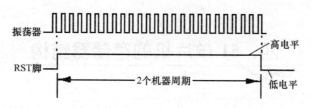

图 3-13 复位引脚(RST)的信号

图 3-12(a)所示为上电自动复位电路,它是利用电容充电来实现的。在充电的瞬间,由换路定律可知,电容两端电压不突变,所以 RESET 端的电位与 V_{CC} 相同,当充电电流逐渐减小,RST 的电位逐渐下降,电容两端充满电后,电路达到稳态,RESET 端的电位为 0。只要保证 RST 为高电平的时间大于 2 个机器周期,便能正常复位。

图 3-12(b)所示为按键复位电路。该电路是通过 RESET 端经电阻与电源 V_{CC} 接通而实现的,它兼备上电复位功能。若要复位,只需按图 3-11(b)中的 RESET 键,此时电源 V_{CC} 经电阻 R_1、R_2 分压,在 RST 端产生一个复位高电平。

单片机复位期间不产生 ALE 和 $\overline{PSEN}$ 信号,即 ALE=1 和 $\overline{PSEN}$=1。这表明单片机复位期间不会有任何取指操作。复位后,单片机内部各专用寄存器状态见表 3-2。

表 3-2 复位后单片机内部的各专用寄存器的状态

专用寄存器	复位状态	专用寄存器	复位状态
PC	0000H	ACC	00H
B	00H	PSW	00H
SP	07H	DPTR	00H
P0~P3	FFH	IP	***00000B
TMOD	00H	IE	0**00000B
TH0	00H	SCON	00H
TL0	00H	SBUF	不确定
TH1	00H	PCON	00H
TL1	00H	TCON	00H
说明:表中 * 表示无关位,H 表示十六进制数后缀,B 表示二进制数后缀。			

注意:
(1)复位后 PC 值为 0000H,表明复位后程序从 0000H 开始执行。
(2)SP 值为 07H,表明堆栈底部在 07H。
(3)P0~P3 口值为 FFH。P0~P3 口用作输入口时,必须先写入"1"。单片机在复位后,已使 P0~P3 口每一端线为"1",为这些端线用作输入口做准备。

四、51 单片机的存储器结构

存储器(Memory)是单片机的又一个重要组成部分,主要功能是存储程序和各种数据。程序存储器中存放的程序和数据存储器中存放的数据都是由机器码(二进制数 0 和 1)组成的代码串,是 CPU 能够识别的机器语言。

存储器由若干个存储单元构成,即存储器的存储容量;每个存储单元对应一个地址,用 2~4 位 16 进制数表示,即存储器的地址;存储器中每个存储单元可存放一个 8 位二进制信息,通常用 2 位 16 进制数来表示,这就是存储器的内容。存储器的存储单元地址和存储单元的内容是不同的两个概念,不能混淆。

51 单片机的存储器主要分为数据存储器 RAM(date、idate、xdate 区)和程序存储器 ROM(code 区)两大类。本书以 8051 为例来说明。

(一)数据存储器

数据存储器(Random Access Memory,RAM),即可随机读写存储器。它用于存放程序运行期间的中间数据,可随时进行读写操作。系统掉电后,数据会全部丢失。

8051 单片机的数据存储器分为片内 RAM 和片外 RAM。

1. 片内 RAM

8051 的内部 RAM 共有 256 个存储单元,存储地址是 00H~FFH,按功能划分为两部分:低 128 单元(单元地址 00H~7FH)和高 128 单元(单元地址 80H~FFH)。

(1)片内 RAM 低 128 单元。存储地址是 00H~7FH,从用户角度而言,低 128 单元才是真正的数据存储器。低 128 单元按其用途划分为工作寄存器区、位寻址区和用户数据缓冲区三个区域。低 128 单元的功能配置情况见表 3-3。

表 3-3 低 128 单元的功能配置情况

地址区间	功能
00H~07H	工作寄存器 0 区(R0~R7)
08H~0FH	工作寄存器 1 区(R0~R7)
10H~17H	工作寄存器 2 区(R0~R7)
18H~1FH	工作寄存器 3 区(R0~R7)
20H~2FH	位寻址区(位地址为 00H~7FH)
30H~7FH	数据缓冲区

1)工作寄存器区。8051 单片机片内 RAM 低端的 00H~1FH 共 32 B,分成 4 个工作寄存器组,每组占 8 个单元。

①寄存器 0 组:地址 00H~07H;

②寄存器 1 组：地址 08H～0FH；
③寄存器 2 组：地址 10H～17H；
④寄存器 3 组：地址 18H～1FH。

在任一时刻，CPU 只能使用其中的一组寄存器，并且把正在使用的那组寄存器称为当前寄存器组。到底是哪一组，由程序状态字寄存器 PSW 中 RS1、RS0 位的状态组合来决定。

通用寄存器为 CPU 提供了就近数据存储的便利，有利于提高单片机的运算速度。此外，使用通用寄存器还能提高程序编制的灵活性。因此，在单片机的应用编程中应充分利用这些寄存器，以简化程序设计，提高程序运行速度。

2）位寻址区。

位的含义：一盏灯的亮灭或者说一根线的电平的高低，可以代表两种状态：0 和 1。实际上这就是一个二进制位，用 bit 表示。字节的含义：一根线的电平可以表示 0 和 1，2 根线可以表示 00、01、10、11 共 4 种状态，而 3 根线可以表示 0～7 共 8 种状态，计算机中通常将 8 根线放在一起，同时计数，就可以表示 0～255 共 256 种状态。这 8 根线或者 8 位就称为一个字节（byte）。

20H～2FH 单元为位寻址区，共计 16 个单元。这 16 个单元（共计 128 位）的每 1 位都有一个 8 位表示的位地址，位地址范围为 00H～7FH，CPU 可以直接寻址位寻址区进行位操作。通常可以把各种程序状态标志，位控制变量存于位寻址区。同样，位寻址的 RAM 单元也可以按字节操作作为一般的数据缓冲。表 3-4 所示为片内 RAM 位寻址区的位地址。

表 3-4 片内 RAM 位寻址区的位地址

字节地址	位地址							
2FH	7FH	7EH	7DH	7CH	7BH	7AH	79H	78H
2EH	77H	76H	75H	74H	73H	72H	71H	70H
2DH	6FH	6EH	6DH	6CH	6BH	6AH	69H	68H
2CH	67H	66H	65H	64H	63H	62H	61H	60H
2BH	5FH	5EH	5DH	5CH	5BH	5AH	59H	58H
2AH	57H	56H	55H	54H	53H	52H	51H	50H
29H	4FH	4EH	4DH	4CH	4BH	4AH	49H	48H
28H	47H	46H	45H	44H	43H	42H	41H	40H
27H	3FH	3EH	3DH	3CH	3BH	3AH	39H	38H
26H	37H	36H	35H	34H	33H	32H	31H	30H
25H	2FH	2EH	2DH	2CH	2BH	2AH	29H	28H
24H	27H	26H	25H	24H	23H	22H	21H	20H
23H	1FH	1EH	1DH	1CH	1BH	1AH	19H	18H
22H	17H	16H	15H	14H	13H	12H	11H	10H
21H	0FH	0EH	0DH	0CH	0BH	0AH	09H	08H
20H	07H	06H	05H	04H	03H	02H	01H	00H

3)用户 RAM 区(数据缓冲区)。30H~7FH 是数据缓冲区,也是用户 RAM 区,共 80 个单元,用户 RAM 区可用于存放数据,也可作为堆栈存储区域。

(2)片内 RAM 高 128 单元。内部 RAM 高 128 单元是供给专用寄存器使用的,其单元地址为 80H~FFH。因这些寄存器的功能已做专门规定,故而称为专用寄存器(Special Function Register),也可称为特殊功能寄存器。表 3-5 列出了 8051 专用寄存器的名称及地址。

表 3-5 8051 专用寄存器的名称及地址

序号	符号	地址	功能介绍
1	B	F0H	B 寄存器
2	ACC	E0H	累加器
3	PSW	D0H	程序状态字
4	IP	B8H	中断优先级控制寄存器
5	P3	B0H	P3 口锁存器
6	IE	A8H	中断允许控制寄存器
7	P2	A0H	P2 口锁存器
8	SBUF	99H	串行口锁存器
9	SCON	98H	串行口控制寄存器
10	P1	90H	P1 口锁存器
11	TH1	8DH	定时器/计数器 1(高 8 位)
12	TH0	8CH	定时器/计数器 0(高 8 位)
13	TL1	8BH	定时器/计数器 1(低 8 位)
14	TL0	8AH	定时器/计数器 0(低 8 位)
15	TMOD	89H	T0、T1 定时器/计数器方式控制寄存器
16	TCON	88H	T0、T1 定时器/计数器控制寄存器
17	DPH	83H	数据地址指针(高 8 位)
18	DPL	82H	数据地址指针(低 8 位)
19	SP	81H	堆栈指针
20	P0	80H	P0 口锁存器
21	PCON	87H	电源控制寄存器

8051 共有 21 个专用寄存器,离散地分布在片内 RAM 高 128 单元中。现把其中部分寄存器简单介绍如下:

1)程序计数器(Program Counter,PC)。PC 是一个 16 位的计数器,它总是存放着下一个要取指令的 16 位存储单元地址,它的作用是控制程序的执行顺序。其内容为将要执行指令的地址,寻址范围达 64 KB,PC 有自动加 1 功能,从而实现程序的顺序执行。PC 没有地址,是不可寻址的。因此,用户无法对它进行读写,但可以通过转移、调用、返回等指令改变其内容，以实现程序的转移。因地址不在 SFR 之内，一般不计作专用寄存器。

2) 与运算器相关的寄存器(3 个)。

①累加器(Accumulator，ACC)。ACC 为 8 位寄存器，是最常用的专用寄存器，功能较多，地位重要。它既可用于存放操作数，也可用来存放运算的中间结果。MCS-51 单片机中大部分单操作数指令的操作数就取自累加器，许多双操作数指令中的一个操作数也取自累加器。

②B 寄存器。B 寄存器是一个 8 位寄存器，主要用于乘除运算。乘法运算时，B 是乘数。乘法操作后，乘积的高 8 位存于 B 中，除法运算时，B 是除数。除法操作后，余数存于 B 中。此外，B 寄存器也可作为一般数据寄存器使用。

③程序状态字(Program Status Word，PSW)。PSW 内部含有程序在运行时的相关信息，字节地址 D0H，可以进行位寻址，各位名称见表 3-6。

表 3-6 PSW 各位名称

PSW	D7	D6	D5	D4	D3	D2	D1	D0	D0H
	CY	AC	F0	RS1	RS0	OV	F1	P	

a. 进位标志 CY(Carry)，可简写为 C，它的用途如下：

当 CPU 在做加法运算时，若有进位，则 CY=1；否则 CY=0。

当 CPU 在做减法运算时，若有借位，则 CY=1；否则 CY=0。

作为位处理的运算中心即位累加器。

b. 辅助进位标志 AC(Auxiliary Carry)。

在相加的过程中，若两数的 D3 相加后有进位产生，则 AC=1；否则 AC=0。

在相减的过程中，若 D3 不够减，必须向 D4 借位，则 AC=1；否则 AC=0。

c. 用户标志位 F0(Flag Zero)。由用户根据程序执行的需要通过软件来使它置位或清除。

d. RS1，RS0：工作寄存器组选择位。8051 的 RAM 区域地址 00H~1FH 单元(32B)为工作寄存器区，共分四组，每组有 8 个 8 位寄存器，用 R0~R7 表示。

RS1，RS0 可以用软件来置位或清零以确定当前使用的工作寄存器组。

e. 溢出标志位 OV(Overflow)。

当两个数相加时，若 D6 及 D7 同时有进位或没有进位，则 OV=0；否则 OV=1。

当两个数相减时，若 D6 及 D7 同时有借位或没有借位，则 OV=0；否则 OV=1.

根据执行运算指令后 OV 的状态，可判断累加器中的结果是否正确。

f. 奇偶位标志 P(Parity)。对于累加器的内容，若等于 1 的位有奇数个，则 P=1；否则 P=0。

3) 与指针相关的寄存器(2 个)。

①数据指针(DPTR)。数据指针为 16 位寄存器，它是 MCS-51 中一个 16 位寄存器。编程时，DPTR 既可以按 16 位寄存器使用，也可以按两个 8 位寄存器分开使用，即 DPTR 高位字节：DPH、DPTR；低位字节：DPL。DPTR 通常在访问外部数据存储器时做地址指针使用，由于外部数据存储器的寻址范围为 64 KB，故把 DPTR 设计为 16 位。

②堆栈指针(Stack Pointer，SP)。堆栈是一个特殊的存储区，用来暂存数据和地址，它

是按"先进后出"的原则存取数据的。堆栈共有两种操作：进栈和出栈。

MCS-51 单片机由于堆栈设在内部 RAM 中，因此 SP 是一个 8 位寄存器。系统复位后，SP 的内容为 07H，使得堆栈实际上从 08H 单元开始。但 08H~1FH 单元分别属于工作寄存器 1~3 区，如程序中要用到这些区，则最好把 SP 值改为 1FH 或更大的值。一般堆栈最好在内部 RAM 的 30H~7FH 单元中开辟。SP 的内容一经确定，堆栈的位置也就跟着确定下来，由于 SP 可初始化为不同值，因此堆栈位置是浮动的。

4）与接口相关的寄存器(4 个)。

①并行 I/O 接口 P0/P1/P2/P3，均为 8 位。通过对这 4 个寄存器的读和写，可以实现数据从相应接口的输入和输出。

②串行接口数据缓冲器 SBUF。

③串行接口控制寄存器 SCON。

④串行通信波特率倍增寄存器 PCON(一些位还与电源控制相关，所以又称为电源控制寄存器)。

5）与中断相关的寄存器(2 个)。

①中断允许控制寄存器 IE。

②中断优先级控制寄存器 IP。

6）与定时/计数器相关的寄存器(4 个)。

①定时/计数器 T0 的两个 8 位计数初值寄存器 TH0 和 TL0，它们可以构成 16 位的计数器，TH0 存放高 8 位，TL0 存放低 8 位。

②定时/计数器 T1 的两个 8 位计数初值寄存器 TH1 和 TL1，它们可以构成 16 位的计数器，TH1 存放高 8 位，TL1 存放低 8 位。

③定时/计数器的工作方式寄存器 TMOD。

④定时/计数器的控制寄存器 TCON。

7）专用寄存器中的字节寻址和位地址。MCS-51 单片机有 21 个可寻址的专用寄存器，其中有 11 个专用寄存器(字节地址能被 8 整除的)是可以位寻址的。各寄存器的字节地址及位地址一并列于表 3-5。对专用寄存器只能使用直接寻址方式，书写时既可使用寄存器符号，也可使用寄存器单元地址。

说明：在单片机的 C 语言程序设计中，可以通过关键字 sfr 来定义所有特殊功能寄存器，从而在程序中直接访问它们，例如：

sfr　　P1=0x90;　　　　　//专用寄存器 P0 的地址是 90H
　　　　　　　　　　　　　(0x 是十六进制数的前缀)

在 C 语言中，还可以通过关键字 sbit 来定义特殊功能寄存器中的可寻址位，如采用了下面语句定义 P1 口的第 0 位：

sbit P1_0=P1^0;

通常情况下，这些特殊功能寄存器已经在头文件 reg51.h 中定义了，只要在程序中包含了该头文件，就可以直接使用已定义的特殊功能寄存器。

如果没有头文件 reg51.h，或者该文件中只定义了部分特殊功能寄存器和位，用户也可以在程序中自行定义。

2. 片外 RAM

片外 RAM 地址空间为 64 KB，地址范围是 0000H ~ FFFFH。外部数据存储器可以根据需要进行扩展。当需要扩展存储器时，低 8 位地址 A0 ~ A7 和 8 位数据 D0 ~ D7 由 P0 口分时传送，高 8 位地址 A8 ~ 15 由 P2 口传送。

（二）程序存储器

程序存储器（Read Only Memory，ROM），即只读存储器。其特点是在程序正常运行时，CPU 对 ROM 只能进行读操作。ROM 适合存放系统程序、应用程序及表格常数等。系统掉电后，数据会全部丢失。

在 MCS-51 单片机中，程序存储器通过 16 位程序计数器（PC）寻址，具有 64 KB 寻址能力，即可以在 64 KB 的地址空间任意寻址。其中，具有 4 KB 片内程序存储器空间，地址为 0000H ~ 0FFFH（注：8031 无片内程序存储器）；片外程序存储器空间最大可扩展到 64 KB，地址为 1000H ~ FFFFH。程序存储器结构如图 3-14 所示。

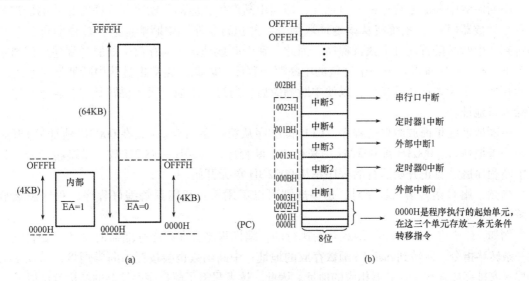

图 3-14 程序存储器结构
(a) ROM 配置；(b) ROM 低端的特殊单元

1. 程序存储器片内与片外地址

由于片内、片外统一编址，所以片内 4 KB 存储空间地址 0000H ~ 0FFFH 与片外存储器地址 0000H ~ 0FFFH 发生冲突。但是 CPU 是访问片内存储器还是访问片外存储器，可由引脚 $\overline{EA}$ 上所接的电平来确定。

（1）当 $\overline{EA}$ 引脚接高电平时，若程序计数器（PC）值超出片内存储空间，则自动转向片外程序存储器空间执行程序。

（2）当 $\overline{EA}$ 引脚接低电平时，单片机只能执行片外程序存储器的程序。

另外，因为 8031 没有片内程序存储器，所以就将 $\overline{EA}$ 引脚固定接低电平，通过外部扩展程序存储器来存放程序；而对其他 MCS-51 单片机，若没有片外程序存储器，那应将 $\overline{EA}$ 引脚固定接高电平。通过 $\overline{EA}$ 引脚所接电平不同，解决了程序存储器中片内、片外地址冲突的问题。

2. 程序存储器中的特殊单元

在 MCS-51 单片机的程序存储器中,有 6 个存储单元具有特殊用途。

0000H 单元为系统启动地址。MCS-51 单片机启动复位后,程序计数器(PC)的内容为 0000H,所以系统将从 0000H 单元取指令,并开始执行程序。程序设计时一般在该地址存放一条绝对跳转指令,转入主程序的入口地址。

另外,0003H~002AH 被均匀地分成 5 段,用于 5 个中断服务程序的入口。

其中,0003H、000BH、0013H、001BH、0023H 为 5 个中断源的中断服务程序的入口地址。

0003H~000AH:外部中断 0 中断地址区。
000BH~0012H:定时器/计数器 0 中断地址区。
0013H~001AH:外部中断 1 中断地址区。
001BH~0022H:定时器/计数器 1 中断地址区。
0023H~002AH:串行中断地址区。

中断源的中断服务程序的入口地址,即当中断产生相应的中断服务程序的起始地址被装入程序计数器(PC),系统将从该地址取指令,并执行程序。中断响应后,按中断种类,自动转到各中断区的首地址去执行程序。因此,在中断地址区中应存放中断服务程序。但通常情况下,8 个单元难以存下一个完整的中断服务程序。因此,通常也是从中断地址区首地址开始存放一条无条件转移指令,以便中断响应后,通过中断地址区,再转到中断服务程序的实际入口地址。

中断地址区里面放编好的程序,CPU 按顺序从第一条指令(存放在 0000H 地址处)开始一条一条地执行。0003H 到 002AH 用来存放中断程序,0000H~0002H 放一条跳转指令,越过中断程序区,真正开始运行的程序是从 0002BH 单元开始。

当然,用 C 语言编写程序时,这些规则可以不用管,我们只管编好程序,程序怎么放由编译器负责。

例如,C 语言是从 main( )函数开始执行的,编译程序会在程序存储器的 0000H 处自动存放一条转移指令,跳转到 main( )函数存放的地址;中断函数也会按照中断类型号,自动由编译程序安排存放在程序存储器相应的地址。因此,读者只需了解程序存储器的结构就可以了。

单片机的存储器结构包括 4 个物理存储空间,在 C 语言程序设计中可用存储器类型关键字将数据存储到任一指定的存储空间。C51 编译器支持的存储器类型见表 3-7。

表 3-7 C51 编译器支持的存储器类型

存储器类型	描述
date	直接访问内部数据存储器,允许最快访问(128 B)
bdate	可位寻址内部数据存储器,允许位与字节混合访问(16 B)
idate	间接访问内部数据存储器,允许整个内部地址空间(256 B)
pdate	"分页"外部数据存储器(256 B)
xdate	分部数据存储器(64 KB)
code	程序存储器(64 KB)

五、单片机并行 I/O 端口

1. 并行 I/O 端口的电路结构

MCS-51 单片机共有 4 个 8 位并行 I/O 端口（用 P0、P1、P2、P3），每个 I/O 口都有 8 条口线，每条 I/O 口线都可独立地用作输入和输出端口。在具备片外扩展存储器的系统中，P2 口送出高 8 位地址，P0 口分时送出低 8 位地址和 8 位数据。

各端口的功能不同，结构上也有差异，但是每个端口的 8 位的位结构是完全相同的。各端口的位结构如图 3-15 所示。

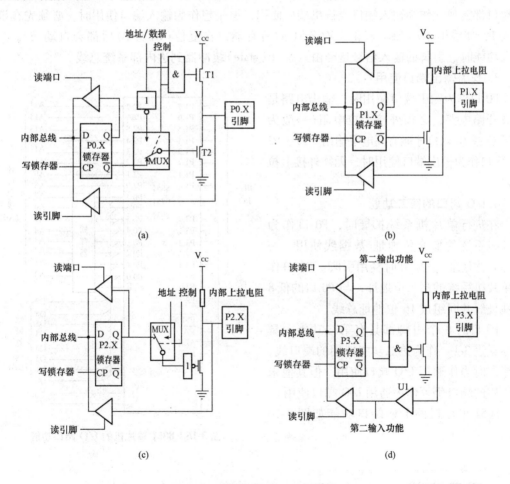

图 3-15　并行 I/O 接口逻辑电路
（a）P0 接口逻辑电路；（b）P1 接口逻辑电路；
（c）P2 接口逻辑电路；（d）P3 接口逻辑电路

2. 作为输入端口使用

4 个并行 I/O 端口 P0~P3 作为输入端口使用时，应区分读引脚和读端口。

所谓读引脚，就是读芯片引脚的状态，把端口引脚上的数据从缓冲器通过内部总线读进来。读引脚时，必须先向电路中的锁存器写入"1"。

读端口是指读锁存器的状态。读端口是为了适应对 I/O 端口进行"读—修改—写"操作语句的需要。例如，下面的 C51 语句：

P0= P0&0xf0；//将 P0 口的低 4 位引脚清零输出

该语句执行时，分为"读—修改—写"三步。首先读入 P0 口锁存器中的数据，然后与 0xf0 进行"逻辑与"操作，最后将所读入数据的低 4 位清零，再把结果送回 P0 口。对于这类"读—修改—写"语句，不直接读引脚而读锁存器是为了避免可能出现的错误。

P1、P2 和 P3 的内部均有上拉电阻器，P0 则为漏极输出，没有内部上拉电阻器，每一个端口都能独立作为输入端口或输出端口使用，但是想作为输入端口使用时，必须先在该口写入 1，使输出驱动 FET 截止。MCS-51 的所有端口在复位（RESET）后都会自动被写入 1。输入功能时，引脚的输入信号是经由三态（tri-state）缓冲器到达内部系统总线。

3. 作为输出端口使用

P0 口作为输出端口使用时，输出电路是漏极开路电路，必须外接上拉电阻（一般为 4.7 kΩ 或 10 kΩ）才能有高电平输出。P1、P2 和 P3 口作为输出端口使用时，无须外接上拉电阻。

4. I/O 端口的第二功能

在进行单片机系统扩展时，P0 口作为单片机系统的低 8 位地址/数据线使用，一般称它为地址/数据分时复用引脚。P2 口作为单片机系统的高 8 位地址，与 P0 的低 8 位地址线共同组成 16 位地址总线。

P3 口的 8 个引脚都具有第二功能，具体参见表 3-1。作为第二功能使用的端口线，不能同时当作通用 I/O 端口使用，但其他未被使用的端口仍可作为通用 I/O 端口使用。

8051 单片机的 I/O 端口功能如图 3-16 所示。

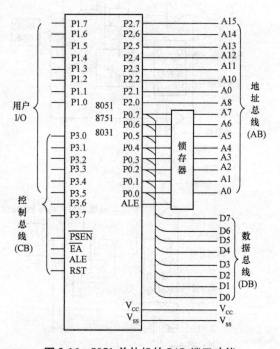

图 3-16　8051 单片机的 I/O 端口功能

项目实施

汽车电动车窗玻璃升降器控制

电动车窗系统由车窗、车窗升降器、电动机、车窗控制继电器、车窗开关等组成。电动车窗使用的是直流电动机，每个车窗都装有一个电动机，通过开关控制它的旋转方向，使车窗玻璃上升或下降。一般电动车窗系统都装有两套控制开关。一套装在仪表板或驾驶员侧车门扶手上，为主开关，它由驾驶员控制每个车窗的升降；另一套分别装在每一个乘客门上，为分开关，可由乘客进行操纵。一般在主开关上还装有断路开关，如果它断开，分开关就不起作用。为了防止电路过载，电路或电动机内装有一个或多个热敏断路开关，用以控制电流，当车窗完全关闭或由于结冰等原因使车窗玻璃不能自如运动时，即使操纵开关没有断开，热敏开关也会自动断路。有的车上还专门装有1个延迟开关，在点火开关断开后约10 min，或在车门打开以前，仍有电源提供，使驾驶员和乘客能有时间关闭车窗。

1. **目的与要求**

为了方便驾驶员和乘客，现代轿车多采用电动车窗。驾驶员和乘客只需要操纵车窗升降开关，就可以使汽车门玻璃上升或者是下降。任务要求采用单片机制作一个模拟汽车电动车窗玻璃升降器控制系统，重点训练学生独立按键识别及单片机I/O端口的位操作方法。

2. **电路功能**

设计中利用单片机P2.0和P2.1引脚分别控制两个继电器工作，进而控制流过直流电动机的电流方向，实现电动机正反转控制。

设计中的电动机电路采用继电器控制，继电器是一种电子控制器件，通常应用于自动控制电路中，它实际上是用较小的电流去控制较大电流的一种"自动开关"。它的输入信号可以是温度、速度、压力等非电量，也可以是电流、电压，而输出信号是触点通断信号。继电器是根据输入的某种物理量的变化，来自动接通或断开控制电路的电器。电磁继电器主要由电磁铁芯、线圈、衔铁、触点组成，触点有常开和常闭两种。

电磁继电器动作原理：当线圈得电时产生电磁吸合动作，使常开触点闭合、常闭触点断开。车用电磁继电器实物如图3-17所示，继电器的结构及电路符号如图3-18所示，Proteus软件的继电器符号如图3-19所示。

图3-17 车用电磁继电器实物

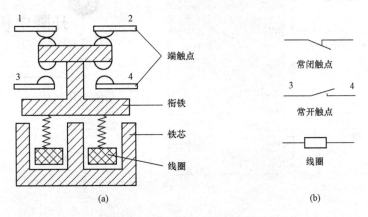

图3-18 继电器的结构及电路符号

(a)结构；(b)电路符号

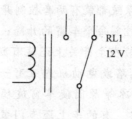

图 3-19　Proteus 软件的继电器符号

设计中的开关选用 3 挡拨动开关,由 1 个动触头和 3 个静触点组成,开关拨到 1 位置,电动车窗上升;拨到 2 位置,电动车窗下降。连接方式是动触头接地,静触点 1 接 P1.0 引脚,静触点 2 接 P1.1 引脚,静触点 3 未接。开关拨到 1 端时,P1.0 引脚变低电平,由程序指令控制 CPU 检测 P1.0 引脚的状态,当检测到 P1.0 引脚电平由高变低时,由程序指令控制 P2.0 引脚输出高电平,继电器 RL1 线圈通电,常开触点闭合,电动机正转;同样道理,开关拨到 2 端时,P1.1 引脚变低电平,由程序指令控制 CPU 检测 P1.1 引脚的状态,当检测到 P1.1 引脚电平由高变低时,由程序指令控制 P2.1 引脚输出高电平,继电器 RL2 线圈通电,常开触点闭合,电动机反转;开关拨到中间位置,P1.0 和 P1.1 引脚为高电平,由程序指令控制 P2 端口引脚输出低电平,继电器 RL1 和 RL2 线圈断电,继电器常开触点断开,电动机断电停转。

3. 电路设计

由 Proteus 软件画出的单片机模拟汽车电动车窗玻璃升降器控制系统电路如图 3-20 所示。电路包括单片机、复位电路、时钟电路、电源电路(Proteus 软件略去 5 V 电源)、电动机驱动电路(采用 12 V 电源供电)、开关控制电路。

视频:玻璃升降器控制

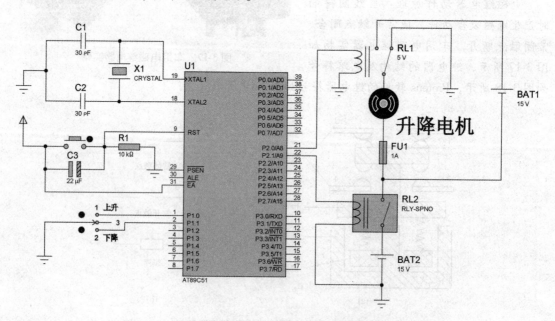

图 3-20　单片机模拟汽车电动车窗玻璃升降器控制系统电路

单片机模拟汽车电动车窗玻璃升降器控制系统电路器件清单见表3-8。

表3-8　单片机模拟汽车电动车窗玻璃升降器控制系统电路器件清单

元件名称	参数	数量	关键字(Proteus)	元件名称	参数	数量	关键字(Proteus)
单片机	DIP40封装的51单片机	1	AT89C51	电解电容C3	22 μF	1	CAP-ELEC
晶体振荡器	6 MHz 或 12 MHz	1	CRYSTAL	双向电动机		1	MOTOR
瓷片电容 C1、C2	30 pF	2	CAP	电阻R3、R4	1 k~10 kΩ	2	RES
继电器 RL1、RL2	—	2	RLY-SPND	电阻R5	10 kΩ	1	RES
弹性按键S	—	1	BUTTON	拨动开关		2	SWITCH
熔断器	—	1	FUSE	蓄电池	12 V	—	BATTERY

4. 源程序设计

由表3-9可以看到，P2.0引脚的电平状态与电动机上升的状态相对应，当P2.0引脚的状态为1时，电动机上升；P2.1引脚的电平状态与电动机下降的状态相对应，当P2.1引脚的状态为1时，电动机下降。

表3-9　升降开关操作与P1、P2口引脚对应状态

升降开关操作	P1口状态		P2口状态		电机状态
	P1.0	P1.1	P2.0	P2.1	
升降开关未操作	1	1	0	0	停转
上升开关按下	0	1	1	0	正转
下降开关按下	1	0	0	1	反转

模拟汽车电动车窗玻璃升降器控制源程序如下。

```
//功能:汽车电动车窗玻璃升降器控制
#include<reg51.h>        //定义51单片机的特殊功能寄存器
sbit P10=P1^0;           //定义P1.0引脚为P10
sbit P11=P1^1;           //定义P1.1引脚为P11
sbit P20=P2^0;           //定义P1.0引脚为P20
sbit P21=P2^1;           //定义P2.1引脚为P21
void main()              //主函数
```

```
    {
        P20=0;                  //P20 引脚输出清零,电机停转
        P21=0;                  //P21 引脚输出清零,电机停转
        while(1)                //无限循环
        {
            if(P10==0)          //如果"上升"按键被按下
            P20=1;              //P2.0 引脚输出高电平,继电器 RL1 工作,电机正转
            else if(P11==0)     //如果"下降"按键被按下
            P21=1;              //P2.1 引脚输出高电平,继电器 RL2 工作,电机反转
            else
            {
                P20=0;          //P20 引脚输出清零,电机停转
                P21=0;          //P21 引脚输出清零,电机停转
            }
        }
    }
```

项目拓展

汽车安全带的声光报警控制

大多数车辆在正/副驾驶员没系安全带且车辆行进时,仪表盘都会亮起图 3-21 所示的安全带提示灯,并伴以蜂鸣器的提示音进行警报,提示正/副驾驶员要系好安全带。

安全带的主要功用是在车辆发生碰撞时把车内人员固定在座位上,避免发生二次碰撞。在主/副驾驶员的汽车坐垫下,有一个座椅占位传感器,如图 3-22 所示。当车辆达到一定行驶速度,仪表控制单元检测到占位传感器占位信号和安全带锁扣未锁止信号,安全带指示灯点亮,蜂鸣器发声。

图 3-21 安全带提示灯

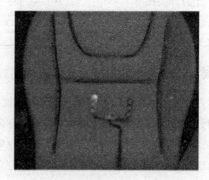

图 3-22 座椅占位传感器

项目三 汽车电动车窗玻璃升降器控制

1. 目的与要求

以安全带声光报警控制电路为例，练习独立按键识别、发光二极管发光及蜂鸣器发声控制等的软硬件设计。

2. 电路功能

按键1模拟安全带锁扣状态，按下表示安全带锁扣锁止，反之表示安全带锁扣未锁止；按键2模拟汽车座椅占位状态，按下表示座椅上有人，反之表示无人。发光二极管模拟仪表上安全带提示灯，蜂鸣器间歇发声模拟安全带锁扣未锁止的报警声音。当座椅上有人且安全带锁扣未锁止时蜂鸣器间歇发声，同时指示灯点亮。如果安全带锁扣锁止，无论座椅上是否有人，蜂鸣器和指示灯均不工作。

3. 电路设计

单片机模拟汽车安全带的声光报警控制系统电路如图3-23所示。模拟汽车安全带的声光报警控制电路板如图3-24所示。蜂鸣器使用12V电源供电，其供电电流由三极管驱动。

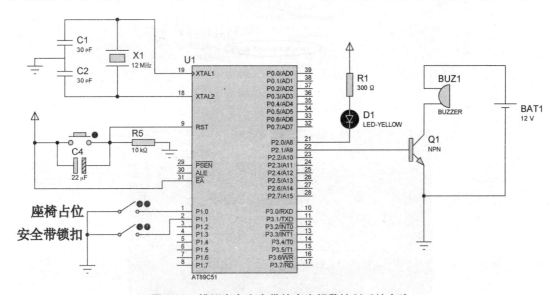

图3-23 模拟汽车安全带的声光报警控制系统电路

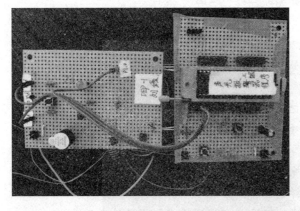

图3-24 模拟汽车安全带的声光报警控制电路板

视频：安全带声光报警控制

4. 源程序设计

由表3-10可以看到，P1.0引脚的电平状态与安全带锁扣的状态相对应，P1.1引脚的电平状态与座椅的占位状态相对应，P2.0引脚控制发光二极管的亮灭，P2.1引脚控制蜂鸣器的发声。

表3-10　P1口与P2口引脚的控制作用

P1.0与锁扣的状态		P1.1与座椅的状态		P2.0与发光二极管的状态		P2.1与蜂鸣器的状态	
P1.0	锁扣	P1.1	座椅	P2.0	发光二极管	P2.1	蜂鸣器
1	未锁止	1	有人	0	点亮	1	间歇发声
0	锁止	0	无人	1	熄灭	0	无声

模拟汽车安全带的声光报警控制源程序如下。

```c
//功能:安全带的声光报警控制
#include<reg51.h>        //定义51单片机的特殊功能寄存器
sbit P10=P1^0;           //定义P1.0引脚为P10
sbit P11=P1^1;           //定义P1.1引脚为P11
sbit P20=P2^0;           //定义P1.0引脚为P20
sbit P21=P2^1;           //定义P2.1引脚为P21
void delay()             //延时函数
{
  unsigned int i,k;
  for(i=0;i<200;i++)
  for(k=0;k<200;k++);
}
void main()              //主函数
{
    P20=1;               //初始状态指示灯熄灭
    P21=0;               //初始状态蜂鸣器不发声
  while(1)
  {
  if(P10==0&P11==1)      //如果检测到驾驶位有人且安全带锁扣未锁止
  {
    P20=0;               //指示灯点亮
    P21=1;               //蜂鸣器发声
    delay();             //蜂鸣器发声延时
    P21=0;               //蜂鸣器不发声
    delay();             //蜂鸣器不发声延时
                         //上述四条语句实现蜂鸣器间歇性发声
  }
```

项目三 汽车电动车窗玻璃升降器控制

```
    else if(P11==0)   //如果安全带锁扣锁止
      {
      P20=1;           //指示灯不亮
      P21=0;           //蜂鸣器不发声
      }
   }
}
```

☞小资料☜

蜂鸣器

蜂鸣器是一种一体化结构的电子讯响器，采用直流电压供电，广泛应用于计算机、报警器、电子玩具、汽车电子设备、电话机、定时器等电子产品中作发声器件。其实物如图 3-25 所示。

图 3-25 蜂鸣器

蜂鸣器按照结构划分，可分为压电式蜂鸣器和电磁式蜂鸣器两种。压电式蜂鸣器为压电陶瓷片发音，电流比较小，电磁式蜂鸣器为线圈通电震动发音，体积比较小。

蜂鸣器按照驱动方式划分，可分为有源蜂鸣器和无源蜂鸣器两种。这里的有源和无源不是指电源，而是振荡源。有源蜂鸣器内部带了振荡源，给了 BUZZ 引脚一个低电平，蜂鸣器就会直接响。而无源蜂鸣器内部是不带振荡源的，要让它响必须给 500Hz～4.5 kHz 之间的脉冲频率信号来驱动它才会响。有源蜂鸣器往往比无源蜂鸣器贵一些，因为里边多了振荡电路，驱动发音也简单，靠电平就可以驱动，而无源蜂鸣器价格比较便宜。另外，无源蜂鸣器声音频率可以控制，而音阶与频率又有确定的对应关系，因此就可以做出"do re mi fa sol la si"的效果，可以用它制作出简单的音乐曲目，比如生日歌、两只老虎等。

图 3-26 为单片机驱动蜂鸣器电路。蜂鸣器的工作电流一般比较大，因此需要用三极管驱动，并且加了一个 100 Ω 的电阻作为限流电阻。此外还加了一个 D4 二极管，这个二极管叫作续流二极管。蜂鸣器是感性器件，当三极管导通给蜂鸣器供电时，就会有导通电流流过蜂鸣器。而我们知道，电感的一个特点就是电流不能突变，导通时电流是逐渐加大的，这点没有问题，但当关断时，经"电源－三极管－蜂鸣器－地"这条回路就截断了，过不了任何电流了，那么存储的电流往哪儿去呢，就是经过这个 D4 和蜂鸣器自身的环路来消耗掉了，从而就避免了关断时由于电感电流造成的反向冲击。接续关断时的电流，这就是续流二极管名称的由来。

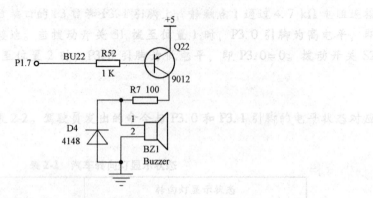

图 3-26 单片机驱动蜂鸣器电路

练习题

一、填空题

1. 片内 RAM 低 128 单元，按其用途划分为_____、_____和_____三个区域。
2. 当振荡脉冲频率为 12 MHz 时，一个机器周期为_____；当振荡脉冲频率为 6 MHz 时，一个机器周期为_____。
3. 单片机的复位电路有两种，分别是_____和_____。
4. 输入单片机的复位信号需延续_____个机器周期以上的_____电平时即有效，用于完成单片机的复位初始化操作。
5. 单片机上电复位后，PC 的内容为_____。
6. 使用片内 ROM，31 号引脚 EA 一定要接_____电平。
7. CPU 要执行的第一条指令地址是_____。
8. 51 单片机有_____个特殊功能寄存器。

二、判断题

(   ) 1. 用 3 位二进制数能编写出 8 个存储器地址。
(   ) 2. 单片机的存储器按照功能划分可分为数据存储器和程序存储器。
(   ) 3. 程序存储器的主要作用是存放系统程序、应用程序及表格常数等。
(   ) 4. ROM 中的信息在系统断电时仍然能够保存。
(   ) 5. 程序存储器的 0003H 到 002AH 用来存放中断程序。
(   ) 6. CPU 要执行的第一条指令地址是 0000H。
(   ) 7. 程序存储器的 0003H 到 000AH 是外部中断 0 中断地址区，共有 8 个存储单元。

三、选择题

1. 8051 单片机片内 RAM 容量是(   )。
   A. 128 B   B. 256 B   C. 4 KB   D. 64 KB
2. 51 单片机共有(   )个特殊功能寄存器。
   A. 11   B. 21   C. 31   D. 56

3. 程序寄存器 PC 是一个(　　)位寄存器。
A. 8　　　　　　　B. 16　　　　　　　C. 32　　　　　　　D. 64

四、简答题

1. P3 口的第二功能是什么？
2. 简述节拍、状态、时钟周期和机器周期之间的关系。
3. 51 单片机常用的复位方式有哪几种？画出电路图并说明工作原理。
4. 程序中访问特殊功能寄存器的方法有几种？
5. 程序中如何访问特殊功能寄存器中的可寻址位？
6. 51 单片机的存储器有几个物理存储空间？
7. 程序中如何将数据存储到指定的存储区域？

项目四

△ 汽车单片机应用技术——基于 Proteus 和 Keil C51 仿真

电动汽车充电指示显示控制

🚗 项目要求

知识目标：
1. 了解 C 语言的结构和特点、函数的定义和调用、数组概念。
2. 掌握 C 语言的数据类型、运算符、数组和基本语句的使用及结构化程序设计方法。

能力目标：
1. 会用数组对同一种数据类型的数据进行定义和使用，对程序中重复执行的语句会用循环语句实现。能对程序中重复执行的程序段编写自定义函数，分清位操作和字节操作语句的区别。
2. 认识条形 LED 灯，会根据电动汽车的充电进度指示显示原理进行单片机控制应用系统的综合设计。

素养目标：
1. C 语言是人们和单片机交流的工具，掌握规则很重要。
2. 家有家规，国有国法，要遵守。

🚙 知识储备

一、C 语言概述

C 语言是当前进行单片机应用系统开发必不可少的一种高级语言，它既具有高级语言的特点，又具备了汇编语言的功能。相对于汇编语言而言，C 语言开发系统可以缩短开发周期，增强程序的可读性，并且便于改进、扩充和移植。C 语言程序本身不依赖硬件开发平台，程序不做修改或做少量修改就可以移植到不同的单片机。目前，使用 C 语言进行程序设计已经成为单片机软件开发的主流。

信心

C语言是一种编译型程序设计语言,基于单片机的C语言又称为C51语言。与标准C语言不同的是,C51语言运行于单片机平台,并根据单片机的硬件特点扩展了部分关键字。

基于单片机的C语言程序有以下几个特点:

(1)C语言程序以函数形式组织程序结构,C语言程序中的函数与其他语言中所描述的"子程序"或"过程"的概念是一样的。C语言程序的结构如图4-1所示。

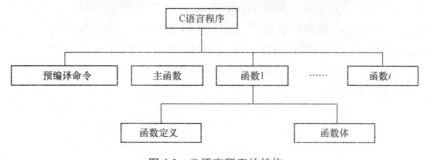

图4-1 C语言程序的结构

(2)一个C语言源程序是由一个或若干个函数组成,每一个函数完成相对独立的功能。每个C语言程序都必须有(且仅有)一个主函数main(),程序的执行总是从主函数开始,调用其他函数后返回主函数main(),不管函数的排列顺序如何,最后在主函数中结束整个程序。

(3)C语言程序中可以有预处理命令,预处理命令通常放在源程序的最前面,用#include命令来定义,其含义是将编译器已经定义好的函数库头文件(文件名.h)包含到本程序中,与当前的源程序文件链接为一个源文件。这些头文件中包含了一些库函数,以及其他函数的声明和定义。

如使用定义特殊功能寄存器函数库reg51.h,则写成"#inciude <reg51.h>";如使用I/O函数库stdio.h,则写成"#include < intrins.h >";如使用内部函数库intrins.h,则写成"#include < intrins.h >"。

(4)C语言书写格式自由,一条语句可以多行书写,也可以一行书写多条语句。但每条语句后面必须以分号";"作为结束符。

(5)C语言的字符区分大小写,例如:变量i和变量I表示两个不同的变量。

(6)C语言用/*........*/和"//"进行程序注释。

"//"——只能注释一行信息

/*........*/——可放在程序的任一位置。

(7)标识符常用来表示某个变量、常量、数组、自定义函数的名称。如:

int　count;　//count为一整型变量的名称;

void　delay();　//delay为一个函数的名称。

标识符可以由字母、数字(0~9)或者下划线"—"组成,最多可支持32个字符。C51的标识符的第一个字符必须是字母或者下划线"—",标识符不能用中文。例如unt、ch_1等都是正确的标识符,而5count则是错误的。使用标识符时应注意以下几点:

1)在使用C51标识符时,需要能够清楚地表达其功能含义,这样有助于阅读和理解源程序。

2) C51 的标识符原则上可以使用下划线开头，但有些编译系统的专用标识符或者预定义项是以下划线开头的。为了程序的兼容性和可移植性，建议一般不使用下划线开头来命名标识符。

3) 自定义的 C51 标识符不能使用 C51 的关键字，也不能和用户已使用的函数名或 C51 库函数同名。例如 char 是关键字，所以不能作为标识符使用。

4) C51 的标识符区分大小写，例如 count 和 COUNT 代表两个不同的标识符。

(8) 关键字是 C51 语言的重要组成部分，是 C51 编译器已定义保留的专用特殊标识符，有时也称为保留字。这些关键字通常有固定的名称和功能，如 int、if、for、do、while、case、char、void、else、break、data 等。

注：关键字必须是小写。

二、C 语言的函数

在 C 语言程序中，子程序的作用是由函数来实现的，函数是 C 语言的基本组成模块，一个 C 语言程序就是由若干个模块化的函数组成的。

C 语言程序都是由一个主函数 main() 和若干个子函数构成，有且只有一个主函数，程序由主函数开始执行，主函数根据需要来调用其他函数，其他函数可以有多个。

(一) 函数分类

从用户使用的角度来看，函数分为标准库函数和用户自定义函数两类。

1. 标准库函数

标准库函数是由 C51 的编译器提供的，用户不必定义这些函数，可以直接用预处理命令 #include〈文件名.h〉调用。Keil C51 编译器提供了 100 多个库函数供人们使用。常用的 C51 库函数包括一般 I/O 口函数、访问 SFR 地址函数等，在 C51 编译环境中，以头文件的形式给出。标准库函数的种类及说明见附录 5。

2. 用户自定义函数

用户自定义函数是用户根据需要自行编写的函数，它必须先定义之后才能被调用。

(二) 函数定义

函数定义一般形式如下：
返回值类型 函数名(形式参数表)
{
　　数据类型 变量；
　　语句 ；
　　return (表达式或变量)；
}

说明：

(1)返回值类型说明符指明了函数的返回值的类型，在很多情况下，不要求函数有返回值，此时类型说明符可以写为 void。

(2)函数名是由用户自己定义的标识符。

(3)函数名后有一个括号，括号中是形式参数，形式参数可以没有，称为无形参函数，但括号不可少。

(4){}中的内容称为函数体，函数体中是若干条为完成特定功能而设置的语句。

(5)return 语句是返回值语句，把函数的值返回给调用的变量。对于无返回值函数，该语句可以省略。

例如：
```
//函数名:delay
//函数功能:实现软件延时
void delay(unsigned int i)      //无返回值,省略 return 语句,有形参
{
  unsigned int k;               //定义局部变量
  for(k=0;k<i;k++);             //语句
}
```

具体来说，函数定义的一般形式有无参数无返回值、无参数有返回值、有参数有返回值、有参数无返回值。

(三)函数调用

函数调用就是在一个函数体中引用另外一个已经定义的函数，前者称为主调用函数，后者称为被调用函数，函数调用的一般格式如下：

函数名(实际参数列表);

对于有参数类型的函数，若实际参数列表中有多个实参，则各参数之间用逗号隔开。实参与形参顺序对应，个数应相等，类型应一致。

在一个函数中调用另一个函数需要具备如下条件：

(1)被调用函数必须是已经存在的函数(库函数或者用户自己已经定义的函数)。

如果函数定义在调用之后，那么必须在调用之前(一般在程序头部)对函数进行声明。

(2)如果程序使用了库函数，则要在程序的开头用#include 预处理命令将调用函数所需要的信息包含在本文件中。如果不是在本文件中定义的函数，那么在程序开始要用 extern 修饰符进行函数原型说明。

例如：无返回值无形参的函数调用。

```
void  delay()               //函数定义
{                           //函数体
  unsigned int y=10000;
  while(y--);
}
```

```
void main()                          //主函数调用延时程序
{
  delay();
}
```

例如：无返回值有形参的函数调用。

```
void delay(unsigned int y)           //函数定义,有形参数
{
while(y--);                          //函数体
}
void main()                          //主函数
{
delay(10000);                        //给形参赋值,实参
}
```

函数的形参和实参具有以下特点：

(1)形参只有在函数内部有效。函数调用结束返回主调函数后则不能再使用该形参变量。

(2)实参可以是常量、变量、表达式、函数等，无论实参是何种类型的量，在进行函数调用时，它们都必须具有确定的值，以便把这些值传送给形参。因此应预先用赋值、输入等办法使实参获得确定值。

(3)实参和形参在数量上、类型上、顺序上应严格一致，否则会发生"类型不匹配"的错误。

(4)函数调用中发生的数据传送是单向的。即只能把实参的值传送给形参，而不能把形参的值反向地传送给实参。因此在函数调用过程中，形参的值发生改变，而实参中的值不会变化。

例如：有返回值有形参的函数。

```
int max(int a,int b)                 //函数定义,有返回值有形参
  {
    if(a>b) return a;
    else return b;
  }
void main()
{
  int z;
  z=max(8,12);                       //函数调用,加实参
}
```

三、C 语言的基本语句

(一) C 语言语句概述

一个 C 语言语句可以分为声明语句和执行语句。声明语句如：int i；它不产生机器操作，而只是对变量的定义。执行语句如：i=3；是向计算机系统发出操作命令，经编译后产生若干条机器指令。C 语言程序的执行部分由执行语句组成，C 语言提供了丰富的程序执行语句，按照结构化程序设计的基本结构（顺序结构、选择结构和循环结构），组成各种复杂程序。

(二) C 语言语句种类

C 语言语句分为以下 5 类：

(1) 控制语句。用于完成一定的控制功能。C 语言只有 9 种控制语句，它们是：
1) if( )…else   （条件语句）
2) for( )…   （循环语句）
3) while( )…   （循环语句）
4) do…while( )   （循环语句）
5) continue   （结束本次循环语句）
6) break   （中止执行 switch 或循环语句）
7) switch( )   （多分支选择语句）
8) goto   （转向语句）
9) return   （从函数返回语句）

(2) 函数调用语句。由一个函数调用加一个分号构成。
例如：

```
delay();                //调用一个无参函数
yanshi(200);            //调用一个有参函数
```

(3) 表达式语句。由一个表达式加一个分号构成，执行表达式语句就是计算表达式的值。
例如：

```
P2=0X00;                //赋值语句
P1_0=left;              //将位变量 left 的值送至 P1.0 引脚
j++;                    //变量增 1 语句
```

(4) 空语句。
```
;
```
在 C 语言中有一个特殊的表达式语句，称为空语句。空语句中只有一个分号";"，程序执行空语句时需要占用一条指令的执行时间，但是什么也不做。在C51程序中常常把空语句作为循环体，用于消耗CPU时间等待事件发生的场合。

例如：

```
for(k=0;k<i;k++);
  for(j=0;j<255;j++);
```

for语句后面的";"是一条空语句，作为循环体出现。

while(1);是一个不执行任何操作的空循环体。

(5)复合语句。把多个语句用大括号{ }括起来，组合在一起形成具有一定功能的模块，这种由若干条语句组合而成的语句块称为复合语句。在程序中应把复合语句看成单条语句，而不是多条语句。复合语句在程序运行时，{ }中的各行单语句是依次顺序执行的。在C语言的函数中，函数体就是一个复合语句。

例如：

```
void main()
{                      //函数体的复合语句开始
    bit left;
    while(1)
    {                  //while循环体的复合语句开始
        left=P3_0;
    }                  //while循环体的复合语句结束
}                      //函数体的复合语句结束
```

(三) C语言基本控制语句

1. 选择(分支)控制语句

通过选择结构，计算机可以具有决策能力，从而使计算机能够按照人们的意志在某个特定条件下完成相应的操作，能够"随机应变"，包括if语句、switch语句。

(1)if语句。if语句用来判定所给定的条件是否满足，根据判定结果决定执行给出的两种操作之一。

if语句的基本格式如下：

```
if(表达式)
{
    语句;
}
```

if语句的执行过程：当"表达式"的结果为"真"时，执行其后的"语句组"，否则跳过该语句组，继续执行下面的语句，执行流程如图4-2所示。

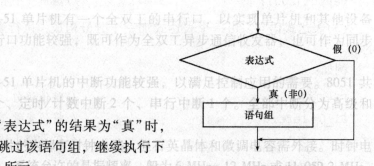

图4-2 if语句执行流程

C51语言还提供其他形式的if语句：

形式一：if-else语句，执行流程如图4-3所示。

```
if(表达式)
  {语句1;}
else
{语句2;}
```

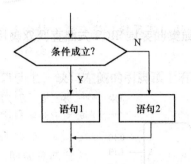

图4-3 if-else 语句执行流程

形式二：if-else-if 语句，执行流程如图4-4所示。

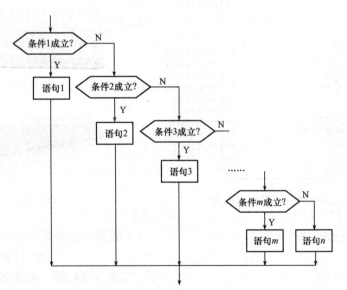

图4-4 if-else-if 语句执行流程

```
if(表达式1)
  {语句1;}
else  if(表达式2)
  {语句2;}
else  if(表达式3)
  {语句3;}
    ...
else  if(表达式m)
  {语句m;}
```

else
　{语句 n;}

实战演练：用 if-else-if 语句实现模拟汽车左右转向灯控制，其控制系统电路如图 2-60 所示。

```c
//功能:采用if-else-if语句实现模拟汽车左右转向灯控制
#include<reg51.h>              //包含头文件 reg51.h
sbit P1_0=P1^0;                //定义 P1.0 引脚位名称为 P1_0
sbit P1_1=P1^1;                //定义 P1.1 引脚位名称为 P1_1
sbit P3_0=P3^0;                //定义 P3.0 引脚位名称为 P3_0
sbit P3_1=P3^1;                //定义 P3.1 引脚位名称为 P3_1
void delay(unsigned char i);   //延时函数声明
void main()                    //主函数
{
while(1)
    {                          //while 循环
    if(P3_0==0&&P3_1==0)       //如果 P3.0 和 P3.1 状态都为 0
      {
       P1_0=0;                 //则点亮左转向灯和右转向灯
       P1_1=0;
       delay(200);
      }
    else if(P3_0==0)           //如果 P3.0(左转向灯)状态为 1
      {
       P1_0=0;                 //则点亮左转向灯
       delay(200);
      }
    else if(P3_1==0)           //如果 P3.1(右转向灯)状态为 1
      {
       P1_1=0;                 //则点亮右转向灯
       delay(200);
      }
    else
      {
       ;                       //空语句
      }
    P1_0=1;                    //左转向灯回到熄灭状态
    P1_1=1;                    //右转向灯回到熄灭状态
    delay(200);
```

    }
}
//函数名:delay
//函数功能:实现软件延时
//形式参数:unsigned char i;
//i 控制空循环的外循环次数,共循环 i×255 次
//返回值:无
void　delay(unsigned char i)　　　//延时函数,无符号字符型变量 i 为形式参数
    {
    unsigned char j,k;　　　　　　//定义无符号字符型变量 j 和 k
    for(k=0;k＜i;k++)　　　　　　//双重 for 循环语句实现软件延时
    for(j=0;j＜255;j++);
    }

(2)switch 语句。switch 语句是多分支选择语句。其语句格式为:
switch(表达式)
    {
    case　常量表达式 1:{语句 1;} break;
    case　常量表达式 2:{语句 2;} break;
    ...
    case　常量表达式 n:{语句 n;} break;
    default:{语句 n+1;}
    }

该语句的执行过程:首先计算表达式的值,并逐个与 case 后的常量表达式的值相比较,当表达式的值与某个常量表达式的值相等时,则执行对应该常量表达式后的语句组,再执行 break 语句,跳出 switch 语句的执行,继续执行下一条语句。如果表达式的值与所有 case 后的常量表达式均不相同,则执行 default 后的语句组。

switch 语句说明:
1)switch 括号内的表达式,可以是整型或字符型的表达式。
2)每个 case 的常量表达式必须是互不相同的,否则会出现混乱的局面。
3)各个 case 和 default 出现的次序不影响程序的执行结果。
4)如果在 case 语句中遗忘了 break 语句,则程序执行了本行之后,不会按规定退出 switch 语句,而是将执行后续的 case 语句。

case 常量表达式只是起一个语句标号的作用,并不在该处进行条件判断。在执行 switch/case 语句时,根据表达式的值找到匹配的入口标号,就从该标号开始执行下去,不再进行判断。因此,在执行一个 case 分支之后,使流程跳出 switch 结构,即终止 switch 语句的执行,可以用一个 break 语句完成。switch 语句的最后一个分支可以不加 break 语句,结束后直接退出 switch 结构。

实战演练:用 switch 语句实现模拟汽车左右转向灯控制,其控制系统电路如图 2-60

所示。

```c
//功能:采用switch语句实现模拟汽车左右转向灯控制程序
#include<reg51.h>                    //包含头文件reg51.h
sbit P1_0=P1^0;
sbit P1_1=P1^1;
void delay(unsigned char i);         //延时函数声明
void main()                          //主函数
{
  unsigned char ledctr;              //定义转向灯控制变量ledctr
  P3=0xff;                           //P3口作为输入口,必须先置全1
  while(1)
  {
    ledctr=P3;                       //读P3口的状态送到ledctr
    ledctr=ledctr&0x03;              //与操作,屏蔽掉高6位无关位
                                     //取出P3.0和P3.1引脚的状态
    switch(ledctr)
      {
        case 0:P1_0=1;P1_1=0;break;  //如P3.0、P3.1都为0则点亮左、右灯
        case 1:P1_1=0; break;        //如果P3.1(右转向灯)为0则点亮右灯
        case 2:P1_0=0; break;        //如果P3.0(左转向灯)为0则点亮左灯
        default: ;                   //空语句,什么都不做
      }
    delay(200);                      //延时
    P1_0=1;                          //左转灯回到熄灭状态
    P1_1=1;                          //右转灯回到熄灭状态
    delay(200);                      //延时
  }
}
//函数名:delay
//函数功能:实现软件延时
//形式参数:unsigned char i;
// i控制空循环的外循环次数,共循环i*255次
//返回值:无
void  delay(unsigned char i)         //延时函数,无符号字符型变量i为形式参数
  {
    unsigned char j,k;               //定义无符号字符型变量j和k
    for(k=0;k<i;k++)                 //双重for循环语句实现软件延时
    for(j=0;j<255;j++);
  }
```

2. 循环语句

在 C 语言中，用三个语句实现循环程序结构：while 语句、do-while 语句、for 语句。

(1) while 语句，执行流程如图 4-5 所示。格式如下：

while(循环继续的条件表达式)
　　{
　　　　语句组;
　　}

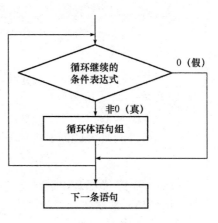

图 4-5　while 语句执行流程

while 执行过程：while 语句用来实现"当型"循环，首先判断表达式，当表达式的值为真(非 0)时，反复执行循环体；为假(0)时，执行循环体外面的语句。

要特别注意循环的边界问题：循环的初值和终值要非常明确。

实战演练：下述程序实现了什么功能？

```
void main()
{
  int i=1,sum=0;
  while(i <=10)
  {
     sum= sum + i;
       i++;
  }
}
```

(2) do-while 语句，执行流程如图 4-6 所示。格式如下：

do
　　{
　　　　循环体语句组;
　　} while(循环继续条件表达式);

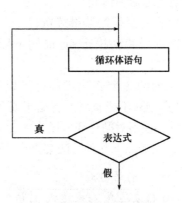

图 4-6　do-while 语句执行流程

do-while 语句用来实现"直到型"循环。

执行过程：先无条件执行一次循环体，然后判断条件表达式，当表达式的值为真(非 0)时，返回执行循环体直到条件表达式为假(0)时为止。

实战演练：下述程序实现了什么功能？

```
void main()
{
    int i=1,sum=0;
    do
        {
        sum= sum + i;
        i++;
        }while(i <=100);
}
```

(3)for 语句。总循环次数已确定的情况下，可采用 for 语句。

for 语句的一般格式如下：

for(循环变量赋初值;循环继续条件;循环变量增值)
    {
        循环体语句组;
    }

for 语句循环执行流程如图 4-7 所示。

1)执行第一个表达式，给循环变量赋初值，通常这里是一个赋值表达式。

2)利用第二个表达式判断循环条件是否满足，通常是关系表达式或逻辑表达式，若其值为"真"，则执行循环体"语句组"一次，再执行下面第3)步；若其值为"假"，则转到第5)步循环结束。

3)计算第三个表达式，修改循环控制变量，一般也是赋值语句。

4)跳到上面第2)步继续执行。

5)循环结束，执行 for 语句下面的一个语句。

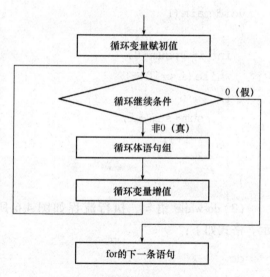

图 4-7 for 语句执行流程

for 语句的 3 个表达式都是可以省略的，但分号";"绝对不能省略。省略 1 是不对循环变量赋初值；省略 2 是不判断循环条件的真假；省略 3 是不对循环变量操作。

for 语句的以下几种写法都是合法的：

a. for(; ;)语句；
b. for(;表达式2;表达式3)语句；
c. for(表达式1;表达式2;)语句；
d. for(i=1,j=n;i<j;i++,j--)语句；
for(; ;)表示无限循环。

程序中常常会遇到无限循环的程序段,可以用以下三种形式实现:

形式一:for(; ;)
　　　　{代码段;}
形式二:while(1)
　　　　{代码段;}
形式三:do
　　　　{代码段;} while(1);

实战演练:一个发光二极管的闪烁控制。

其控制系统电路设计如图4-8所示。电路板如图4-9所示。

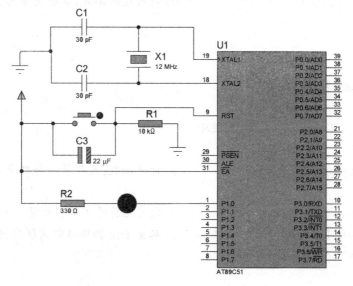

图4-8　一个发光二极管闪烁控制系统电路

图4-9　一个发光二极管闪烁控制电路板

视频:一个发光二极管闪烁

//功能:控制一个信号灯闪烁
include < reg51.h >　　　　　　　　//包含头文件reg51.h,定义了51单片机的
　　　　　　　　　　　　　　　　//特殊功能寄存器

```c
sbit P10=P1^0;                    //定义位名称
void delay(unsigned char i);      //延时函数声明
void main()                       //主函数
   {
     while(1)                     //实现无限循环
       {
         P10=0;                   //点亮信号灯
         delay(10);               //调用延时函数,实际变量为10
         P10=1;                   //熄灭信号灯
         delay(10);               //调用延时函数,实际变量为10
       }
   }
//函数名:delay
//函数功能:实现软件延时
//形式参数:unsigned char i;
//i 控制空循环的外循环次数,共循环 i*255 次
//返回值:无
void   delay(unsigned char i)     //延时函数,无符号字符型变量i为形式参数
   {
     unsigned char j,k;           //定义无符号字符型变量j和k
     for(k=0;k<i;k++)             //双重for循环语句实现软件延时
     for(j=0;j<255;j++);
   }
```

实战演练:用 P1 端口控制 8 个发光二极管闪烁。

其控制系统电路设计如图 4-10 所示。电路板如图 4-11 所示。

```c
//功能:控制 8 个信号灯闪烁
#include<reg51.h>                 //包含头文件 reg51.h,定义了 MCS-51 单片
                                  //机的特殊功能寄存器
void delay(unsigned char i);      //延时函数声明
void main( )                      //主函数
   {
     while(1)                     //实现无限循环
       {
         P1=0x00;                 //将 P1 口的 8 位引脚清 0,点亮 8 个 LED
         delay(200);              //延时
         P1=0xff;                 //将 P1 口的 8 位引脚置 1,熄灭 8 个 LED
         delay(200);              //延时
       }
```

}
//函数名:delay
//函数功能:实现软件延时
//形式参数:unsigned char i;
//i 控制空循环的外循环次数,共循环 i*255 次
//返回值:无
void delay(unsigned char i)   //延时函数,无符号字符型变量 i 为形式参数
  {
    unsigned char j,k;   //定义无符号字符型变量 j 和 k
    for(k=0;k<i;k++)   //双重 for 循环语句实现软件延时
    for(j=0;j<255;j++);
  }

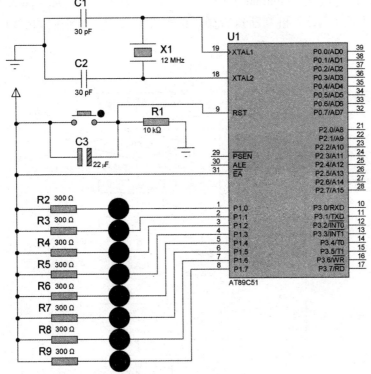

图 4-10 8 个发光二极管闪烁控制系统电路

视频:8 个发光二极管闪烁

(4)循环嵌套。循环嵌套是指一个循环(称为"外循环")的循环体内包含另一个循环(称为"内循环")。内循环的循环体内还可以包含循环,形成多层循环。while、do-while 和 for 三种循环结构可以互相嵌套。

(5)break 和 continue 语句。

1)break 语句。当 break 用于开关语句 switch 中时,可使程序跳出 switch 而执行 switch 以

后的语句;如果没有 break 语句,则会从满足条件的地方[与 switch(变量)括号中变量匹配的 case]开始执行,直到 switch 语句结束,再执行 switch 以后的语句。

当 break 语句用于 do-while、for、while 循环语句中时,可使程序终止循环,而执行循环后面的语句。通常 break 语句总是与 if 语句连在一起,如"if(a==0)break;",用来满足条件时便跳出循环。在多层循环中,一个 break 语句只向外跳一层。

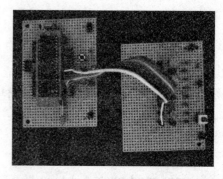

图 4-11 8 个发光二极管闪烁控制电路板

2) continue 语句。continue 作用为结束本次循环,即跳出循环体中下面尚未执行的语句。对于 while 循环,继续求解循环条件。而对于 for 循环程序流程接着求解 for 语句头中的第三个条件表达式。

continue 语句和 break 语句的区别:continue 语句只结束本次循环,而循环将继续执行。break 语句则结束整个循环过程,不再判断执行循环的条件是否成立。它们的执行过程如图 4-12 所示。

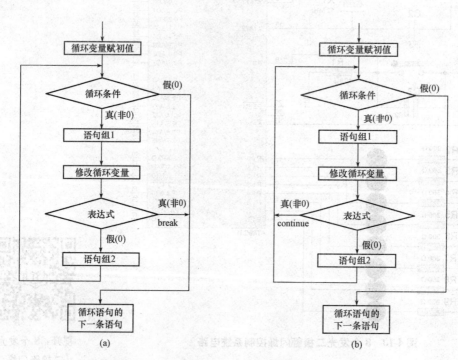

图 4-12 break 和 continue 语句的执行过程比较
(a) break 语句; (b) continue 语句

比较以下两个循环程序的不同:

程序段一:
a=0;c=0;

```
for(i=0;i<100;i++)    //设置for循环
{
  a++;
  if(a>=8)break;      //判断条件a>=8是否成立,如果成立则退出for循环
  c++;                //条件a>=8不成立,即a从1~7执行c++语句,结果c=7
}
```
程序段二:
```
a=0;c=0;
for(i=0;i<100;i++)    //设置for循环
{
  a++;
  if(a>=8)continue;   //满足条件a>=8执行continue语句,程序继续执行
                      //for循环
                      //不执行c++语句
  c++;                //不满足条件a>=8,即a从0~7执行c++语句,结果
                      //c=7
}
```

四、C语言的数据与运算

(一)数据类型

数据是计算机操作的对象,任何程序设计都要进行数据的处理。具有一定格式的数字或数值叫作数据,数据的不同格式叫作数据类型。

划分数据类型的意义:为了科学地分配单片机内存单元,就是根据实际要存储的数据大小来安排适当字节数的内存单元。表4-1列出了C51基本数据类型说明。

表4-1　C51基本数据说明

数据类型	名称	位数	字节数	数值范围
unsigned char	无符号字符型	8	1	0~255
char	有符号字符型	8	1	-128~+127
unsigned int	无符号整型	16	2	0~65 535
int	有符号整型	16	2	-32 768~+32 767
unsigned long	无符号长整型	32	4	0~4 294 967 295

续表

数据类型	名称	位数	字节数	数值范围
signed long	有符号长整型	32	4	−2 147 483 648 ~ +2 147 483 647
float	单精度浮点型	32	4	±1.175 494E −38 ~ ±3.402 823E +38
*	指针型	—	1~3	对象的地址
bit	位类型	1		1、0
sfr	特殊功能寄存器	8	1	单片机内部特殊功能寄存器区
sfr16	16 位专用寄存器	16	2	单片机内部 16 位特殊功能寄存器
sbit	可寻址位	1	1	特殊功能寄存器中的可位寻址位

(1) 字符型：占用 1 个内存单元。它又可分为无符号字符型和有符号字符型。

无符号字符型：标识符为 unsigned char，可以存储数值范围是 0~255。

例如：

```
unsigned   char   a;           //定义无符号字符型变量 a
unsigned   char   b,c;         //定义无符号字符型变量 b 和 c
unsigned   char   z=214;       //定义无符号字符型变量 z,同时给变量 z 赋值 214
unsigned   char   x='m';       //将 m 的 ASCⅡ码赋给 x
```

有符号字符型：标识符为 char，可以存储数值范围是 −128 ~ +127。这时最高位被规定为符号位(0 为正数，1 为负数)，真正的数值位只有 7 位。

例如：

```
char   a;                      //定义一个有符号字符型变量 a
char   temp,s= -32;            //定义一个有符号字符型变量 s,同时给变量 s 赋值 −32。
char   b=65;                   //定义一个有符号字符型变量 b
```

(2) 整型数据：占用 2 个内存单元。它又可分为无符号整型和有符号整型。

无符号整型：标识符为 unsigned int，可以存储数值范围是 0~65 535。

例如：

```
unsigned int a;                //定义无符号整型变量 a
unsigned int c=4325;           //定义无符号整型变量 c 且赋十进制数 4325
unsigned int y=0x25;           //定义无符号整型变量 y 且赋十六进制数 0x25
```

有符号整型：标识符为 int，可以存储数值范围是 −32 768 ~ +32 767。这时最高位是符号位(0 为正数，1 为负数)。

例如：

```
int a;                         //定义有符号整型变量 a
```

```
int b,d,tem;                    //定义有符号整型变量b、d、tem
int a=435,b=-2139,c=-15534;     //定义有符号整型变量a、b、c并给变量b、c
                                //赋值
```

(3)长整型：占4个字节，包括有符号长整形(signed long)和无符号长整形(unsigned long)。unsigned long 可以存储：0～4 294 967 295；signed long 可以存储 −2 147 483 648 ～ +2 147 483 647。

(4)单精度浮点型：占4个字节单元，标识符为float，可存储数值范围是 ±1.175 494E − 38 ～ ±3.402 823E +38。

例如：

```
float  a=9.435;        //定义单精度浮点型变量a,并给变量a赋值9.435
float  b=-0.98;        //定义单精度浮点型变量b,并给变量b赋值0.98
```

(5)指针型：标识符为 * ，指针型 * 本身就是一个变量，在这个变量中存放的内容是指向另一个数据的地址。指针变量占据一定的内存单元，对不同的处理器，其长度也不同。在 C51 中长度一般为 1～3 B。

(6)位类型：标识符为 bit ，只占1位。其值是1或0。

(7)特殊功能寄存器 sfr：标识符为 sfr，占用1个内存单元。其值必须是51单片机的特殊功能寄存器地址。

例如：

```
sfr   P1=0x90;         //P1 代表内部 RAM 的 0x90 单元。
```

(8)特殊功能寄存器的可位寻址位：标识符为 sbit，用来表示特殊功能寄存器的可位寻址位。

例如：

```
sbit   LED7=P0^0;      // 用 LED7 来表示 P0 口的第 0 位
sbit   deng=P2^5;      // 用 deng 来表示 P2 口的第 5 位
```

(二)常量与变量

单片机程序中处理的数据有常量和变量两种形式。两者的区别在于：常量的值在程序运行期间是不能发生变化的，而变量的值在程序执行期间可以发生变化。

C51 语言中的数据有常量和变量之分。

1. 常量

C51 语言中的常量是不接受程序修改的固定值，常量可为任意数据类型。常量分为数值常量和符号常量。

(1)数值常量。数值常量就是所说的常数，它有以下几种类型：

1)整型常量。整型常量就是整常数，可以表示为十进制数、十六进制数、八进制数等。

例如：十进制数 10、35 等。八进制数以数字 0 开头，如 013、017 等，对应的十进制数是 11 和 15。十六进制数以 0x 开头，如 0x10，对应的十进制数是 16。

若要表示长整型，就在数字后面加字母 L，如 104L、034L、0xF340L 等。

如果需要的是负值，则必须将负号"-"放置于常量表达式的最前面，如-0x56、-9等。

2）实型常量。实型常量又称浮点常量，是一个十进制表示的符号实数。实型常量的值包括整数部分、尾数部分和指数部分。实型常量的形式如下：

[digits][.digits][E[+/-]digits]

一些实型常量的示例如下：

15.75、1.575E1、1575E-3、-0.0025、-2.5e-3、25E-4=25×10^{-4}。

指数部分用 E 或 e 开头，E 或 e 是指数符号，基数为10。字母 E 或 e 之前必须有数字，且 E 或 e 后面必须为整数。例如 e3、2.11e3.5 是不合法的指数形式。所有实型常量均为双精度型。

3）字符常量。字符常量是用单引号括起来的单一字符，如'b'、'3'等。在 C51 语言中，字符是按其对应的 ASCII 码值来存储的，1个字符占1个字节。

注意字符'9'和数字9的区别，前者是字符常量，后者是整型常量，它们的含义和在单片机中的存储方式都是不同的。单引号是字符常量的定界符，不是字符常量的一部分，且单引号中的字符不能是单引号本身或者反斜杠，即'''和'\'都是不可以的。要表示单引号和反斜杠，可以在该字符前面加一个反斜杠'\'，组成专用转义字符，如'\''。而'\\'表示反斜杠字符。

4）字符串常量。字符串常量是用双引号括起来的一串字符，如"book" "hello"等。字符串是由多个字符连接起来组成的，在 C 语言中存储字符串时系统会自动在字符串尾部加上"\0"转义字符以作为该字符串的结束符。因此，字符串常量"B"其实包含两个字符：字符'B'和字符"\0"，在存储时多占用1字节，这是和字符常量'B'是不同的。字符'B'只占用1个字节，而字符串常量"B"占2个字节。

提示：当引号内没有字符时，如""，表示空字符串。同样，双引号是字符串常量的定界符，不是字符串常量的一部分，如果要在字符串常量中表示双引号，同样要使用转义字符"\""。

5）位常量。位常量的值是一个二进制数，如1或0。

(2)符号常量。C51 语言中允许将程序中的常量定义为一个标识符，称为符号常量。

符号常量一般使用大写英文字母表示，以区别于一般用小写字母表示的变量。符号常量在使用前必须用预编译指令"#define"先进行定义，定义的形式：

#define 标识符 常量

例如：

#define TIME 200   //用符号常量TIME表示数值200

这样定义之后，在此语句后面的程序代码中，凡是出现标识符 TIME 的地方，均用200来代替。

定义符号常量的目的是提高程序的可读性，便于程序的调试与修改。因此在定义符号常量时，应使其尽可能表达所代表常量的含义。此外，若要对一个程序中多次使用的符号常量的值进行修改，只需对预处理命令的常量进行修改即可。

数值常量不用说明就可以使用，符号常量在使用之前必须用编译预处理命令"#difine"先进行定义才能使用。

2. 变量

在程序执行过程中其值可以改变的量称为变量。一个变量应该有一个名字（标识符），在内存中占据一定的存储单元,在该存储单元中存放变量的值。每个变量在使用之前必须定义其数据类型和存储模式,这称为变量定义,变量定义后编译系统才能为变量分配相应的存储空间。

(1)变量定义格式。定义变量的一般形式如下:

[存储种类] 数据类型 [存储器类型] 变量名表;

其中,"数据类型"和"变量名表"是必须有的,"存储种类"和"存储器类型"是可选项,根据实际情况可忽略。变量定义的例子如下:

```
int  i,j,k;                    //定义3个整型变量i、j、k
unsigned  char  si;            //定义1个无符号字符型变量si
unsigned  int  ui;             //定义1个无符号整型变量ui
float  balance,profit,loss;    //定义1个浮点型量loss
```

定义变量时应注意以下几点:
1)变量名不能与系统的关键字(保留字)同名;
2)变量名不能重复(在同一函数中或所有的全局变量);
3)在定义变量时可以同时对变量赋值,如果没有赋值,则默认为0;
4)变量的名字区分大小写;
5)变量名只能由字母、数字和下划线组成,并且首字符不能是数字;
6)如果对变量实际所赋的值超出变量所定义类型的范围,将产生溢出;
7)变量必须先定义后使用;
8)注意变量的作用范围,分为局部变量和全局变量。

(2)变量的存储类型。在讨论C51的数据类型时,必须同时提及它的存储类型,以及它与MCS-51系列单片机存储器结构的关系,因为C51语言是面向MCS-51系列单片机及其硬件控制系统的应用程序,所以它定义的任何数据类型必须以一定的方式定位在MCS-51的某一存储区,否则便没有任何实际意义。

MCS-51系列单片机将程序存储器(ROM)和数据存储器(RAM)分开,在物理上分为4个存储空间:片内程序存储器空间、片外程序存储器空间、片内数据存储器空间、片外数据存储器空间。

1)内部数据存储区。MCS-51单片机的内部数据存储区是可读写的,MCS-51派生系列最多可以有256字节的内部数据存储区,其中低128字节可直接寻址,高128字节(从0x80到0xff)只能间接寻址,从20H开始的16字节可位寻址。内部数据区可分为3个不同的存储类型:data、idata和bdata。

2)外部数据存储区。外部数据存储区也是可以读写的,访问外部数据存储区比访问内部数据存储区要慢,因为外部数据存储区是通过指针加载地址来间接访问的。C51语言提供xdata和pdata两种不同的存储类型来访问外部数据。

3)程序存储区。程序存储区只能读而不能写。C51语言提供了code存储类型来访问程序存储区。

每个变量可以明确地分配到指定的存储空间,对内部数据存储区的访问比对外部数据存储区的访问快许多,因此应当将频繁使用的变量放在内部存储区,而把较少使用的变量放在外部存储区。

单片机存储区与使用举例见表 4-2。

表 4-2 单片机存储区与使用举例

C51 关键字	单片机存储区	大小	使用举例	特点
bit	RAM 中 16 字节的位存储区	128 位	bit biaozhi1=0;	按位处理
sbit	特殊功能寄存器中可以按位使用的寄存器		sbit deng = P1^1;	只针对位使用的特殊功能寄存器
data	内部数据存储区 RAM 低 128 字节	128 字节	int y;	存储速度最快、可以省略不写
idata	主要用于 RAM 高 128 字节	256 字节	int idata y;	速度稍慢
xdata	片外数据存储区,包括内部扩展区 SRAM	最多 64 kb	int xdata y;	速度最慢,存储空间大小与型号有关
code	程序存储区 ROM	64 kb	float code pai=3.14;	与程序一起装入 ROM

在用 C 语言定义变量时,如果不对存储区定义,采用默认的存储器类型,而默认的存储器类型与存储器模式有关,存储模式有 small 模式、compact 模式和 large 模式三种。

1) small 模式:所有默认的变量参数均装入内部 RAM(与使用显示的 data 关键字定义的结果相同),使用该模式的优点是访问速度快,缺点是空间有限,而且分配给堆栈的空间比较少,遇到函数嵌套调用和函数递归调用时必须小心,该模式适用于较小的程序。

2) compact 模式:所有默认的变量参数均装入外部 RAM 区的一页(与使用显示的 pdata 关键字定义的结果相同),最多能定义 256 B 变量。使用该模式的优点是变量定义空间比 small 模式大,但访问速度比 small 模式慢。

3) large 模式:所有默认的变量参数均装入多达 64 KB 的外部 RAM 区(与使用显示的 xdata 关键字定义的结果相同),使用该模式的优点是空间大,可定义变量多,缺点是速度较慢,一般用于较大的程序,或扩展了大容量外部 RAM 的系统中。

除非特殊说明,本书中的 C51 程序均运行在 small 下。

(3) 变量的存储种类。在单片机程序中,变量存储种类有四种,分别是 auto(自动变量)、register(寄存器变量)、static(静态变量)和 extern(外部变量)。

1) auto(自动变量)。它是 C 语言中使用最广泛的一种类型。自动变量的作用域仅限于定义该变量的个体,即在函数中定义的自动变量,只在该函数内有效;在复合语句中定义的自动变量只在该复合语句中有效。因此,不同的函数内允许使用同名的变量而不会混淆。

自动变量存储在内存的数据缓冲区,属于临时性存储变量,并不长期占用内存,可以被多次覆盖。

程序中定义的变量,如果未加存储种类,都是自动型变量。

2) register(寄存器变量)。register 与 auto 一样属于自动类别。区别在于 register 的值保存在 CPU 的寄存器中。计算机中只有寄存器中的数据才能直接参与运算,而一般变量是放在内存中的,变量参加运算时,需要先把变量从内存中取到寄存器中,然后计算。所以一般把使用最频繁的变量定义成 register 变量。register 变量只能在函数中定义，并只能是 int 和 char 型。

3）static（静态变量）。声明是静态变量的，也就是 C 语言函数中的私有成员。

从内存占用的角度来看，如果在一个函数中声明一个静态变量，那么这个静态变量会存储在静态空间里，这个函数结束后，静态变量的值依旧存在，不会收回此变量占用的内存空间，而是等整个程序都结束后才收回静态变量空间。

4）extern（外部变量）。凡是在所有函数之前，在函数外部定义的变量都是外部变量，可以默认有 extern 说明符。但是在一个函数体内说明一个已在该函数体外或别的程序模块文件中定义过的外部变量时，则必须使用 extern 说明符。

外部变量可以用于此程序模块外的程序中，即可在两个 C 文件间交叉使用，数据类型要一致。外部变量在程序运行时被分配了一定的内存空间，该空间在整个运行程序中，只要程序存在，自始至终都可以被使用，即其值始终不变。

（4）局部变量与全局变量。从作用范围区分，变量分为局部变量和全局变量。

1）局部变量。局部变量是在某个函数中存在的变量，也可以称为内部变量，它只在该函数内部有效。

局部变量可以分为动态局部变量和静态局部变量，使用关键词 auto 定义为动态局部变量（auto 可以省略），使用关键词 static 定义为静态局部变量。例如：

```
auto int a;              //a 为动态存储变量
static unsigned char j;  //j 为静态存储变量
```

动态局部变量在程序执行完毕后其存储空间被释放，而静态局部变量在程序执行完成后其存储空间并不释放，而且保持其值不变。如果该函数再次被调用，则该函数初始化后其初始值为上次的数值。

动态局部变量和静态局部变量的区别如下：

①动态局部变量在函数被调用时分配存储空间和初始化，每次函数调用时都需要初始化；静态局部变量在编译程序时分配存储空间和初始化，仅初始化一次。

②动态局部变量存放在动态存储区，在每次退出所属函数时释放；静态局部变量存放在静态存储区，每次调用后函数不释放，保持函数执行完毕之后的数值到下一次调用。

③如果在建立时，动态局部变量不初始化，则为一个不确定的数；静态局部变量不初始化，则它们的值为 0 或者是空字符。

2）全局变量。全局变量是在整个源文件中都存在的变量，又称为外部变量。存放在静态存储区，在程序运行时，给这些变量分配存储空间；全局变量的有效区间是从定义点开始到源文件结束，其中的所有函数都可以直接访问该变量，如果定义点之前的函数需要访问该变量，则需要使用 extern 关键词对该变量进行声明，如果全局变量声明文件之外的源文件需要访问该变量，也需要使用 extern 关键词进行声明。

全局变量有以下特点：

①全局变量是整个文件都可以访问的变量，可以用于在函数之间共享大量的数据，存在周期长，在程序编译时就存在，如果两个函数需要在不互相调用时共享数据，则可以使用全局变量进行参数传递。

②C51 语言程序的函数只支持一个函数返回值,如果一个函数需要返回多个值,除了使用指针外,还要使用全局变量。

另外,main 函数虽然是".c"文件的主文件,但也是一个函数,在其内部定义的变量也属于局部变量。全局变量一般在".c"文件的开始部分定义或在".h"文件中定义,由".c"文件引用。C51 语言程序多使用全局变量传递参数,因为这样可以降低程序处理的难度,加快程序执行的速度,提高程序的时效性。

实战演练1:指出程序中每条语句的含义。

```
float a0,a1=3.2;        //定义全局变量,在初始化时 a0 被清 0,a1 被赋 3.2
void main()
{
    static int i=8,b;   //定义静态局部变量,初始化时 i 被赋 8,b 为 0
    int c=i* 6;         //定义局部变量,初始化时 c 被赋 8×6=48
    char d='j';         //定义字符变量并初始化
}
```

实战演练2:指出程序中每条语句的含义。

```
void main()
{
    int  m,n;           //定义局部整型变量 m,n
    float  c;           //定义局部浮点变量 c
    m=20;n=30;          //给变量赋值
    c=m* n* 0.2;        //给变量赋值
}
```

实战演练3:指出程序中每条语句的含义。

```
void main()
{
    int i,j,k;          //定义整型变量 i,j,k
    i=j=k=5;            //同时给变量 i,j,k 赋值
}
void main()
{
    char b0,b1,b2;      //定义局部字符型变量 b0,b1,b2
    b0='c';             //将字符"c"赋给变量 b0
    b1=56;              //将十进制数 8 的 ASCII 值 56 赋给 b1
    b2='*';             //将* 字符赋给变量 b2
}
```

(三)运算符和表达式

C 语言提供了丰富的运算符,它们能构成各种表达式,处理不同的问题,从而使 C 语言的运算功能十分强大。这里主要介绍 C51 编程中经常用到的算术运算、赋值运算、关系运算、逻辑运算、位运算、逗号运算及其表达式。

1. 算术运算符与算术表达式

算术运算符是执行算术运算时的操作符,这些运算包括加、减、乘、除、取余、自增 1 和自减 1 等。常用的算术运算符见表 4-3。

表 4-3 算术运算符

运算符	名称	举例	功能
+	加法	a=b+c	求两个数的和
-	减法	a=b-c	求两个数的差
*	乘法	a=b*c	求两个数的积
/	除法	a=b/c	求两个数的商
%	取余	a=b%c	求两个数的余数
++	自增 1	a++	变量自动加 1
--	自减 1	b--	变量自动减 1

说明:

(1)除法运算符"/"在进行除法运算时:两个浮点数相除结果为浮点数,两个整数相除结果为整数。

例如:7/2=3;5.76/7.2=0.800 01;

(2)取余运算符"%"在进行取余运算时:求余运算的两个对象必须是整数。

例如:235%100=35;

(3)自增运算符"++"和自减运算符"--"。自增运算符"++"和自减运算符"--"的作用是让变量的值加 1 或减 1,但自增自减运算符都有前置与后置之分,前置与后置决定了变量使用与计算(加 1 或减 1)的顺序。

前增 1 和前减 1:++a; //先使 a=a+1,再使用 a。
　　　　　　　　--a; //先使 a=a-1,再使用 a。
后增 1 和后减 1:a++; //先使用 a,再执行 a=a+1。
　　　　　　　　a--; //先使用 a,再执行 a=a-1。

实战演练:

(1)前置运算符练习,写出运行后各变量 a,b,e,c 的值。

void main()
{

```
    int   a=4,b,c=4,e;        //定义局部整型变量a、b、c、e
    b=++a;                    //运行后,a=5;b=5;
    e=--c;                    //运行后,e=3;c=3;
}
```

答案：a=5，b=5，e=3，c=3。自我检测一下，你做对了吗？

(2) 后置运算符练习，写出运行后变量a，b，c，e的值。

```
void main()
{
    int   a=4,b,c=4,e;
    b=a++;
    e=c--;
}
```

答案：a=5，b=4，c=3，e=4。自我检测一下，你做对了吗？

(3) 说明程序运行完后 x，y，z，m，n 的值分别是多少。

```
void main()
{
int x=6,y,z,m,n;
y=++x;
z=x--;
m=y/z;
n=y%z;
}
```

答案：y=7，z=7，x=6，m=1，n=0。自我检测一下，你做对了吗？

2. 赋值运算符及其表达式

赋值语句格式：变量 = 表达式；

基本的赋值运算符是"="。一开始可能会以为它是"等于"，其实不是的，等于用"=="表示。它实际上意味着把右边表达式的值赋给左边的变量。赋值运算符"="的优先级别低于其他的运算符，所以对该运算符往往最后读取。

赋值表达式举例：

```
a=5;              //把5赋给变量a
a=b=0;            //把0同时赋值给两个变量,先b=0,后a=b。
```

赋值语句具有右结合性，即从右向左运算。

实战演练：写出每条语句执行的含义。

```
void main()
{
    char a,b,c,f;      //定义局部字符型变量a、b、c、f
```

```
a=32;              //将 32 赋予变量 a
b=0x57;            //将十六进制数 57H 赋予变量 b
c=a+b;             //将表达式 a+b 的值赋予变量 c
f=c;               //将变量 c 的值赋予变量 f
}
```

说明：如果赋值运算符两边的数据类型不相同，系统将自动进行类型转换，即把赋值符号右边的类型转换为左边的类型。具体规定如下：

（1）实型赋给整型，舍去小数部分。

（2）整型赋给实型，数值不变，但以浮点形式存放，即增加小数部分。

（3）字符型赋给整型，由于字符型占 1 B，而整型占 2 B，故将字符型的 ASCII 码值放到整型变量的低 8 位中，高 8 位为 0。

（4）整型赋给字符型，只把低 8 位赋给字符型变量。

在 C 语言设计中，经常会使用到复合赋值运算符，复合赋值运算符就是在赋值符号"="之前加上其他运算符。

C51 语言提供以下 10 种复合运算符：

+= ——加法赋值

-= ——减法赋值

*= ——乘法赋值

/= ——除法赋值

%= ——取余赋值

&= ——逻辑与赋值

|= ——逻辑或赋值

^= ——逻辑异或赋值

<<= ——左移位赋值

\>>= ——右移位赋值

构成复合赋值表达式的一般形式为：

变量 复合赋值运算符 表达式

等效于：变量 = 变量 运算符 表达式

例：a+=5;   //相当于 a=a+5;
　　a%=b;   //相当于 a=a%b;
　　a=1; a+=3;   //a=a+3; 即 a=4。

表 4-4 给出了 C 语言中的复合赋值运算符及其功能。在程序中使用复合赋值运算符，可以简化程序，有利于编译处理，提高编译效率并产生质量较高的目标代码。

表 4-4 复合赋值运算符及其功能

运算符	名称	功能
+=	加法赋值	a+=2 //a=a+2
-=	减法赋值	a-=2 //a=a-2

续表

运算符	名称	功能
*=	乘法赋值	a*=2 //a=a*2
/=	除法赋值	a/=2 //a=a/2
%=	取余赋值	a%=2 //a=a%2
<<=	左移位赋值	a<<=2 //a=a<<2
>>=	右移位赋值	a>>=2 //a=a>>2
&=	逻辑与赋值	a&=2 //a=a&2
|=	逻辑或赋值	a|=2 //a=a|2
^=	逻辑异或赋值	a^=2 //a=a^2

实战演练：

(1) 将下列复合赋值运算表达式转变为赋值运算表达式。

i+=2；

a*=b+5；

x%=3；

x*=y+8；

答案：i=i+2；a=a*(b+5)；x=x%3；x=x*(y+8)，不等价于 x=x*y+8。

(2) 将下列赋值运算表达式转变为复合赋值运算表达式。

i=i+j；

a=a/3；

a=a*3；

a=a+3；

a=a-3；

答案：i+=j；a/=3；a*=3；a+=3；a-=3；

3. 关系运算符及其表达式

关系运算符主要用于比较两个操作数的大小关系。用关系运算符将两个表达式(可以是任意表达式)连接起来的式子，称为关系表达式。关系表达式的值为逻辑值"真"或"假"，以 1 代表"真"，以 0 代表"假"。

C 语言共有 6 种关系运算符，见表 4-5。

表 4-5 关系运算符

运算符	功能	运算符	功能
<	小于	<=	小于等于
>	大于	>=	大于等于
==	等于	!=	不等于

例如：

a+b>3；

若 a=1，b=2，c=3，则表达式的值为假，结果为 0。

x>=3/2；

若 x=2，则表达式的值为真，结果为 1。

(a=3)<(b=5)；

则表达式的值为真，结果为 1

关系运算符一般用于选择和循环语句中用于条件判断，如：

if(a>0){max=x;}

如果 a>0 为真，则执行 if 语句中的内容，否则退出。

编写一段程序，要求在 P1 口的状态为 0xff 时将 P0 口的 LED 全部点亮。源程序如下：

```
#include<reg51.h>
void main()
{
   while(P1==0xff)      //判断 P1 口是否为 0xff，"=="常用来判断循环条件
     {
       P0=0x00;         //点亮 P0 口的灯
     }
   P0=0xff;             //熄灭 P0 口的灯
}
```

4. 逻辑运算符及其表达式

C 语言提供了 3 种逻辑运算符，分别如下：

&& ——逻辑与

|| ——逻辑或

! ——逻辑非

由 3 种运算符组成的 3 种逻辑表达式如下：

逻辑与：条件式 1&& 条件式 2

逻辑或：条件式 1|| 条件式 2

逻辑非：! 条件式

"&&"和"||"为双目运算符，要求有两个运算对象，结合方向为从左至右。"!"为单目运算符，只要求一个运算对象，结合方向为从右至左。

逻辑运算的运算结果只有真(1)或假(0)两种，其运算规则如下：

(1)逻辑与：a&&b。当参与运算的两个部分都为真时，其结果就是真，只要有一个是假其结果才是假。其真值表见表 4-6。

表4-6 逻辑与真值表

&& 运算的左操作数	&& 运算的右操作数	&& 运算的值
1	1	1
1	0	0
0	1	0
0	0	0

(2)逻辑或：a‖b。当参与运算的两个部分中有一个是真(1)，其运算结果就是真，当两个部分都是假(0)时其运算结果才是假。其真值表见表4-7。

表4-7 逻辑或真值表

‖运算的左操作数	‖运算的右操作数	‖运算的值
1	1	1
1	0	1
0	1	1
0	0	0

(3)逻辑非：! a。取反之意，如果运算量的值是真，结果是假；如果是假，结果是真。其真值表见表4-8。

表4-8 逻辑非真值表

! 运算的右操作数	! 运算的值
1	0
0	1

逻辑运算符的优先级顺序：非、与、或，即"!"最高，其次为"&&"，最低为"‖"。

实战演练：

(1)写出变量d的运行结果。

```
void main()
{
  int a=32,b=56,c=47,d;
    d=(a>b)&&(b>c);       //d的值为0(假)
    d=(b>a)&&(b>c);       //d的值为1(真)
    d=(a!=21)&&(b<73);    //d的值为1(真)
}
```

(2)写出变量d的运行结果。

```
void main()
{
```

```
int a=32,b=56,c=47,d;
d=(a>b)||(b>c);              //1
d=(b>a)||(b>c);              //1
d=(a!=21)||(b<73);           //1
}
```

5. 位运算符及其表达式

C51 语言能够直接面对 51 单片机的硬件操作，提供了强大灵活的位运算能力。C51 提供了 6 种位运算符，见表 4-9。

表 4-9 位运算符

运算符	功能	运算符	功能
&	按位与	<<	位左移
|	按位或	>>	位右移
^	按位异或	~	按位取反

位运算就是先将两个操作数按二进制数展开，然后对应位进行逻辑运算。

(1) 按位与操作符：&。

格式：x&y

运算规则：对应位均为 1 时才为 1，否则为 0。

  1&1=1，1&0=0，0&1=0，0&0=0

主要用途：取(或保留)1 个数的某(些)位，其余各位置为 0。

实战演练：

```
char a=0x12;        //定义字符型变量 a,并赋值
a=a&0x55;           //将变量 a 的偶数位清 0,奇数位不变
i=i&0x0f;           //将变量 i 的高 4 位清 0,低 4 位不变
char b=0xfd;        //定义字符型变量 b,并赋值
b=b&0xfe;           //将变量 b 的最低位清 0,高 7 位不变
```

(2) 按位或操作符：|。

格式：x|y

运算规则：对应位均为 0 时才为 0，否则为 1。

  1|1=1，1|0=1，0|1=1，0|0=0。

主要用途：将 1 个数的某(些)位置 1，其余各位不变。

实战演练：

```
int a=0x12;         //定义整型变量 a,并赋值
a=a|0x55;           //将变量 a 的偶数位置 1,奇数位不变
char b=0x56;        //定义字符型变量 b,并赋值
b=b|0xfe;           //将变量 b 的高 7 位置 1,最低位不变
i=i|0x0f;           //将变量 i 的低 4 位置 1,高 4 位不变
```

(3) 按位异或操作符：^。

格式：x^y

运算规则：对应位相同时为 0，不同时为 1。

1^1=0，1^0=1，0^1=1，0^0=0。

例如，i=i^0x0f；等同于 i^=0x0f；

主要用途：使 1 个数的某（些）位翻转（即原来为 1 的位变成 0，为 0 的位变成 1），其余各位不变。

(4) 按位取反操作符：~。

格式：~x

运算规则：各位翻转，即原来为 1 的位变成 0，原来为 0 的位变成 1。

主要用途：间接地构造一个数，以增强程序的可移植性。

(5) 左移运算符" << "，其功能是把" << "左边的操作数的各二进制位全部左移若干位，移动的位数由" << "右边的常数指定，高位丢弃，低位补 0。

例如：指令 a<<4；是指把 a 的各二进制位向左移动 4 位。

若 a=00000011B（十进制数 3），左移 4 位后为 a=00110000B（十进制数 48）。

(6) 右移运算符" >> "，其功能是把" >> "左边的操作数的各二进制位全部右移若干位，移动的位数由" >> "右边的常数指定。进行右移运算时，如果是无符号数，则总是在其左端补"0"。

例如：指令 a>>4；是指把 a 的各二进制位向右移动 4 位。

若 a=11000000B（十进制数 192），右移 4 位后为 a=00001100B（十进制数 12）。

位运算说明：

位运算符将数字视为二进制值，并按位进行相应运算，运算完成后再重新转换为数字。

以操作数 12 为例，位运算符将数字 12 视为 1100。

位运算符将操作数视为位而不是数值。数值可以是任意进制的：十进制、八进制或十六进制。

位运算符则将操作数转化为二进制，并相应地返回 1 或 0。

位运算的操作对象只能是整型和字符型数据。这些位运算和汇编语言中的位操作指令十分类似。位操作指令是单片机的重要特点，所以位运算在 C51 语言控制类程序设计中的应用比较普遍。

位运算举例：

例 1：表达式 10&15 表示 1010&1111

它将返回表示 1010 的值 10。因为真真得真，或者是 11 得 1，同位全是 1 结果也是 1。

例 2：表达式 10|15 表示 1010|1111

它将返回表示 1111 的值 15。假假得假，全零得零。

6. 逗号运算符及其表达式

逗号","运算符功能：把两个表达式连接起来组成一个表达式，称为逗号表达式，其格式为：表达式 1，表达式 2，……，表达式 n。

逗号表达式的求值过程：从左至右分别求出各个表达式的值，并以最右边的表达式的值作为整个逗号表达式的值。

例1：
x=(y=10，y+5)；
最后的结果是15赋给x。
例2：
b=2，c=7，d=5；
a=(++b，c--，d+3)；
有3个表达式，用逗号分开，所以最终的值应该是最后一个表达式的值，也就是d+3=8，所以a=8。
逗号的另一个作用：用作各变量之间的间隔符。
例如：unsigned int i, j;

7. 运算符的优先级

当一个表达式中含有多种运算时，操作数必须按照一定的顺序进行结合，才能保证运算的合理性和结果的正确性、唯一性。运算符的计算顺序就是通常所说的优先级，运算符的优先级见表4-10。括号的优先级最高，赋值运算符的优先级最低。在同一表达式中，优先级高的运算符先计算，优先级低的运算符后计算，若参与运算的运算符为同一优先级，则按结合性原则进行计算。

表4-10 运算符的优先级

优先级	运算符或提示符	说明	结合性
1	( )	小括号	自左向右
2	~，!	按位取反、逻辑非	自右向左
3	++，--	自加1，自减1	自右向左
4	*，/，%	乘、除、取余数	自左向右
5	+，-	加、减	自左向右
6	≪，≫	左移、右移	自左向右
7	<>，≪=，≫=，==，!=	关系运算符	自左向右
8	&	按位与	自左向右
9	^	按位异或	自左向右
10	|	按位或	自左向右
11	&&	逻辑与	自左向右
12	||	逻辑或	自左向右
13	=，*=，/=，%=，+=，-=，≪=，≫=，&=，^=，|=	赋值运算符	自右向左

实战演练：用位运算符编写流水灯控制程序，其电路设计如图 4-10 所示。

```c
//功能:采用循环程序和移位操作实现流水灯控制
#include <reg51.h>           //包含头文件 reg51.h,定义了 51 单片机专用寄存器
//函数名:delay
//函数功能:实现软件延时
void delay(unsigned int i)   //定义延时函数
  {
   unsigned int k;
   for(k=0;k<i;k++);
  }
void main()                  //主函数
  {
   unsigned char aa,i;       //定义字符变量 aa,i
   while(1)                  //无限循环的执行循环程序段,直至电源关闭
     {                       //开始循环程序段
      aa=0x80;               //给变量 aa 赋值 0x80,即 10000000
      for(i=0;i<8;i++)       //用 for 循环控制逐位移动 8 次
        {
         P1=~aa;             //将 aa 的值取反后经 8 位 P1 引脚输出
         delay(5000);        //延时
         aa>>=1;             //将 aa 的二进制数值右移一位
        }                    //结束循环
     }
  }
```

五、C 语言的数组

数组是将数据类型相同按照特定顺序排列的一组数，并存放在存储器（ROM 或 RAM）中。所以数组在内存中是一个连续的数据块。数据块中的每一个数就是数组的一个元素。数组的每个元素的数据类型必须一样。数组是把同一类的数据（比如整数、实数、字符等）放在一起，统一存放、统一定义，方便编程。在 C 语言中，数组必须先定义后使用。

数组也是一种变量，是具有相同数据类型的若干个变量的组合。定义一个数组，需要说明该数组的数据类型（也就是各个元素的数据类型）和数组的名字，数组的名字代表这个数组的第一个元素在内存中的地址。所以只要知道数组的名字就可以找到该数组的第一个元素在内存中的位置，再根据该数组的数据类型，就可以推算出该数组其他元素在内存中的位置。数组分为一维数组、二维数组、三维数组和多维数组等，常用的是一维数组、二维数组

和字符数组。

(一)一维数组

1. 一维数组的定义

由具有一个下标的数组元素组成的数组称为一维数组。

一维数组的定义格式如下：

类型标识符　数组名[常量表达式];

例如：

```
int array[10];              //定义整型数组 array,有 10 个元素
unsigned char num[7];       //定义无符号字符型数组 num,有 7 个元素
```

说明：

(1)数组名的书写规则应符合标识符的书写规定。数组名中存放的是一个地址常量，它代表整个数组的首地址。同一数组中的所有元素，按其下标的顺序占用一段连续的存储单元。

(2)方括弧而非圆括弧。

(3)常量表达式：可以是常量或符号常量，表示数组元素的个数(也称数组长度)。不允许对数组大小作动态定义。

2. 数组元素

数组元素的表达形式：数组名[下标表达式]。

数组元素下标从 0 开始，如 array[0]，array[1]，…array[9];

例如：array[4]=100;

array[8]=34;

array[10]=56;

注意：数组下标不能越界！一个数组元素具有与相同类型单个变量一样的属性，可以对它赋值和参与各种运算。

3. 一维数组的初始化

初始化的一般格式如下：

数据类型　数组名[常量表达式]={值，值，…，值}

以下几种初始化方式都是正确的：

(1)定义时赋初值：int score[5]={1, 2, 3, 4, 5};

(2)给一部分元素赋值：int score[5]={1, 2};

(3)使所有元素为 0：int score[5]={0};

(4)给全部数组元素赋初值时，可以不指定数组长度：int score[ ]={1, 2, 3, 4, 5};

在执行过程中给数组元素赋值，可以用赋值语句对数组元素逐个赋值，如：

```
for(i=0;i<10;i++)
   array[i]=i;
```

4. 静态数组

数组可以放在 ROM 和 RAM 中，如果是放在 RAM 中，则可以不初始化(赋初值)，在系

统运行时根据需要进行赋值。如果是放在 ROM 中就必须赋初值,因为 ROM 在程序运行时不能进行数据更改。所以根据数组放的位置可分为动态数组(放 RAM 中)和静态数组(放 ROM 中)。由于单片机的 RAM 有限,静态数组一般应放在 ROM 中。

静态数组的定义方法如下:

数组类型　　code　　数组名[元素个数]={…};

code 表示数组以代码形式存在 ROM 中,这样其元素的值在下载程序时就固化到 ROM 中,运行程序时不能更改。各元素之间用逗号隔开。

例如:数码管的段码一般以数组形式放在 ROM 中。

unsigned char code t_abcdefgdp [10] = {0xc0,0xf9,0xa4,0xb0,0x99,0x92, 0x82,0xf8,0x80,0x90};　　　　　//共阳极数码管 0 ~ 9 的编码

当数组已经定义了初值,[ ]中的 10 可以省略,系统会自己计算数组的元素个数。

实战演练:

(1)采用顺序结构编写流水灯控制程序。

```
//功能:采用顺序结构实现流水灯控制
#include < reg51.h >            //定义 51 单片机的专用寄存器
void delay(unsigned char i);    //延时函数声明
void main()                     //主函数
{
    while(1)
    {
        P1=0xfe;delay(200);     //依次将显示码送入 P1
        P1=0xfd;delay(200);
        P1=0xfb;delay(200);
        P1=0xf7;delay(200);
        P1=0xef;delay(200);
        P1=0xdf;delay(200);
        P1=0xbf;delay(200);
        P1=0x7f;delay(200);
    }
}
void delay(unsigned char i)     //延时函数
{
    unsigned char j,k;
    for(k=0;k<i;k++)
        for(j=0;j<255;j++);
}
```

(2)采用数组实现流水灯控制。

```c
//功能:用数组编写流水灯控制程序
#include <reg51.h>                    //定义51单片机的专用寄存器
void delay(unsigned char i);          //延时函数声明
void main()                           //主函数
  {
    unsigned char i;
    unsigned char led[10]={0xfe,0xfd,0xfb,0xf7,0xef,0xdf,0xbf,0x7f};
                                      //8只LED依次点亮的显示编码
    for(i=0;i<10;i++)
    {
      P1=led[i];                      //显示码送入P1口
      delay(100);                     //调用延时函数
    }
  }
void delay(unsigned char i)
{
    unsigned char j,k;
    for(k=0;k<i;k++)
      for(j=0;j<255;j++);
}
```

(二)二维数组

二维数组定义的一般形式如下:
类型说明符　数组名[常量表达式1][常量表达式2];
其中"常量表达式1"表示第一维下标的长度,"常量表达式2"表示第二维下标的长度。例如:

int array[2][3];

说明了一个2行3列的数组,数组名为array,该数组共包括2×3=6(个)元素。这6个数组元素可以写为

array[0][0], array[0][1], array[0][2]
array[1][0], array[1][1], array[1][2]

二维数组的存放方式是按行排列,放完一行后顺次放入第二行。对于上面定义的二维数组,先存放array[0]行,再存放array[1]行,每行中的3个元素也是依次存放的,由于数组array是int型的,该类型数据占2字节的内存空间,所以每个元素均占有2字节。

二维数组的初始化赋值可按行分段赋值,也可按行连续赋值。

例如,对数组array[2][3]可按下列方式进行赋值:

(1)按行分段赋值:

int array[2][3]={{1,2,3},{4,5,6}};

(2) 按行连续赋值:

```
int array[2][3]={1,2,3,4,5,6};
```

(三) 字符数组

1. 字符数组的定义

一维字符数组：用于存储和处理 1 个字符串，其定义格式与一维数值数组一样。
例如：

```
char  str[20];     //定义一个一维字符数组 str,有 20 个数组元素
```

二维字符数组：用于同时存储和处理多个字符串，其定义格式与二维数值数组一样。
例如：

```
char country[10][20];   //定义一个二维字符数组 country,有 10×20 个数组元素
```

2. 字符数组的初始化

可以通过为每个数组元素指定初值字符来实现。
例如：

```
char str[10]={ 'I',' ','a','m',' ','h','a','p','p','y'};
```

也可写为字符串的形式：

```
char str[ ]={"I am happy"};
```

还可以省略花括号写成如下形式：

```
char str[ ]="I am happy";
```

注意：由于系统在存储字符串常量时，会在串尾自动加上 1 个结束标志'/0'，所以无须人为地再加 1 个。另外，由于结束标志也要在字符数组中占用一个元素的存储空间，因此在说明字符数组长度时，要为字符串所需长度加 1。
例如：

```
char led[]="ABCD";
```

这是定义一个一维字符数组 led，数组长度为 5，这 5 个数组元素就是 5 个变量，5 个数组元素(变量)的值分别是

led[0]='A'; led[1]='B'; led[2]='C'; led[3]='D'; led[4]='\0';

项目实施

电动汽车充电指示显示

实践

1. 目的与要求

以电动汽车仪表充电增长显示为例，构建模拟电路，编写程序，完成软硬件仿真调试。

通过实训练习单片机驱动发光二极管硬件电路连接方法，练习自定义函数的定义与使用，练习数组的定义与应用。

2. 电路功能

上电后，按下开关，单片机得到充电开始信号，单片机输出控制一组条形 LED 发光二极管指示灯的点亮显示，模拟电动汽车仪表充电增长显示效果。

P1.0 引脚接充电启动开关，按下开关，P1.0 引脚得到低电平，此时 P2 口输出不同高低电平组合，实现充电增长显示效果，最后所有发光二极管全部点亮，显示充电结束。

视频：电动汽车充电指示增长显示

3. 电路设计

电动汽车充电电路如图 4-13 所示。

4. 源程序设计

//功能:模拟电动汽车充电指示增长控制

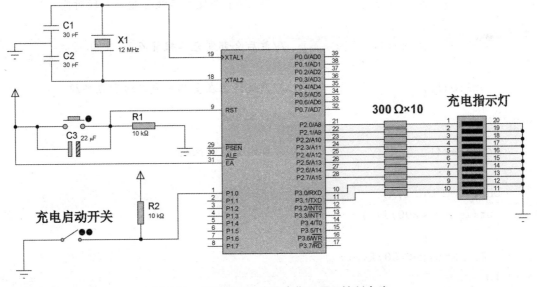

图 4-13　模拟电动汽车充电指示显示控制电路

```
#include <reg51.h>        //包含头文件,定义51单片机的特殊功能寄存器
sbit P10=P1^0;            //定义 P1.0 引脚为 P10
sbit P30=P3^0;            //定义 P3.0 引脚为 P30
sbit P31=P3^1;            //定义 P3.1 引脚为 P31
void delay();             //自定义延时函数声明
void main()
{
  unsigned int i,k;
  unsigned char fgm[]={0x80,0xC0,0xE0,0xF0,0xF8,0xFC,0xFE,0xFF};
                          //定义数组,元素为8个发光二极管逐个点亮的编码
  P2=0x00;                //P2 口输出低电平,所有发光二极管熄灭
```

```
    if(P10==0)                    //充电开始信号,P1.0引脚接为低电平
      {
        for(i=0;i<7;i++)          //循环送出数组各编码
          {
            P30=1;                //电池容量余量显示
            P31=1;                //电池容量余量显示
            for(k=0;k<10;k++)     //充电中闪烁显示10次
              {
                P2=fgm[i+1];      //送第i+1个发光二极管点亮的编码
                delay();          //调用自定义延时函数,第i+1个发光二极管
                                  //亮一段时间
                P2=fgm[i];        //第i+1个发光二极管熄灭
                delay();          //第i+1个发光二极管熄灭一段时间
              }
            P2=fgm[i+1];          //最后全部发光二极管点亮
          }
        while(1);                 //系统停留在全部发光二极管点亮状态
      }
}
void delay()                      //自定义延时函数
{
  unsigned int i,k;
  for(i=0;i<200;i++)
    {
      for(k=0;k<200;k++);
    }
}
```

同样的道理,请同学们自行设计模拟电动汽车仪表电量减少显示效果。

项目拓展

项目拓展1　汽车发动机散热风扇控制

汽车发动机散热风扇如图4-14所示,其安装在发动机散热器后面。散热风扇的主要作用就是用于发动机散热及冷却液散热,汽车发动机在高温工作环境下必须得到适度的冷却,保持在适宜的温度工作,才能保证发动机良好的工作性能、耐久性和废气排放要求。

散热风扇的启动或关闭,是由散热风扇控制单元(迈腾车为J138)控制的,发动机冷却

液温度传感器检测冷却液温度，并以电信号输入散热风扇控制单元。当发动机冷却液达到了一定温度(95 ℃)时，散热风扇控制单元开启散热风扇(大概 1 600 r/min)，当冷却液温度达到更高温度(105 ℃)时，散热风扇控制单元就会提高散热风扇转速(约 2 400 r/min)。当冷却液温度降到一定温度后，散热风扇控制单元会自动关闭散热风扇。

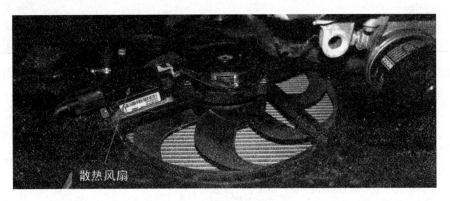

图 4-14　汽车发动机散热风扇

1. 目的与要求

本设计是以发动机散热风扇控制为例，练习 PWM 控制电动机调速的软硬件设计。

2. 电路功能

单片机模拟发动机控制单元，三挡开关模拟冷却液温度传感器。一挡时，风扇不转；二挡时，风扇低速转；三挡时，风扇高速转。

3. 电路设计

汽车发动机散热风扇控制电路如图 4-15 所示。

视频：汽车发动机散热风扇控制

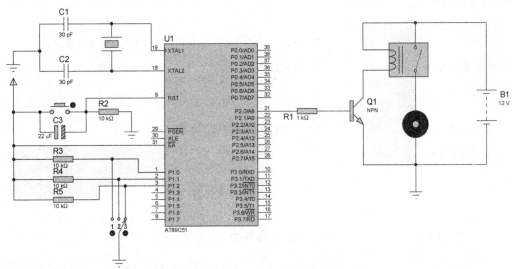

图 4-15　模拟汽车发动机散热风扇控制系统电路

4. 源程序设计

由表 4-11 可以看到，模拟开关的位置与冷却液温度传感器的温度相对应，P1.0 引脚输入冷却液温度低于 95 ℃信号，P1.1 引脚输入冷却液温度达到 95 ℃信号，P1.2 引脚输入冷却液温度达到 105 ℃信号，P2.0 引脚输出风扇运转信号，风扇运转速度由 P2.0 引脚输出的信号占空比控制。

表 4-11 水温传感器温度与 P1 口和 P2 口引脚状态

水温传感器温度	模拟开关位置	P1 口状态			P2 口状态	风扇速度
		P1.0	P1.1	P1.2	P2.0	
低于 95 ℃	1 挡	0	1	1	0	不转
达到 95 ℃	2 挡	1	0	1	1	低速
达到 105 ℃	3 挡	1	1	0	1	高速

汽车发动机散热风扇控制源程序如下。

```c
//功能:汽车发动机散热风扇控制
#include <reg51.h>           //定义51单片机的特殊功能寄存器
sbit P10=P1^0;               //定义P1.0引脚为P10
sbit P11=P1^1;               //定义P1.1引脚为P11
sbit P12=P1^2;               //定义P1.2引脚为P12
sbit P20=P2^0;               //定义P1.0引脚为P20
void delay(unsigned int n)   //延时函数
{
    unsigned int i,k;
    for(k=0;k<n;k++)
        for(i=0;i<2000;i++);
}
void main()                  //主函数
{
    P20=0;                   //上电时电动机停转
    while(1)
    {
        if(P10==0)           //发动机工作温度不高
        {
            P20=0;           //风扇不转
        }
        if(P11==0)           //发动机工作温度达到一挡时
        {
            P20=1;
```

```
            delay(2);                    //P2口输出脉冲占空比较小,风扇低速转
            P20=0;
            delay(1);
        }
        if(P12==0)                       //发动机工作温度达到二挡时
        {
            P20=1;
            delay(6);                    //P2口输出脉冲占空比较大,风扇高速转
            P20=0;
            delay(1);
        }
    }
}
```

项目拓展2 个性车灯控制

1. 目的与要求

通过24个LED发光二极管,实现炫酷车灯的控制。

2. 电路功能

当按下SW1时,P3口的8个灯从中间开始向两侧依次点亮后,P1和P2口的车灯从两侧向中间依次点亮。

当按下SW2时,P1口和P2口的车灯从中间开始向两侧依次点亮后,P3口的车灯从两侧向中间依次点亮。

3. 电路设计

个性车灯控制系统电路如图4-16所示。

4. 源程序设计

视频:个性车灯

```
#include <reg51.h>                       //引用头文件
sbit P06=P0^6;                           //SW1开关
sbit P07=P0^7;                           //SW2开关
unsigned char code
table_1[ ]={0xe7,0xdb,0xbd,0x7e,0xff,0xfe,0xfd,0xfb,0xf7,0xef,0xdf,
            0xbf,0x7f,0x7f,0xbf,0xdf,0xef,0xf7,0xfb,0xfd,0xfe,0xff,
            0x7e,0xbd,0xdb,0xe7};
                                         //定义灯闪烁情况数组
unsigned char flag;                      //车灯开关标志位
void delay_500ms()                       //12.000MHz,延时0.5秒
{
    unsigned char i,j,k;
```

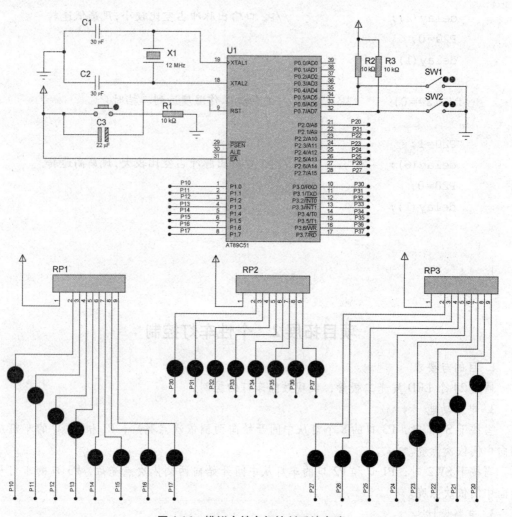

图 4-16　模拟个性车灯控制系统电路

```
    i=4;
    j=205;
    k=187;
    do
    {
        do
        {
            while(--k);
        } while(--j);
    } while(--i);
}

void twinkle()                    //灯闪烁函数
```

```c
{
    P3=0x00;                        //P3口灯亮
    P2=0x00;                        //P2口灯亮
    P1=0x00;                        //P1口灯亮
    delay500ms();                   //延时0.5秒
    P3=0xff;                        //P3口灯灭
    P2=0xff;                        //P2口灯灭
    P1=0xff;                        //P1口灯灭
}
void main()                         //主函数
{
    unsigned char i;                //定义无符号字符型变量
    while(1)                        //无限循环
    {
        P1=0xff;                    //P1、P2、P3口灯全灭,初始状态
        P2=0xff;
        P3=0xff;
        if(P06==0)  flag=1;         //按下SW1,标识位为1
        if(P07==0)  flag=2;         //按下SW2,标识位为2
          if(flag==1)               //检测到按下SW1
          {
            for(i=0;i<=16;i++)
            {
            if(i<=4)                //从P3口灯开始,从中间向两侧依次点亮
            {
              P3=table_1[i];
            }
              else if((i>=5)&&(i<=12))
            {
              P1=table_1[i];        //P1和P2口接着从两侧向中间依次点亮
              P2=table_1[i];
            }
          else
            twinkle();              //接着车灯闪烁
            delay500ms();           //延时0.5秒
        if(P06==1)                  //检测到开关打开,停止
        {
            P3=0xff;P2=0xff;P1=0xff;
            break;
```

```
            }
          }
        }

        if(flag==2)                          //检测到SW2按下
        {
            for(i=0;i<=16;i++)
            {
              if(i<=8)                       //P1和P2口从中间开始向两侧依次点亮
                {
                    P2=table_1[i+13];
                    P1=table_1[i+13];
                }
              else if((i>=9)&&(i<=12))
                {
                    P3=table_1[i+13];        //P3口接着从两侧向中间依次点亮
                }
              else
                    twinkle();               //接着车灯闪烁
                    delay500ms();            //延时0.5秒
                if(P07==1)                   //检测到开关打开,停止
                {
                    P3=0xff;P2=0xff;P1=0xff;
                    break;
                }
            }
        }
      }
```

☞ **小资料**

1. PWM 控制电动机速度的原理

PWM 就是脉宽调制器，全称为 Pulse Width Modulator，简称 PWM。其原理是通过调制器给电动机提供一个具有一定频率的、脉冲宽度可调的脉冲电。脉冲宽度越大，则占空比就越大，提供给电动机的平均电压越大，电动机转速就高；脉冲宽度越小，则占空比就越小，提供给电动机的平均电压越小，电动机转速就低。

PWM 不管高电平还是低电平时电动机都是转动的，电动机的转速取决于平均电压。

PWM 方式调速最大的优点是节能。

占空比是指在一个脉冲循环内,通电时间相对于总时间所占的比例。图 4-17 中的占空比分别是 25%、50%、80%。

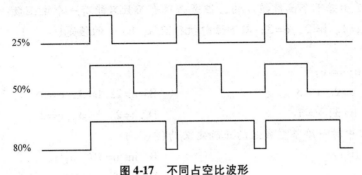

图 4-17　不同占空比波形

2. 汽车刹车灯与示宽灯简介

汽车刹车灯也是 LED 光源应用的重要领域。1987 年,我国开始在汽车上安装高位刹车灯,由于 LED 响应速度快(纳秒级),可以及早让尾随车辆的驾驶员知道行驶状况,减少汽车追尾事故的发生。高位刹车灯一般装在车尾上部。一般的刹车灯(制动灯)是装在车尾两边,当驾驶员踩下制动踏板时,制动灯即亮起,并发出红色光,提醒后面的车辆注意,不要追尾。当驾驶员松开制动踏板时,制动灯即熄灭。由于汽车已有左、右两个制动灯,因此人们习惯上也把装在车尾上部的高位制动灯称为第三刹车灯。

示宽灯就是我们通常所说的"小灯",是汽车上安装以示车宽的指示灯,属常用灯。汽车在凌晨、傍晚、阴雨天气行驶时,需要打开汽车的示宽灯。示宽灯位于汽车方向盘的左下侧,有两种开启方式:一种是旋钮式;另一种是拨杆式。综合开关在转向控制杆顶部上,用左手往前拧到第一挡就是。汽车的示宽灯其实是一种警示标志的车灯,可以对路上的行人和过往的车辆起警示作用,最主要的是在能见度低的天气下,用来提醒其他车辆,以免发生交通事故。

练习题

一、选择题

1. 以下不是 C 语言的特点的是(　　)。
   A. 语言简洁紧凑　　　　　　　　　B. 能够编制出功能复杂的程序
   C. C 语言可以直接对硬件操作　　　D. C 语言移植性好
2. C 语言程序从(　　)开始执行。
   A. 程序中第一条可执行语句　　　　B. 程序中第一个函数
   C. 程序中的 main 函数　　　　　　D. 包含文件中的第一个函数
3. 下列字符序列中,不可用作 C 语言标识符的是(　　)。
   A. abc123　　　B. no.1　　　C. _123_　　　D. _ok
4. 下列说法中,错误的是(　　)。
   A. 每个语句必须独占一行,语句的最后可以是一个分号,也可以是一个回车换行

符号

　B. 每个函数都有一个函数头和一个函数体，主函数也不例外

　C. 主函数只能调用用户函数或系统函数，用户函数可以相互调用

　D. 程序是由若干个函数组成的，但是必须有而且只能有一个主函数

5. 已知 int a=1, b=2, c=3; 以下语句执行后 a, b, c 的值是(　　)。

   if(a>b)

   c=a; a=b; b=c;

   A. a=1, b=2, c=3　　　　　　　　B. a=2, b=3, c=3

   C. a=2, b=3, c=1　　　　　　　　D. a=2, b=3, c=2

6. 在 C 语言中对一维整型数组的正确定义为(　　)。

   A. int a(10);　　　　　　　　　　B. int n=10, a[n];

   C. int　n; a[n];　　　　　　　　　D. #define N 10int a[N];

7. 已知：int　a[10]; 则对 a 数组元素的正确引用是(　　)。

   A. a[10]　　　B. a[3.5]　　　C. a(5)　　　D. a[0]

8. 在 C 语言中，表示静态存储类别的关键字是(　　)。

   A. auto　　　B. register　　　C. static　　　D. extern

9. 在 C 语言中，以(　　)作为字符串结束标志。

   A. '\n'　　　B. ''　　　C. '0'　　　D. '\0'

10. 下列数据中属于"字符串常量"的是(　　)。

    A. ''a''　　　B. {ABC}　　　C. 'abc\0'　　　D. 'a'

11. C 语言规定，必须用(　　)作为主函数名。

    A. function　　　B. include　　　C. main　　　D. stdio

12. 一个 C 程序可以包含任意多个不同名的函数，但有且仅有一个(　　)。

    A. 过程　　　B. 主函数　　　C. 函数　　　D. include

13. C 程序是由(　　)构成的。

    A. 函数　　　B. 函数和过程　　　C. 超文本过程　　　D. 子程序

14. (　　)是 C 程序的基本构成单位。

    A. 函数　　　B. 函数和过程　　　C. 超文本过程　　　D. 子程序

15. 下列说法正确的是(　　)。

    A. 一个函数的函数体必须有变量定义和执行部分，两者缺一不可

    B. 一个函数的函数体必须有执行部分，可以没有变量定义

    C. 一个函数的函数体可以没有变量定义和执行部分，函数可以是空函数

    D. 以上都不对

16. 下列说法正确的是(　　)。

    A. main 函数必须放在 C 程序开头

    B. main 函数必须放在 C 程序最后

    C. main 函数可以放在 C 程序的中间部分，即在一些函数之前在另一些函数之后，但在执行 C 程序时是从程序开始的

    D. main 函数可以放在 C 程序的中间部分，即在一些函数之前在另一些函数之后，

但在执行 C 程序时是从 main 函数开始的

17. 下列说法正确的是（　　）。
    A. 在执行 C 程序时不是从 main 函数开始的
    B. C 程序书写格式严格限制，一行内必须写一个语句
    C. C 程序书写格式自由，一个语句可以写在多行上
    D. C 程序书写格式严格限制，一行内必须写一个语句，并要有行号
18. 在 C 语言中，每个语句和数据定义是用（　　）结束。
    A. 句号　　　　B. 逗号　　　　C. 分号　　　　D. 括号
19. 下列说法正确的是（　　）。
    A. C 语言程序总是从第一个定义的函数开始执行
    B. 在 C 语言程序中，要调用的函数必须在 main(　) 函数中定义
    C. C 语言程序总是从 main(　) 函数开始执行
    D. C 语言程序中的 main(　) 函数必须放在程序的开始部分

二、判断题

(　　)1. 一个 C 语言程序语句可以分为声明语句和执行语句。
(　　)2. 下面的程序语句是正确的。

    char str[15];
    str="I am happy";

(　　)3. Unsigned Char k；该语句的写法正确。
(　　)4. 执行语句是向计算机系统发出操作命令，经编译后产生若干条机器指令。
(　　)5. int score[5]={1, 2, 3, 4, 5}；其中 score[5]=5。
(　　)6. 函数体内的声明语句不产生机器操作，而只是对变量的定义。
(　　)7. 变量名不能用 C 语言中的关键字表示。

三、程序题

1. 写出程序的执行完成后 s，w，t 的结果。

```
void main()
{
    int a,b,c,s,w,t;
    s=w=t=0;
    a=-1; b=3; c=3;
    if(c>0)s=a+b;
    if(a<=0)
    {
        if(b>0)
        if(c<=0)w=a-b;
    }
    else if(c>0)w=a-b;
    else t=c;
```

}

2. 写出程序执行后 c 的值。

```c
int m=4,c;
int func(int x,int y)
{
  int m=1;
  return(x*y-m);
}
  void main()
{
  int a=2,b=3;
  c=func(a,b)/m;
}
```

项目五

△ 汽车单片机应用技术——基于 Proteus 和 Keil C51 仿真

汽车的延时照明控制

🚗 项目要求

知识目标：
1. 了解定时器的结构、工作方式及应用；了解中断的概念和中断系统的组成。
2. 掌握定时器和中断程序的设计方法。

能力目标：
1. 会应用定时器编写程序进行各种时间的控制。
2. 会应用中断系统编写程序进行紧急情况的处理。

素养目标：
1. 定时/计数器和中断系统能够实现单片机的特定功能，说明凡事预则立，不预则废。
2. 坚定道路、理论、制度、文化自信，挺起中国人的脊梁。

🚗 知识储备

定时/计数器是 51 单片机的重要功能部件之一。在检测、控制及智能仪器等领域，定时器用来实现定时或延时控制，计数器用来对外界事件进行计数。

实时控制、故障自动处理往往采用中断系统，中断是 CPU 与 I/O 设备间数据交换的一种控制方式。中断系统的应用使单片机的功能更强，效率更高，使用更加灵活方便。

一、定时/计数器

（一）定时/计数器结构

51 单片机内部有两个 16 位的可编程定时/计数器，称为 T0 和 T1。图 5-1 所示为 51 单片机定时/计数器的组成结构示意。由图 5-1 可见，定时/计数器由 T0、T1、方式寄存器 TMOD、控制寄存器 TCON 构成。T0 和 T1 都是由高 8 位的 TH0、TH1 和低 8 位的 TL0、TL1

构成，可实现 16 位二进制计数，最大可计数为 2^{16}，即 65 536。定时/计数器做定时器时，是对内部时钟脉冲进行计数，根据脉冲频率得知定时时间，做计数器时，是对外部脉冲进行计数，T0 对 P3.4 引脚输入的脉冲计数，T1 对 P3.5 引脚输入的脉冲计数。

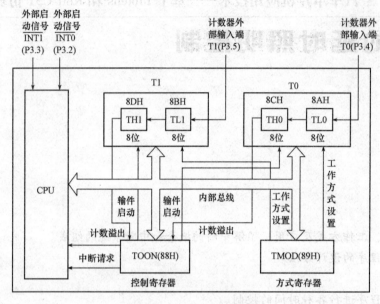

视频：图 5-1 解说

图 5-1 定时/计数器结构

（二）定时/计数器工作方式

定时/计数器有四种工作方式：方式 0、方式 1、方式 2 和方式 3。

方式 0：13 位定时器，由 TH0 的 8 位 + TL0 的低 5 位构成，最大计数 $M=2^{13}=8\ 192$。

方式 1：16 位定时器，由 TH0 的 8 位 + TL0 的 8 位构成，最大计数 $M=2^{16}=65\ 536$。

方式 2：能重复置初始值的 8 位定时器，TL0(TL1) 和 TH0(TH1) 必须赋相同的值低 8 位进行计数，当计满溢出时，高 8 位的值自动装进低 8 位。最大计数 $M=2^{8}=256$。

方式 3：只适用于定时器 T0，T1 不工作。T0 被拆成两个独立的 8 位定时器 TL0、TH0。其中，TL0 与方式 0、1 相同，可定时或计数。用定时器 T0 的 GATE、$\overline{C/T}$、TR0、TF0、T0 (P3.4) 引脚和 $\overline{INI0}$(P3.2) 引脚控制。TH0 只可用作简单的内部定时功能，是 T0 附加的一个 8 位定时器，占用 T1 的控制位 TF1、TR1 和 $\overline{INI1}$(P3.3) 引脚，启动、关闭仅受 TR1 控制。

定时/计数器工作在哪一种方式，由方式寄存器 TMOD 设置。

（三）定时/计数器的控制

单片机对定时/计数器的控制由方式寄存器 TMOD 和控制寄存器 TCON 完成，方式寄存器可以设置工作方式、启动方式、功能（计数还是定时），控制寄存器可以控制定时/计数器的启动、停止、标志定时/计数器的溢出、中断情况。

1. 方式寄存器 TMOD

方式寄存器的字节地址是 89H，它是一个 8 位寄存器，低 4 位设置定时器 T0，高 4 位设置定时器 T1，它们的含义完全相同。不可以位寻址，即必须给 TMOD 整体赋值，不能单独对其中的某一位操作。

TMOD 的字节格式如图 5-2 所示。

D7	D6	D5	D4	D3	D2	D1	D0
GATE	C/$\overline{\text{T}}$	M1	M0	GATE	C/$\overline{\text{T}}$	M1	M0
定时器T1				定时器T0			

图 5-2　TMOD 的字节格式

各位的含义如下：

C/$\overline{\text{T}}$：功能选择位。0 为定时器方式；1 为计数器方式。

M1、M0：方式选择位。可以选择为四种工作方式：方式 0、方式 1、方式 2、方式 3。表 5-1 所示为 M1、M0 不同取值对应选择的工作方式。

表 5-1　定时/计数器工作方式设置

M1	M0	工作方式
0	0	方式 0
0	1	方式 1
1	0	方式 2
1	1	方式 3

GATE：门控位。

0：只要软件控制位 TR0 或 TR1 置 1，即可启动定时器开始工作。

1：只有 $\overline{\text{INT0}}$(P3.2) 或 $\overline{\text{INT1}}$(P3.3) 引脚为高电平，且 TR0 或 TR1 置 1 时，才能启动相应的定时器开始工作。

例如：设定时器 T1 为定时功能，工作方式 1，要求用软件启动；定时器 T0 为计数功能，工作方式 2；要求软件启动。则根据 TMOD 各位的定义可知，其控制字如图 5-3 所示。

D7	D6	D5	D4	D3	D2	D1	D0
GATE	C/$\overline{\text{T}}$	M1	M0	GATE	C/$\overline{\text{T}}$	M1	M0
0	0	0	1	0	1	1	0

图 5-3　TMOD 的控制字

即控制字为 16H，其赋值语句为 TMOD = 0x16。

2. 控制寄存器 TCON

控制寄存器的字节地址是 88H，也是一个 8 位寄存器，可以位寻址，即可以对其中某一位单独操作，也可以整体赋值。

TCON 控制字的格式如图 5-4 所示。

D7	D6	D5	D4	D3	D2	D1	D0
TF1	TR1	TF0	TR0	IE1	IT1	IE0	IT0

图 5-4　TCON 控制字的格式

各位的含义如下：

TF1、TF0：定时器 T1、T0 溢出标志位。计满后由硬件自动置 1。

TR1、TR0：定时器 T1、T0 运行控制位。由软件清零关闭定时器，即用"TR1 = 0;"语句关闭定时器 T1，"TR0 = 0;"语句关闭定时器 T0。

当 GATE=0 时，TR1 软件置 1 即启动定时器 T1，即用"TR1 = 1;"语句启动；当 GATE=1 时，需$\overline{INT1}$为高电平，且 TR1 置 1 启动定时器 T1。定时器 T0 启动与定时器 T1 相同，不再赘述。

TCON 中的低 4 位与中断有关，在中断系统里讲述。

（四）定时/计数器初始化编程

（1）设置定时/计数器工作方式。通过对方式寄存器 TMOD 的设置，确定相应的定时/计数器是定时功能还是计数功能，选用哪一种工作方式，如何启动。

（2）设置计数初始值。在计数器允许的计数范围内，计数器可以从任何值开始计数，对于加 1 计数器，当计到最大值 M 时（对于 8 位计数器，当计数值从 255 再加 1 时，计数值变为 0），产生溢出。

定时/计数器允许用户编程设定开始计数的数值，称为赋初始值。初始值不同，则计数器产生溢出时，计数个数也不同。对于 8 位计数器，当初值设为 100 时，再加 1 计数 156 个，计数器就产生溢出；当初值设为 200 时，再加 1 计数 56 个，计数器产生溢出。

因为定时/计数器是做加 1 计数，并在计满溢出时产生中断，因此初始值 A 的计算如下：

$$A = M - 计数值$$

计算出来的结果 A 转换为 16 进制数后分别写入 TL0（TL1）、TH0（TH1）。

注意：方式 0 初始值写入时，对于 TL0 不用的高 3 位应填入 0，如图 5-5 所示。

位	7	6	5	4	3	2	1	0
值								

TH0

7	6	5	4	3	2	1	0
0	0	0					

TL0

图 5-5　方式 0 下的 13 位定时/计数器

举例说明：用 T0、工作方式 0 实现 1 s 延时函数，晶振频率为 12 MHz。

前述内容说到晶振频率为 12 MHz 时，单片机的机器周期为 1 μs，因此在方式 0 采用 13 位计数器时，其最大定时时间为 $8\,192 \times 1 \times 10^{-3} = 8.192$（ms），一次计数可选择定时时间为 5 ms，再循环 200 次即可得到 1 s 延时。

定时时间为 5 ms，则计数值为 5 ms/1μs=5 000，T0 的初值为

$$A = M - 计数值 = 8\,192 - 5\,000 = 3192 = C78H = 0110001111000B$$

13 位计数器中 TL0 的高 3 位未用，填写 0，TH0 占高 8 位，所以，A 的实际填写值应为 A=0110001100011000B=6318H，则 T0 的初始值赋值语句为

TH0 = 0x63;

TL0 = 0x18;

也可用下面的语句实现：

TH0 = (8192 − 5000/1)/32;
TL0 = (8192 − 5000/1)%32;
同样道理，方式 1 定时 50ms 的初始值语句写为
TH0 = (65536 − 50 000/1)/256;
TL0 = (65536 − 50 000/1)%256;

(3) 启动定时/计数器。根据设置的定时/计数器启动方式，启动定时/计数器。如果采用软件启动，则需要把控制寄存器中的 TR0 或 TR1 置 1；如果采用硬软共同启动方式，不仅需要把控制寄存器中的 TR0 或 TR1 置 1，还需要相应的外部启动信号为高电平。

(4) 查询计数是否溢出。当定时/计数器计数计满时，系统会使 TF1 或者 TF0 位置 1，可以软件查询溢出标志位是否为 1，也可以通过其自动产生中断而获知计数溢出。软件查询可以使用如下语句：

```
while(TF0==0);        //如果 TF0 的值为 0,原地等待
TF0=0;                //将定时器溢出标志位 TF0 清零
```

或者

```
while(!TF0);          //如果 TF0 的值为 0,原地等待
TF0=0;                //将定时器溢出标志位 TF0 清零
```

实战演练：用定时器 T0 方式 0 实现 1 s 延时函数。

```
void delay1s()
{
    unsigned char  i;
    TMOD=0x00;            // 置 T0 为工作方式 0
    for(i=0;i<200;i++)
    {                     // 设置 200 次循环次数
        TH0=0x63;         //设置定时器初值高 8 位,也可用 TH0=(8192−
                          //5000/1)/32;
        TL0=0x18;         //设置定时器初值第 8 位,也可用 TH0=(8192−
                          //5000/1)%32;
        TR0=1;            // 启动 T0
        while(!TF0);      // 查询计数是否溢出,即等待定时 5 ms 时间到
        TF0=0;            // 5ms 定时时间到,将定时器溢出标志位 TF0 清零
    }
}
```

实战演练：用定时器 T0 工作方式 2 实现 1 s 延时函数。

```
void delay1s()
{
    unsigned int  i;
    TMOD=0x02;            // 设置 T0 为方式 2
```

```
TL0=6;                    //设置定时器初值
TH0=6;                    //初值自动重载赋值
for(i=0;i<4000;i++)       //设置 4 000 次循环次数
{
TR0=1;                    //启动 T1
while(!TF0);              //查询计数是否溢出,即等待定时时间 250 μs 到
TF0=0;                    //250 μs 定时时间到,将定时器溢出标志位 TF0 清零
}
}
```

二、中断系统

(一)中断的定义

中断是指通过硬件来改变 CPU 的运行方向。单片机在执行程序的过程中,外部设备向 CPU 发出中断请求信号,要求 CPU 暂时中断当前程序的执行而转去执行相应的处理程序,等处理程序执行完毕后,再继续执行原来被中断的程序。这种程序在执行过程中由于外界的原因而被中间打断的情况称为"中断"。下面介绍中断系统的几个名词。

未雨绸缪

(1)中断源:引起中断的原因,或能发出中断申请的来源,称为中断源。
(2)中断请求:中断源要求服务的请求称为中断请求(或中断申请)。
(3)主程序:原来正常运行的程序称为主程序。
(4)断点:主程序被断开的位置(或地址)称为断点。
(5)中断服务程序:CPU 响应中断后,转去执行相应的处理程序,该处理程序通常称为中断服务程序。

调用中断服务程序的过程类似于调用子程序,其区别在于调用子程序在程序中是事先安排好的,而何时调用中断服务程序事先无法确定,因为中断的发生是由外部因素随机决定的,程序中无法事先安排调用指令,因此,调用中断服务程序的过程是由硬件自动完成的。对这个中断全过程的分析、研究及实现方法称为中断技术。单片机的中断响应过程如图 5-6 所示。

图 5-6 中断响应过程

(二)中断的功能

1. 并行处理

中断是 CPU 与接口之间的信息传送方式之一。有了中断技术,就解决了快速的 CPU 与慢速外设之间的速度匹配问题,CPU 可以与多台外设并行工作,CPU 可分时与多台外设进行信息交换,CPU 在启动外设后,变继续执行主程序,而外设被启动后,开始进行工作,

每当外设做完一件事就向 CPU 发出中断请求，CPU 响应中断请求并为其服务完毕后，返回到原来的断点处继续执行主程序。外设在得到服务后，也继续进行自己的工作。CPU 和外设并行工作，由于 CPU 与外设速度的悬殊差异，CPU 可以使多个外设同时工作，并分时为多台外设提供服务。

2. 实时处理

在单片机实时控制中，请求 CPU 提供服务是随机发生的。有了中断系统，CPU 就可以立即响应并进行响应的处理，从而实现了实时处理的功能。

3. 故障处理

单片机系统工作时会出现一些突发故障，如电源掉电、存储器出错、运算溢出等。有了中断系统，当出现故障时，CPU 可及时转去执行故障处理程序，自行处理故障而不必停机。

在单片机应用系统中，为了实现上述中断功能而配置的软件与硬件，便称为中断系统。

视频：图 5-7

(三) 中断系统的结构

51 单片机中断系统的结构如图 5-7 所示。

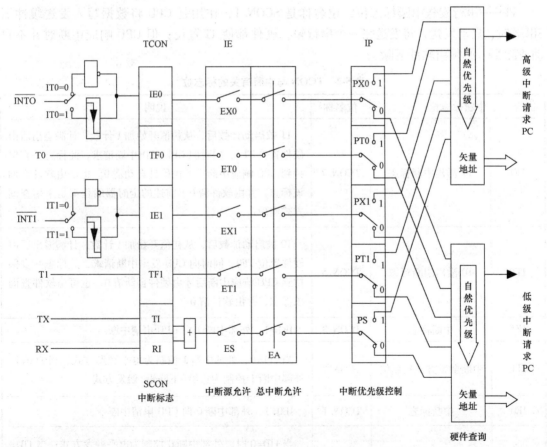

图 5-7　51 单片机中断系统内部结构示意

从图 5-7 可知，51 单片机中断系统有 5 个中断源，分别是外部中断 0（$\overline{INT0}$）、定时器 T0 中断、外部中断 1（$\overline{INT1}$）、定时器 T1 中断、串行口中断（TX、RX）。与中断有关的寄存器有 4 个，分别是 TCON（定时控制寄存器）、SCON（串行口寄存器）、IE（中断标志寄存器）、IP（中断优先级寄存器）。每个中断源都对应一个中断标志位和一个中断开启位，对于外部中断和中断触发方式要设置。单片机内部会对 5 个中断源进行优先级排序，当多个中断同时请求时，CPU 会按照优先级从高到低的顺序进行响应。

(四) 中断有关寄存器

1. 定时控制寄存器 TCON

前述讲到 TCON 的低 4 位与中断有关，它们分别是 IE1（外部中断 1 中断标志位）、IT1（外部中断 1 触发方式控制位）、IE0（外部中断 0 中断标志位）、IT0（外部中断 0 触发方式控制位）。TCON 中的 TF1 和 TF0 也是定时器 T1 中断和定时器 T0 中断标志位。各位的功能见表 5-2。

2. 串行口寄存器 SCON

串行口寄存器 SCON 是一个可位寻址的 8 位寄存器，其中与中断有关的是低 2 位，其控制字格式将在串行通信章节讲述，这里只介绍 TI 和 RI，其功能如下：

TI——串行发送中断标志位，位名称是 SCON.1，作用是 CPU 将数据写入发送缓冲器 SBUF 时，启动发送，每发送完一个串行帧，硬件都使 TI 置位；但 CPU 响应中断时并不自动清除 TI，必须由软件清除。

表 5-2 TCON 与中断有关的标志位

中断标志位	位名称	位名	说明
TF1	T1 溢出中断标志	TCON.7	T1 被启动计数后，从初值开始加 1 计数，计满溢出后由硬件置位 TF1，同时向 CPU 发出中断请求，此标志一直保持到 CPU 响应中断后才由硬件自动清 0。也可由软件查询该标志，并由软件清 0。前述的定时器编程都是采用查询方式实现
TF0	T0 溢出中断标志	TCON.5	T0 被启动计数后，从初值开始加 1 计数，计满溢出后由硬件置位 TF0，同时向 CPU 发出中断请求，此标志一直保持到 CPU 响应中断后才由硬件自动清 0。也可由软件查询该标志，并由软件清 0
IE1	中断标志	TCON.3	IE1=1，外部中断 1 向 CPU 申请中断
IT1	中断触发方式控制位	TCON.2	当 IT1=0，外部中断 1 控制为电平触发方式；当 IT1=1，外部中断 1 控制为边沿（下降沿）触发方式
IE0	中断标志	TCON.1	IE0=1，外部中断 0 向 CPU 申请中断
IT0	中断触发方式控制位	TCON.0	当 IT0=0 时，外部中断 0 控制为电平触发方式；当 IT0=1 时，外部中断 0 控制为边沿（下降沿）触发方式

RI——串行接收中断标志位,位名称是 SCON.0,作用是当串行口允许接收时,每接收完一个串行帧,硬件都使 RI 置位;同样,CPU 在响应中断时不会自动清除 RI,必须由软件清除。

3. 中断允许控制寄存器 IE

MCS-51 系列单片机的 5 个中断源都是可屏蔽中断,中断允许控制寄存器 IE(字节地址为 A8H)用于控制 CPU 对各中断源的开放或屏蔽。IE 寄存器格式如图 5-8 所示。

D7	D6	D5	D4	D3	D2	D1	D0
EA	×	×	ES	ET1	EX1	ET0	EX0

图 5-8 IE 寄存器格式

IE 各位的名称和功能见表 5-3。

表 5-3 IE 各位的名称和功能

中断允许位	位名称	说明
EA	总中断允许控制位	IE.7	EA=1,开放所有中断,各中断源的允许和禁止可通过相应的中断允许位单独加以控制;EA=0,禁止所有中断
ES	串行口中断允许位	IE.4	ES=1,允许串行口中断;ES=0 禁止串行口中断
ET1	T1 中断允许位	IE.3	ET1=1,允许 T1 中断;ET1=0,禁止 T1 中断
EX1	外部中断 1 允许位	IE.2	EX1=1,允许外部中断 1 中断;EX1=0,禁止外部中断 1 中断
ET0	T0 中断允许位	IE.1	ET0=1,允许 T0 中断;ET0=0,禁止 T0 中断
EX0	外部中断 0 允许位	IE.0	EX0=1,允许外部中断 0 中断;EX0=0,禁止外部中断 0 中断

4. 中断优先级寄存器 IP

MCS-51 系列单片机有两个中断优先级:高优先级和低优先级。每个中断源都可以通过设置中断优先级寄存器 IP 确定为高优先级中断或低优先级中断,实现二级嵌套。同一优先级别的中断源可能不止一个,因此,也需要进行优先权排队。同一优先级别的中断源采用自然优先级。

中断优先级寄存器 IP(字节地址为 B8H),用于锁存各中断源优先级控制位。IP 中的每一位均可由软件来置 1 或清 0,1 表示高优先级,0 表示低优先级。IP 寄存器格式如图 5-9 所示。IP 的高 3 位没有意义,其余各位的功能见表 5-4。

D7	D6	D5	D4	D3	D2	D1	D0
×	×	×	PS	PT1	PX1	PT0	PX0

图 5-9 IP 寄存器格式

表 5-4　中断优先级寄存器位说明

中断优先级控制位		位名称	说明
PS	串行口中断优先控制位	IP.4	PS=1，设定串行口为高优先级中断；PS=0，设定串行口为低优先级中断
PT1	定时器 T1 中断优先控制位	IP.3	PT1=1，设定定时器 T1 为高优先级中断；PT1=0，设定定时器 T1 为低优先级中断
PX1	外部中断 1 中断优先控制位	IP.2	PX1=1，设定外部中断 1 为高优先级中断；PX1=0，设定外部中断 1 为低优先级中断
PT0	T0 中断优先控制位	IP.1	PT0=1，设定定时器 T0 为高优先级中断；PT0=0，设定定时器 T0 为低优先级中断
PX0	外部中断 0 中断优先控制位	IP.0	PX0=1，设定外部中断 0 为高优先级中断；PX0=0，设定外部中断 0 为低优先级中断

当各中断源优先级别设置一致时，CPU 按照如下自然优先级进行响应。

中断源　　　　　　同级自然优先级

外部中断 0　　　　最高级

定时/计数器 0

外部中断 1

定时/计数器 1

串行口　　　　　　最低级

（五）中断处理过程

51 系列单片机中断系统处理过程如下。

1. 中断响应条件

CPU 并非任何时刻都能响应中断请求，而是在满足所有中断响应条件且不存在任何一种中断阻断情况时才会响应。

（1）CPU 响应中断的条件：

1）有中断源发出中断请求；

2）中断总允许位 EA 置 1；

3）申请中断的中断源允许位置 1。

（2）CPU 响应中断的阻断情况：

1）CPU 正在响应同级或更高优先级的中断；

2）当前指令未执行完；

3）正在执行中断返回或访问寄存器 IE 和 IP。

2. 中断响应

中断响应过程就是自动调用并执行中断函数的过程。C51 编译器支持在 C 源程序中直接以函数形式编写中断服务程序。常用的中断函数定义语法如下：

  void 函数名( )   interrupt n

其中，n 为中断类型号，C51 编译器允许 0~31 个中断，n 取值范围为 0~31。

51 控制器所提供的 5 个中断源所对应的中断类型号和中断服务程序入口地址如下：

中断源	n	入口地址
外部中断 0	0	0003H
定时/计数器 T0	1	000BH
外部中断 1	2	0013H
定时/计数器 T1	3	001BH
串行口	4	0023H

3. 中断响应时间

中断响应时间是指从中断请求标志位置位到 CPU 开始执行中断服务程序的第一条语句所需要的时间。

(1) 中断请求不被阻断的情况。外部中断响应时间至少需要 3 个机器周期，这是最短的中断响应时间。一般来说，若系统中只有一个中断源，则中断响应时间为 3~8 个机器周期。

(2) 中断请求被阻断的情况。如果系统不满足所有中断响应条件或者存在任何一种中断阻断情况，那么中断请求将被阻断，中断响应时间将会延长。

4. 中断标志位的撤除

当中断源需要向 CPU 申请中断时，相应的中断标志位由硬件自动置 1。CPU 响应中断请求后，如何撤除这些中断标志请求呢？

对于 T0、T1 溢出中断和边沿触发的外部中断，CPU 在响应中断后即由硬件自动清除中断标志位 TF0、TF1、IE0、IE1，无须采取其他措施。

对于串行口中断，CPU 在响应中断后，硬件不能自动清除中断请求标志位 TI、RI，必须在中断服务程序中用软件将其清除。

中断程序设计时，需要初始化编程，总结如下：

(1) 开总中断，开相应中断源中断，即对 IE 寄存器进行设置。

(2) 如是外部中断则需设置外部中断源的触发方式，即对 SCON 寄存器中的 IT0 或 IT1 位设置。

(3) 根据中断源的轻重缓急设置中断优先级，即对 IP 寄存器进行设置。

(4) 编写中断函数。

注意：51 单片机系统复位后，TCON、SCON、IE、IP 均清 0。

实战演练：阅读下列程序，说明程序实现了什么功能？

```c
#include <reg51.h>
  sbit    led=P1^0;
  void main()
{
    unsigned  int   i=0;
```

```
    TMOD=0x01;
    EA=1;
    ET0=1;
    TH0=(65536-50000)/256;              //设置定时器初值
    TL0=(65536-50000)%256;
    TR0=1;
    while(1);                           //原地等待
}
void tim0() interrupt 1                 //定时器T0中断函数,中断类型号为1
{
    i++;
    TH0=(65536-50000)/256;              //设置定时器初值
    TL0=(65536-50000)%256;
    TR0=1;                              //启动T0
    if(i==20)
    {
        led=~led;                       //每隔1s发光二极管闪烁
        i=0;
    }
}
```

参考答案：以中断方式实现用P1.0引脚控制一只发光二极管闪烁，1 s闪烁一次，定时器T0方式1，编写定时器T0中断函数。

项目实施

汽车的延时照明控制

1. 目的与要求

通过汽车延时照明控制实训，练习模拟汽车延时照明电路的软硬件设计，重点掌握定时器的使用方法。

2. 电路功能

电路由单片机、控制开关、输出驱动三极管、继电器、灯泡等组成。

开关闭合，模拟车辆熄火并拔出钥匙，单片机输出控制信号，使得三极管导通，继电器触点吸合，两个模拟照明灯点亮，灯泡点亮5 s后熄灭。

开关接P1.0引脚，低电平有效。当开关闭合时，P1.0引脚得到低电平，P2.0引脚输出高电平，三极管导通，继电器触点吸合，两个灯泡点亮，亮5 s后自动熄灭。

3. 电路设计

模拟汽车的延时照明控制系统电路如图 5-10 所示。模拟汽车延时照明控制系统电路板如图 5-11 所示。

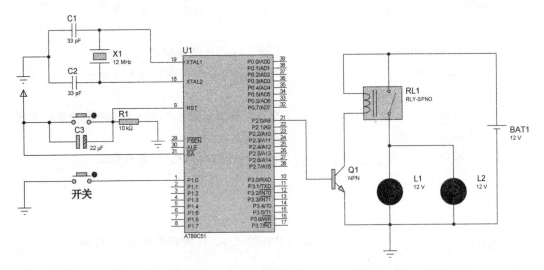

图 5-10　模拟汽车延时照明控制系统电路

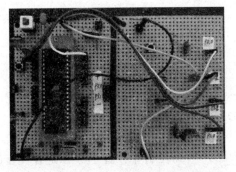

图 5-11　模拟汽车延时照明控制系统电路板

视频：延时照明

4. 源程序设计

//功能：汽车的延时照明控制程序

```
#include <reg51.h>          //定义 51 单片机的特殊功能寄存器
sbit P10=P1^0;              //定义 P1.0 引脚为 P10
sbit P20=P2^0;              //定义 P2.0 引脚为 P20
void delay5s();             //5s 延时函数声明
Void delay10ms();           //10ms 延时函数声明
void main()                 //主函数
{
    TMOD=0x11;              //设置方式寄存器,定时器 T0 和定时器 T1 均
                            //工作,软件启动,定时功能,工作方式 1
```

```c
    while(1)
    {

       if(P10==0)                    //判断 P1.0 引脚是否为低电平
       {
         delay10ms();                //等待 10ms,消除按键抖动
         if(P10==0)                  //再次判断 P1.0 引脚是否为低电平
         {
           P20=1;                    //P2.0 引脚输出高电平,两个模拟汽车照明灯点亮
           delay5s();                //延时 5 s
           P20=0;                    //P2.0 引脚输出低电平,车灯熄灭
         }
       }
       else
         P20=0;                      //其他情况 P2.0 输出低电平,车灯不亮
    }
}
void delay5s()                       //延时 5 s 自定义函数
{
  unsigned int i;
  for(i=0;i<100;i++)                 //循环 100 次
  {
    TH0=(65536-50000)/256;           //设置 T0 初始值高 8 位
    TL0=(65536-50000)%256;           //设置 T0 初始值低 8 位
    TR0=1;                           //启动定时器 T0
    while(TF0==0);                   //查询控制寄存器 TF0 位是否被置位
    TF0=0;                           //查询到 TF0 置位,软件清零
  }
}
void  delay10ms()                    //延时 10ms 自定义函数
 {
    TH1=(65536-10000)/256;           //设置 T1 初始值高 8 位
    TL1=(65536-10000)%256;           //设置 T1 初始值低 8 位
    TR1=1;                           //启动定时器 T1
    while(TF1==0);                   //查询控制寄存器 TF1 位是否被置位
    TF1=0;                           //查询到 TF1 置位,软件清零
 }
}
```

项目五　汽车的延时照明控制

项目拓展

项目拓展1　可控彩灯控制

1. 目的与要求

目的：通过可控彩灯控制电路的制作，掌握定时器和中断系统的综合应用方法，进一步熟练软硬件联调。

要求：(1)通过按下开关，模拟触发外部中断0，采用下降沿触发，实现彩灯依次点亮。不触发外部中断时，彩灯闪烁。

(2)开启定时器0，要求工作在方式1，50 ms定时。

(3)制作出电路板。

2. 电路功能

当按下SW1开关时，16个彩灯开始间隔1 s从上到下依次点亮。打开SW1开关，16个彩灯间隔0.5 s闪烁。

3. 电路设计

可控彩灯控制系统电路如图5-12所示。可控彩灯控制电路板如图5-13所示。

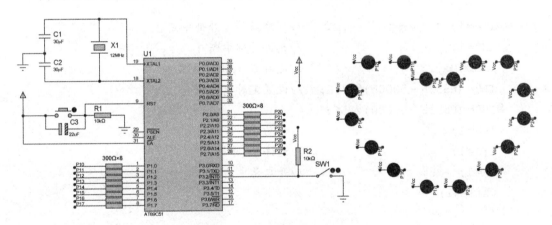

图5-12　可控彩灯控制系统

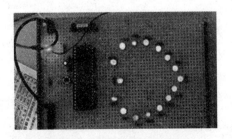

图5-13　可控彩灯控制电路板

视频：可控彩灯

4. 源程序设计

```c
#include <reg51.h>              //引用51头文件
unsigned char Ex_flag;          //是否进入外部中断0标志位
unsigned int time1,time2;       //time1为1s时间标志位,time2为0.5s时间
                                //标志位
unsigned char Fx=0xfe;          //彩灯初始值
sbit P32=P3^2;                  //定义P3.2引脚
void exint0() interrupt 0       //外部中断0
{
    Ex_flag=1;                  //检测到外部中断0,Ex_flag标志位置1
}
void T0_init() interrupt 1      //定时器0
{
  if(Ex_flag==1)time1++;        //开关按下,开始1s计时
  if(Ex_flag==0)time2++;        //开关打开,开始0.5s计时
}
void main()
{
    IT0=1;                      //下降沿触发外部中断0
    EX0=1;                      //允许外部中断0
    TMOD=0x01;                  //定时器0,工作方式1
    TL0=(65536-50000)%256;      //设置定时器初值
    TH0=(65536-50000)/256;
    TR0=1;                      //启动T0
    ET0=1;                      //允许T0中断
    EA=1;                       //开启总中断
    while(1)
    {
        if(P32==1)Ex_flag=0;    //开关打开,Ex_flag标志位为0
        if(time1>=20)           //1s时间到
        {
            time1=0;            //时间清零,开启下次重新计时
            P1=Fx;              //P1口彩灯状态赋值
            P2=Fx;              //P2口彩灯状态赋值
            Fx=Fx<<1 |0x01;     //彩灯状态移位
            if(Fx==0xff)Fx=0xfe;    //状态重新赋初值
        }
        if(time2>=10)           //0.5s时间到
        {
```

```
            time2=0;                    //时间清零,开启下次重新计时
            P1=~P1;P2=~P2;              //P1口、P2口彩灯状态取反,实现闪烁
        }
    }
}
```

项目拓展2 交通灯控制系统设计

1. 目的与要求

通过对模拟交通灯控制系统的制作,掌握定时器和中断系统的综合应用。

设计要求能够实现以下控制:

(1)正常情况下为白天模式,双方向轮流点亮交通灯。

(2)夜间模式下,由于车辆较少,A、B道黄灯闪烁。

(3)当有紧急车辆通过时,A、B道均为红灯。(10 s)

2. 电路功能

交通灯显示状态见表5-5。

表5-5 交通灯显示状态

东西方向(简称A方向)			南北方向(简称B方向)			状态说明
红灯	黄灯	绿灯	红灯	黄灯	绿灯	
灭	灭	亮(8 s)	亮	灭	灭	A方向通行,B方向禁行
灭	亮(2 s)	灭	亮	灭	灭	A方向警告,B方向禁行
亮	灭	灭	灭	灭	亮(4 s)	B方向通行,A方向禁行
亮	灭	灭	灭	亮(2 s)	灭	B方向警告,A方向禁行
亮(10 s)	灭	灭	亮	灭	灭	紧急模式
灭	闪烁(间隔0.5 s)	灭	灭	闪烁(间隔0.5 s)	灭	夜间模式

交通灯控制端口线分配及控制状态见表5-6。

表 5-6　交通灯控制端口线分配及控制状态

| P1.5 | P1.4 | P1.3 | P1.2 | P1.1 | P1.0 | 状态说明 |
A红灯	A黄灯	A绿灯	B红灯	B黄灯	B绿灯	
0	0	1	1	0	0	A方向通行，B方向禁行
0	1	0	1	0	0	A方向警告，B方向禁行
1	0	0	0	0	1	A方向禁行，B方向通行
1	0	0	0	1	0	A方向禁行，B方向警告
1	0	0	1	0	0	紧急模式
0	0、1交替	0	0	0、1交替	0	夜间模式

3. 电路设计

交通灯控制系统电路如图 5-14 所示。交通灯控制系统电路板如图 5-15 所示。

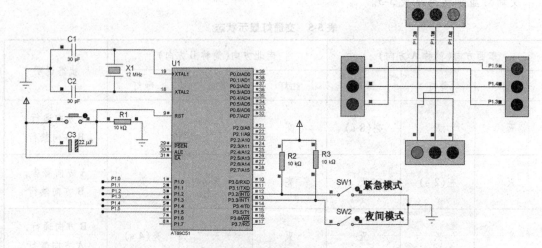

图 5-14　交通灯控制系统电路

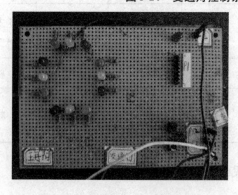

图 5-15　交通灯控制系统电路板

视频：交通灯

4. 源程序设计

源程序设计需要编写的函数如下：
(1) 基本延时函数 DelayMS(支持 1~65 535 ms 延时)。
(2) 中断初始化函数 time_init。
(3) 交通灯信号处理函数 Traffic_lignt。
(4) 定时器 0 中断函数 tim0。
(5) 外部中断 0 中断函数 init0(紧急模式)。
(6) 外部中断 1 中断函数 init1(夜间模式)。
(7) 主函数 main。

认真严谨

```c
//功能:交通灯控制程序
#include <reg51.h>
#define uchar unsigned char     //用 uchar 代替 unsigned char
#define uint unsigned int       //用 uint 代替 unsigned int
Sbit RED_A= P1^5;               //东西方向红灯
Sbit YELLOW_A= P1^4;            //东西方向黄灯
Sbit GREEN_A= P1^3;             //东西方向绿灯
sbit RED_B= P1^2;               //南北方向红灯
sbit YELLOW_B= P1^1;            //南北方向黄灯
sbit GREEN_B= P1^0;             //南北方向绿灯
Uchar scount=0;                 //秒数
uchar flag_mode=0;              //0、2 为白天模式,1 为夜间模式,3 为紧急模式)
uchar GT1=8,YT1=2,RT1=6;        //东西方向红黄绿灯秒数(G-绿,Y-黄,R-红)
uchar GT2=8,YT2=2,RT2=6;        //南北方向红黄绿灯秒数
uchar Mode;                     //存当前模式状态
//延时函数
  void DelayMS(uint x)          //1~65 535 ms 延时函数
{
    uchar t;
    while(x--)
    {
      for(t=120;t>0;t--);
    }
}
//中断初始化函数
  void time_init()
{
  TMOD=0x01;                    //定时器 0 开启 16 位计时模式
  TH0= (65536 -10 000)/256;     //赋初值,10 ms 定时
  TL0= (65536 -10 000)%256;
```

```c
    ET0=1;                                      //定时器0中断允许
    TR0=1;                                      //开启定时器
    IT0=1;                                      //外部中断0下降沿触发
    EX0=1;                                      //外部中断0允许
    IT1=1;                                      //外部中断1下降沿触发
    EX1=1;                                      //外部中断1允许
    EA=1;                                       //开总中断
}
//交通灯信号处理函数
Void Traffic_lignt()
{
  if((flag_mode==0)||(flag_mode==2))            //白天模式
  {
    if(scount > GT1+YT1+RT1)                    //东西方向
      scount=0;
    if(scount < GT1)                            //绿灯亮
    {
      RED_A=0;YELLOW_A=0;GREEN_A=1;
    }
    else if(scount < GT1 + YT1)                 //黄灯亮
    {
      RED_A=0;YELLOW_A=1;GREEN_A=0;
    }
    else if(scount < GT1 + YT1 + RT1)           //红灯亮
    {
      RED_A=1;YELLOW_A=0;GREEN_A=0;
    }
        //南北方向
    if(scount < RT2)                            //红灯亮
    {
      RED_B=1;YELLOW_B=0;GREEN_B=0;
    }
    else if(scount < RT2 + GT2)                 //绿灯亮
    {
      RED_B=0;YELLOW_B=0;GREEN_B=1;
    }
    else if(scount < RT2 + GT2 + YT2)           //黄灯亮
    {
      RED_B=0;YELLOW_B=1;GREEN_B=0;
```

```c
    }
    else if(flag_mode==1)                    //夜间模式
    {
      P1=0x12;DelayMS(500);                  //黄灯闪烁0.5 s
      P1=0x00;DelayMS(500);
    }
    else if(flag_mode==3)                    //紧急模式
    {
      P1=0x24;                               //四个方向红灯亮
      DelayMS(10000);                        //延时10 s
      flag_mode=Mode;                        //恢复上一个模式状态
      Mode=0;
    }
}
//定时器0中断函数
void tim0()interrupt 1
{
  uchar i;
  TH0=(65536-10000)/256;                     //重新赋初值
  TL0=(65536-10000)%256;
  i++;                                       //毫秒计数
  if(i==100)                                 //到达1 s
  {
    scount++;                                //秒计数加1
    i=0;                                     //毫秒计数清零
  }
}
//外部中断0中断函数
void init0()interrupt 0
{
  Mode=flag_mode;                            //保存当前模式状态
  flag_mode=3;                               //开启紧急模式
  TR0=0;
}
//外部中断1中断函数
void init1()interrupt 2
{
  flag_mode++;                               //修改当前状态
```

```c
    if((flag_mode==0)||(flag_mode==2))        //白天模式
    {
      TR0=1;scount=0;flag_mode=0;
    }
    else if(flag_mode==1)                     //夜间模式
      TR0=0;
}
//主函数
void main()
{
  time_init();                                //中断初始化
  GT2=RT1 - YT1;                              //东西南北方向时间处理
  YT2=YT1;
  RT2=GT1 + YT1;
  while(1)
  {
    Traffic_lignt();                          //交通灯处理函数
  }
}
```

☞小资料☜

1. 按键输入原理

在单片机应用系统中通常使用机械触点式按键开关，其主要功能是把机械上的通断转换成为电气上的逻辑关系。也就是说，它能提供标准的 TTL 逻辑电平，以便与通用数字系统的逻辑电平相容。此外，除了复位按键有专门的复位电路及专一的复位功能外，其他按键都以开关状态来设置控制功能或输入数据。当所设置的功能键或数字键按下时，计算机应用系统应完成该按键所设定的功能。因此，按键信息输入是与软件结构密切相关的过程。单片机可以采用查询方式对用按键接口的电平状态或中断方式了解有无按键输入并检查是哪一个按键按下，若有按键按下则跳至相应的键盘处理程序处去执行，若无按键按下则继续执行其他程序。

2. 按键触点的抖动

机械式按键再按下或释放时，由于机械弹性作用的影响，通常伴随有一定时间的触点机械抖动，然后其触点才稳定下来。其抖动过程如图5-16所示，抖动时间的长短与开关的机械特性有关，一般为 5~10 ms。

从图中可以看出，在触点抖动期间检测按键的通与断状态，可能导致判断出错。即按键一次按下或释放被错误地认为是多次操作，这种情况是不允许出现的。

3. 按键去抖的方法

为了克服按键触点机械抖动所致的检测误判，必须采取去抖动措施，可从硬件、软件两方面予以考虑。

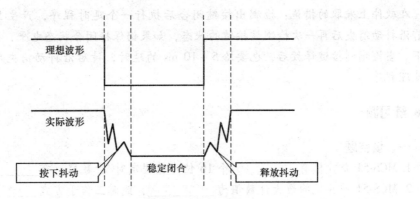

图 5-16 按键触点的机械抖动

在硬件上可采用在键输出端加 RS 触发器构成去抖动电路,如图 5-17 所示。

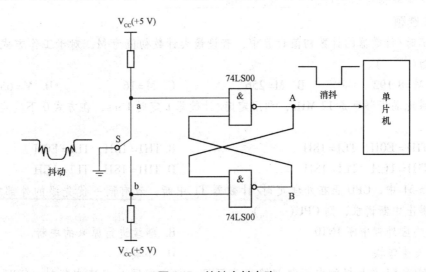

图 5-17 按键去抖电路

电路的工作过程如下:

(1)当按键未按下时,a=0,b=1,输出 A=1,B=0。

(2)当按键按下时,按键的机械弹性作用使按键产生前沿抖动。

1)当开关没有稳定到达 b 端时,B 输出为 0,反馈到上面的与非门的输入端,封锁了与非门,双稳态电路的状态不会改变,输出 A 保持为 1,这样就消除了前沿的抖动波形。

2)当开关稳定到达 b 端时,因 a=1,b=0,使 A=0,双稳态电路状态发生翻转。

(3)当释放按键时,按键的机械弹性作用使按键产生后沿抖动。

1)当开关未稳定到达 a 端时,A=0,封锁了下面的与非门,双稳态电路的状态保持不变,输出 A 保持不变,这样就消除了后沿的抖动波形。

2)当开关稳定到达 a 端时,因 a=0,b=1,使 A=1,双稳态电路状态发生翻转,输出 A 重新返回原来的状态。由此可见,按键输出经双稳态电路之后,波形已经变为规范的矩形方波。

在软件上采取的措施：检测出按键闭合后执行一个延时程序，产生 5~10 ms 的延时，让前沿抖动消失后再一次检测该按键的状态，如果仍保持闭合状态电平，则确认真正有按键按下。当检测到按键释放后，也要给 5~10 ms 的延时，待后沿抖动消失后才能转入该按键的处理程序。

练习题

一、填空题

1. MCS-51 单片机有_____个 16 位可编程定时/计数器，有_____种工作方式。
2. MCS-51 单片机的最大计数值为_____，此时工作于方式_____。
3. MCS-51 单片机有_____个中断源，有_____个中断优先级，优先级由软件填写特殊功能寄存器_____加以选择。
4. 外部中断请求标志位是_____和_____。

二、单选题

1. 在定时/计数器的计数初值计算中，若设最大计数初值为 M，对于工作方式 1 下的 M 值为(   )。
   A. M=8 192   B. M=256   C. M=16   D. M=65 536
2. 若系统晶振频率是 12 MHz，利用定时/计数器 1 定时 1 ms，在方式 0 下的定时初值为(   )。
   A. TH1=E0H，TL1=18H   B. TH1=18H，TL1=E0H
   C. TH1=1CH，TL1=18H   D. TH1=18H，TL1=1CH
3. MCS-51 中，CPU 正在处理定时/计数器 T1 中断，若有同一优先级的外部中断 INT0 又提出中断请求，则 CPU(   )。
   A. 响应外部中断 INT0   B. 继续进行原来的中断
   C. 发生错误   D. 不确定
4. 若 MCS-51 单片机的中断源都编程为同级，当它们同时申请中断时，CPU 首先响应(   )中断。
   A. INT1   B. INT0   C. T1   D. T0

三、简答题

1. 中断的响应条件有哪些？
2. 定时/计数器用作定时功能时，其定时时间与哪些因素有关？

四、程序设计题

正常情况下 8 个汽车 LED 组合尾灯依次顺序点亮，循环显示，时间间隔为 1 s。按键按下后 8 个汽车 LED 组合尾灯同时亮灭 1 次，时间间隔为 0.5 s。用 T1、工作方式 1 编制延时程序，按键动作采用外部中断 0 实现。

项目六

△ 汽车单片机应用技术——基于 Proteus 和 Keil C51 仿真

电动汽车起动控制

🚗 项目要求

知识目标：
1. 了解 LED 数码管、LED 大屏幕、LCD 液晶显示的显示原理及接口技术。
2. 掌握独立按键及矩阵式按键与单片机的接口及控制原理。

能力目标：
1. 能将所学的显示器件用于实际的电动汽车启动控制等电路进行必要的显示。
2. 能够进行带有显示器件的电动汽车启动控制等的电路设计和程序设计。

素养目标：
1. 显示器件传递给人们的信息直接清晰明了，易接收。
2. 人生的十字路口没有红绿灯，靠智慧前行，做有头脑之人。

🚗 知识储备

单片机控制的显示器件有很多，常用的有 LED 发光二极管、LED 数码管、点阵显示器、液晶显示器等。在汽车中，这些显示器件可以作为电源指示灯、里程显示、车速显示、时间显示、各种报警显示等。这些显示器件具有体积小、电压低、寿命长、环保等优点，在实际生活中应用很广泛。

信仰

一、单片机与 LED 数码管接口

数码管是显示屏中的一类，在单片机应用系统中，主要用来显示时间、日期、温度等所有可用数字表示的参数。汽车仪表盘上的 LED 数码管应用显示如图 6-1 所示。

（一）LED 数码管的结构及工作原理

1. LED 数码管的结构

LED 数码管是由 8 个发光二极管封装在一起组成"8"字形的器件，引线已在内部连接完

图6-1 LED 数码管在汽车仪表盘上的应用

成,只需引出它们的各个笔画和公共电极,其实物如图 6-2 所示。通过不同的发光段组合来显示数字 0~9、字符 A~F、H、L、P、R、U、Y、符号"-"及小数点"."等字符。

图6-2 数码管实物图

LED 数码管的各个笔画分别由字母 a、b、c、d、e、f、g、dp 来表示。其外部引脚名称及各段命名如图 6-3 所示。

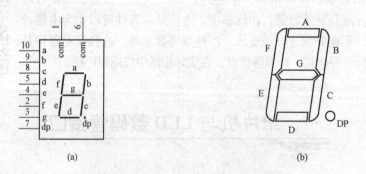

图6-3 LED 数码管引脚及各段命名
(a)LED 数码管外部引脚;(b)LED 数码管的各段命名

LED 数码管分为共阴极和共阳极两种结构,如图 6-4 所示。

2. LED 数码管的工作原理

(1)共阳极数码管的 8 个发光二极管的阳极连接在一起构成一个节点,作为公共控制端

(com),接高电平(一般接电源),其他管脚(二极管的阴极)作为段控制端,接段驱动电路输出端。当某段驱动电路的输出端为低电平时,该端所连接的字段导通并点亮,根据发光字段的不同组合,可显示出各种数字或字符。

(2)共阴极数码管的 8 个发光二极管的阴极连接在一起构成一个节点,作为公共控制端(com),接低电平(一般接地),其他管脚(二极管的阳极)作为段控制端,接段驱动电路输出端。当某段驱动电路的输出端为高电平时,该端所连接的字段导通并点亮,根据发光字段的不同组合,可显示出各种数字或字符。

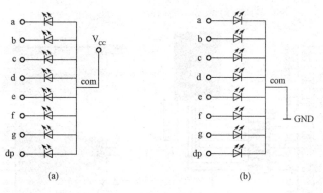

图 6-4 两种 LED 数码管内部接线示意
(a)共阳极;(b)共阴极

注意:无论共阳极还是共阴极数码管连接时段驱动电路要能提供额定段导通电流,还需根据外接电源及额定段导通电流来确定相应的限流电阻。

在使用数码管显示时要判断该数码管是共阳极还是共阴极,还需要检测引脚的极性及好坏。具体检测办法:根据图 6-4,通过判断任意段与公共端连接的二极管的极性,可以判断出是共阳极还是共阴极数码管。

首先,找一个电源(3~5 V)和 1 个 1 kΩ(几百欧也行)的电阻,V_{CC} 串接 1 个电阻后和 GND 接在任意 2 个脚上,组合有很多,但总有 1 个 LED 会发光的,找到 1 个就够了。然后 GND 不动,V_{CC}(串电阻)逐个碰剩下的脚,如果有多个 LED(一般是 8 个)亮,那它就是共阴极的。相反,V_{CC} 不动,GND 逐个碰剩下的脚,如果有多个 LED(一般是 8 个)亮,那它就是共阳极的。

也可以直接使用万用表判断。如用指针式万用表,将指针式万用表放置在电阻挡位上,假设数码管是共阳极的,那么将指针式万用表黑表笔(表内电源正极)与数码管的 com 端相接,然后用万用表的红表笔(表内电源负极)逐个接触数码管的各段,如各段逐个点亮,则数码管是共阳极的;如果数码管的段均不亮,则数码管是共阴极的。如用数字式万用表,可以使用数字万用表的二极管检测挡检测。将数字万用表置于二极管检测挡,对于共阴极数码管,黑表笔(表内电源负极)接数码管的公共端(com 端,通常是第 3、8 引脚),红表笔(表内电源正极)分别接触其他引脚,应该看到各个笔画段分别发光。根据发光情况判断,判断的标准与上述指针式万用表一样。

3. LED 数码管字型编码

将单片机 P1 口的 P1.0、P1.1、…、P1.7 引脚依次与数码管的 a、b…f、dp 段控制引脚相连接。如果使用的是共阳极数码管,com 端接 +5 V,若使用的是共阴极数码管,com 端接地,如图 6-5 所示。

要使数码管显示出数字或字符,必须使段控制端输出相应的字形编码。

比如共阳极数码管要显示数字"1",则数码管的 b、c 两段应点亮,其他段熄灭,需向 P1 口传送数据 11111001B(0xF9),11111001B(0xF9) 就是与字符"1"相对应的共阳极字形编码。共阴极数码管要显示数字"1",需向 P1 口传送数据 00000110(0x06),00000110(0x06) 就是字符"1"的共阴极字形码了。可以看出,对于同一个字符,共阳极和共阴极的编码正好相反。

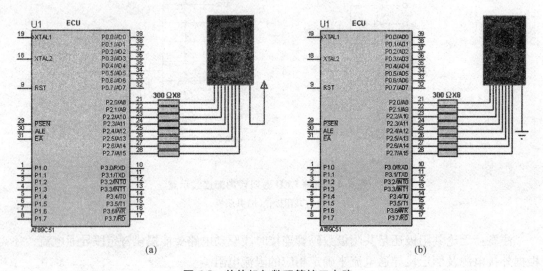

图 6-5　单片机与数码管接口电路
(a)共阳极数码管的连接;(b)共阴极数码管的连接

表 6-1 中分别列出了共阳、共阴极数码管常用的显示字符编码。

表 6-1　数码管字符编码

显示字符	共阳极数码管								共阴极数码管							
	dp	g	f	e	d	c	b	a	字形码	dp	g	f	e	d	c	b	a	字形码
0	1	1	0	0	0	0	0	0	0xC0	0	0	1	1	1	1	1	1	0x3F
1	1	1	1	1	1	0	0	1	0xF9	0	0	0	0	0	1	1	0	0x06
2	1	0	1	0	0	1	0	0	0xA4	0	1	0	1	1	0	1	1	0x5B
3	1	0	1	1	0	0	0	0	0xB0	0	1	0	0	1	1	1	1	0x4F
4	1	0	0	1	1	0	0	1	0x99	0	1	1	0	0	1	1	0	0x66
5	1	0	0	1	0	0	1	0	0x92	0	1	1	0	1	1	0	1	0x6D
6	1	0	0	0	0	0	1	0	0x82	0	1	1	1	1	1	0	1	0x7D
7	1	1	1	1	1	0	0	0	0xF8	0	0	0	0	0	1	1	1	0x07
8	1	0	0	0	0	0	0	0	0x80	0	1	1	1	1	1	1	1	0x7F
9	1	0	0	1	0	0	0	0	0x90	0	1	1	0	1	1	1	1	0x6F
A	1	0	0	0	1	0	0	0	0x88	0	1	1	1	0	1	1	1	0x77

续表

显示字符	共阳极数码管									共阴极数码管								
	dp	g	f	e	d	c	b	a	字形码	dp	g	f	e	d	c	b	a	字形码
B	1	0	0	0	0	0	1	1	0x83	0	1	1	1	1	1	0	0	0x7C
C	1	1	0	0	0	1	1	0	0xC6	0	0	1	1	1	0	0	1	0x39
D	1	0	1	0	0	0	0	1	0xA1	0	1	0	1	1	1	1	0	0x5E
E	1	0	0	0	0	1	1	0	0x86	0	1	1	1	1	0	0	1	0x79
F	1	0	0	0	1	1	1	0	0x8E	0	1	1	1	0	0	0	1	0x71
熄灭	1	1	1	1	1	1	1	1	0xFF	0	0	0	0	0	0	0	0	0x00

(二) LED 数码管静态显示

静态显示是指数码管显示某一字符时,相应的发光二极管恒定导通或恒定截止。这种显示方式的各位数码管的公共端恒定接地(共阴极)或 +5 V(共阳极)。每个数码管的 8 个段控制引脚分别与一个 8 位 I/O 端口相连。只要 I/O 端口有显示字型码输出,数码管就显示给定字符,并保持不变,直到 I/O 端口输出新的段码。

数码管静态显示的特点是亮度高,软件编程也比较容易,但是它占用比较多的 I/O 口资源,常用于显示位数不多的情况。

如汽车制造厂家在新车型定型试验时通常要进行该车型加速性能的好坏测定,即时速从 0~100 km/h 加速时间是汽车基本的技术数据之一。由于它的测试方法对于汽车来说过于"残酷",所以人们对于用此法来标明汽车性能一直存有争议。但无论怎样,从 0~100 km/h 加速时间这个指标一直被接受,成为最能评定汽车性能的指标之一。一般以从 0~100 km/h 加速时间是否超过 10 s 来衡量汽车加速性能的优劣。下面用 1 位数码管设计一个能够显示数字 0~9 的秒表。开关按下计时开始,开关再次被按下计时结束。

原理图设计如图 6-6 所示。1 位数码管静态显示控制电路板如图 6-7 所示。

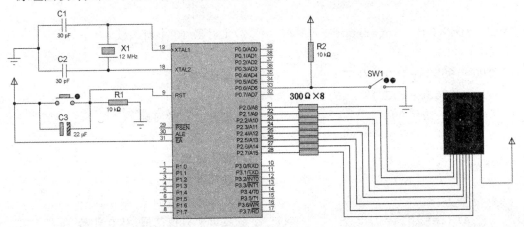

图 6-6 1 位数码管静态显示接口电路

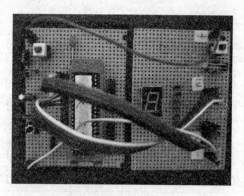

图6-7　1位数码管静态显示控制电路板　　　视频：一位数码管静态显示

用定时器定时的参考程序如下：

```c
//功能：显示数字 0~9 的秒表
#include <reg51.h>                          //引用51头文件
unsigned char led[]={0xf9,0xa4,0xb0,0x99,0x92,0x82,0xf8,0x80,0x90,0xc0};
                                            //共阳极段码
sbit SW1=P0^6;                              //启动开关
unsigned int C_1s;                          //1s计时标志位
unsigned char i;                            //LED数组索引值
void init()
{
    TMOD=0x01;                              //定时器T0,工作方式1
    ET0=1;                                  //定时器T0中断允许
    TH0=(65536-1000)/256;                   //赋初值,1ms
    TL0=(65536-1000)%256;
    EA=1;                                   //开启总中断
}
void timer0() interrupt 1                   //定时器T0中断函数
{
    TH0=(65536-1000)/256;                   //重装初值
    TL0=(65536-1000)%256;
    if(++C_1s>999)                          //定时1s时间到
    {
        C_1s=0;                             //标志清零
        P2=led[i];                          //数码管显示
        i++;                                //数组索引值加1
        if(i==10)i=0;                       //超出索引值范围,从0开始
    }
}
```

```
void main()                     //主函数
{
    init();                     //定时器 T0 初始化
    while(1)
    {
        if(SW1==0)TR0=1;        //开关按下,定时器开始计数
        else
        {
            TR0=0;              //开关抬起,定时器停止计数
            i=0;                //数组索引值返回 0
            P2=led[9];          //数码管显示 0
        }
    }
}
```

实战演练:自行设计一个能够显示数字 0~99 的秒表。

1. 设计目的

通过由两个 LED 数码管的简易秒表控制系统的设计与制作,熟悉单片机定时/计数器及中断的编程控制方法,包括定时器工作方式设定、初始值设置、中断编程、中断函数的应用等。

2. 设计要求

用单片机控制两个 LED 数码管,采用静态连接方式,要求两个数码管显示 00~99 s 计数。

本设计采用的是共阳极数码管,数码管的段码分别由 P2 口和 P3 口控制,公共端接高电平。开关按下计时开始,开关再次被按下计时结束。

3. 电路设计

00~99 s 计数的硬件电路设计如图 6-8 所示。

4. 源程序设计

用定时器 T0 的工作方式 1 编制 1 s 延时函数,系统采用 12 MHz 晶振,定时时间为 1 ms,再循环 1 000 次即可定时 1 S,采用中断方式。

00~99 s 的控制参考程序如下:

视频: 0~99 秒表控制系统

```
//功能:00~99 s 的简易秒表设计程序
#include<reg51.h>              //包含头文件,定义 51 单片机特殊功能寄存器
unsigned char led[]={0xc0,0xf9,0xa4,0xb0,0x99,0x92,0x82,0xf8,0x80,0x90};
                               //共阳极数码管
                               //0~9 段码
sbit SW1=P0^6;                 //启动开关
unsigned int C_1s;             //1 s 定时时间标志
unsigned char timecount=0;     //计数秒值
```

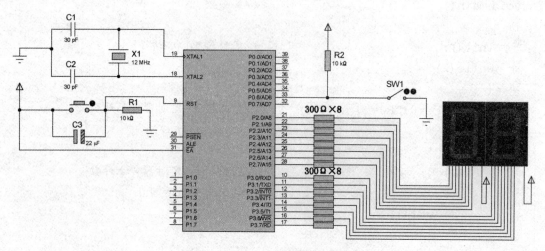

图 6-8 00~99 s 控制系统电路

```
void init()                           //定时器 T0 初始化函数
{
    TMOD=0x01;                        //定时器 T0 工作方式 1
    ET0=1;                            //定时器 T0 中断允许
    TH0=(65536-1000)/256;             //设置 T0 计数初值的高 8 位
    TL0=(65536-1000)%256;             //设置 T0 计数初值的低 8 位
    EA=1;                             //开总中断
}
//函数功能:定时器 0 的中断函数,T0 在工作方式 1 下每 1 ms 产生中断,执行该中断函数
void timer0() interrupt 1
{
    TH0=(65536-1000)/256;             //重新设置 T0 计数初值的高 8 位
    TL0=(65536-1000)%256;             //重新设置 T0 计数初值的低 8 位
    if(++C_1s>999)                    //1 s 时间到
    {
        C_1s=0;                       //1 s 标志清零
        timecount++;                  //计数值加 1
        if(timecount==100)timecount=0;
                                      //计数值到 100,重新开始计时
    }
    P2=led[timecount/10];             //显示计数值十位
    P3=led[timecount%10];             //显示计数值个位
}
```

```
void main()                      //主函数
{
    init();                      //定时器 T0 初始化
    while(1)
    {
        if(SW1==0) TR0=1;        //开关按下,定时器 T0 启动
        else                     //开关抬起
        {
            TR0=0;               //定时器 T0 关闭
            timecount=0;         //计数值清零
            P2=led[0];           //数码管十位显示 0
            P3=led[0];           //数码管个位显示 0
        }
    }
}
```

(三) LED 数码管动态显示

数码管按能显示多少个"8"可分为 1 位、2 位、3 位、4 位、5 位、6 位、7 位数码管,多位数码管实物如图 6-9 所示。多位数码管的显示方式都是动态显示。

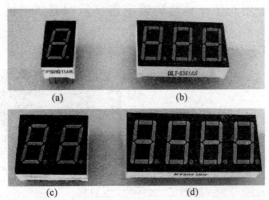

图 6-9 多位数码管实物
(a)1 位数码管;(b)3 位数码管;(c)2 位数码管;(d)4 位数码管

数码管动态显示是单片机中应用最为广泛的一种显示方式。动态驱动是将所有数码管的 8 个显示笔画"a、b、c、d、e、f、g、dp"的同名端连在一起,仅用一个并行 I/O 端口控制,称为"段选端"。各位数码管的公共端,称为"位选端",由另一个 I/O 端口控制。用 Proteus 软件画出的 6 位数码管动态显示电路如图 6-10 所示。

当单片机输出字形码时,所有数码管都接收到相同的字形码。但究竟哪个数码管会显示出字形,取决于单片机对位选通 com 端电路的控制。所以只要将需要显示的数码管的位选通控制打开,该位数码管就会显示出字形,而没有选通的数码管就不会亮。通过分时轮流控

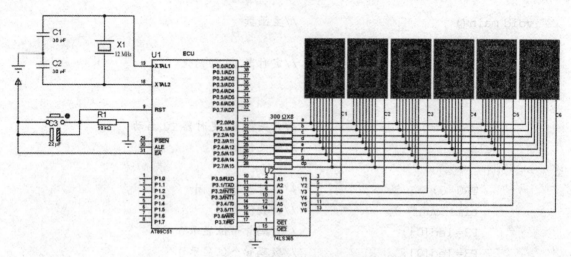

图 6-10　6 位数码管动态显示电路

制各个数码管的 com 端,就使各个数码管轮流受控显示,这就是动态驱动。

在轮流显示过程中,每位数码管的点亮时间为 1~2 ms,由于人的视觉暂留现象及发光二极管的余辉效应,尽管实际上各位数码管并非同时点亮,但只要扫描的速度足够快,给人的印象就是一组稳定的显示数据,不会有闪烁感,动态显示的效果和静态显示是一样的,能够节省大量的 I/O 端口,而且功耗低。

视频:6 位一体
数码管动态
显示电路

实战演练:设计一个用 6 位一体数码管动态显示"123456"的控制系统。

原理图设计如图 6-11 所示。

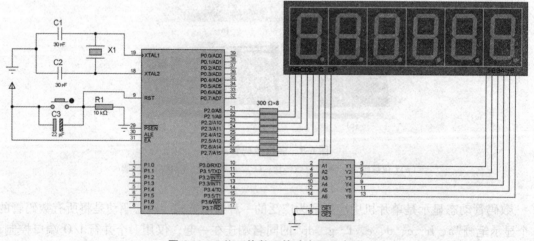

图 6-11　6 位一体数码管动态显示电路

源程序如下:

//功能:6 位一体数码管的动态显示控制
#include＜reg51.h＞　　　　　　　//使用 51 单片机的特殊功能寄存器

```
void delay(unsigned int i)          //延时函数
{
unsigned int k;
for(k=0;k<i;k++);
}
void disp()                         //6个数码管显示"123456"
{
unsigned char code lednum[6]={0xf9,0xa4,0xb0,0x99,0x92,0x82};
                                    //设置数字123456共阳极字形码
unsigned charcode com[]={0x01,0x02,0x04,0x08,0x10,0x20};
                                    //设置共阳极位选码
unsigned char i,j;
for(i=0;i<6;i++)
   {
     P3=com[i];                     //位选码送位选端P3口
     P2=lednum[i];                  //显示字形码送P2口
     delay(500);                    //延时
   }
}
void main()                         //主函数
{
  while(1)
  { disp();
  }
}
```

上面的程序中用到了一个51单片机的关键字code。前边课程定义变量的时候，一般用到 unsigned char 或者 unsigned int 这两个关键字，这样定义的变量都是放在单片机的数据存储器 RAM 中，在程序中可以随意去改变这个变量的值。但是还有一种常数，在程序中要使用，但是不对这个值进行改变，这种值在定义时可以加一个关键字 code，之后这个值就会与程序代码一起固化到程序存储器 flash 中，这样可以节省单片机数据存储器 RAM 的使用量，毕竟单片机数据存储器 RAM 的容量比较小，而程序存储器的空间相对较大。比如上面程序使用的数码管字形码和位选码，就用关键字 code 将其存在了程序存储器中。

二、单片机与 LED 点阵显示器接口

汉字显示屏到处可见，被广泛应用于汽车报站器、广告屏等。公交 LED 车载屏可用于公共汽车线路及路线名称显示，能与报站器实时联动，显示的路线名称可在线更换。由多片

点阵显示器构成的汉字显示屏如图 6-12 所示。

(a) (b)

图 6-12 点阵显示屏

(a)公交车；(b)广告屏

(一) LED 点阵显示器的结构及原理

LED 点阵显示器是把很多 LED 发光二极管按矩阵方式排列在一起，通过对每个 LED 进行发光控制，完成各种字符或图形的显示。最常见的 LED 点阵显示模块有 5×7(5 列 7 行)、7×9(7 列 9 行)、8×8(8 列 8 行)结构。

LED 点阵由一个一个的点(LED 发光二极管)组成，总点数为行数与列数之积，引脚数为行数与列数之和。8×8 LED 点阵实物图如图 6-13(a)所示，内部等效电路如图 6-13(b)所示。它由 8 行 8 列 LED 构成，对外共有 16 个引脚，其中 8 根行线(Y0 ~ Y7)用数字 0 ~ 7 表示，8 根列线(X0 ~ X7)用字母 A ~ H 表示。

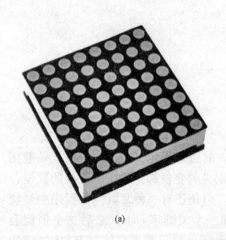
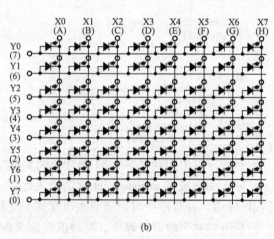

(a) (b)

图 6-13 8×8 LED 点阵

(a)8×8 LED 点阵实物图；(b)8×8 LED 点阵内部等效电路

8×8 LED 点阵由 64 个发光二极管组成，且每个发光二极管是放置在行线和列线的交叉点上。若点阵中的某一行置高电平、某一列置低电平，则该行列线交叉点的二极管就点亮。因此要实现某一列的发光二极管都点亮，则该列的列线上应送低电平，所有行线送高电平；若实现某一行的发光二极管都点亮，该行的行线上送高电平，所有列线送低电平。

如要显示爱心字符，如图 6-14 所示。过程如下：先给第一行送高电平(行高电平有效)，同时给 8 列送 11111111(列低电平有效)；然后给第二行送高电平，同时给 8 列送 10011001……最后给第八行送高电平，同时给 8 列送 11111111。每行点亮延时时间为 1 ms，第八行结束后再从第一行开始循环显示。利用视觉驻留现象，人们看到的就是一个稳定的图形。

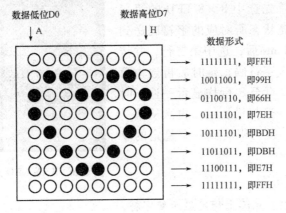

图 6-14 爱心字符显示字形码

(二) LED 点阵显示器接口

1. 8×8 LED 点阵与单片机的接口

用单片机控制 8×8 LED 点阵需要使用两个并行端口，一个端口控制行线，另一个端口控制列线。硬件电路如图 6-15 所示，每一块 8×8 LED 点阵都有 8 行 8 列共有 16 个引脚，采用单片机的 P3 口控制 8 条行线、P2 口控制 8 条列线。为提高单片机端口带负载的能力，通常在端口和外接负载之间增加一个缓冲驱动器。在图 6-15 中，P3 口通过 74LS245 与 LED 连接，提高了 P3 口输出的电流值，既保证了 LED 的亮度，又保护了单片机端口引脚。8×8 LED 点阵显示屏控制电路板如图 6-16 所示。

视频：8×8 LED 点阵式控制电路

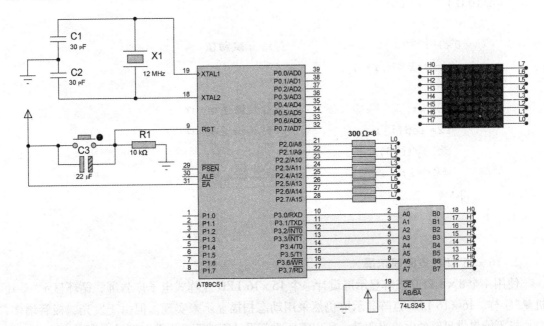

图 6-15 8×8 LED 点阵式控制电路

如在8×8 LED点阵上稳定显示♥字符。

设计思路如下:首先选中8×8 LED的第一行,然后将该行要点亮状态所对应的字符码送到列控制端口,延时约1 ms后,选中第二行,并传送该行对应的显示状态字符码,延时后再选中第三行,重复上述过程,直至8行均显示一遍,时间约为8 ms,即完成一遍扫描显示。再次从第一行开始循环扫描显示,就可以看到一个稳定的♥图形。

图6-16 8×8 LED点阵显示屏控制电路板

参考程序如下:

```c
//功能:在8×8 LED点阵上稳定显示♥字符
#include <reg51.h>
unsigned char code led[]={0xff,0x99,0x66,0x7e,0xbd,0xdb,0xe7,0xff};
                                    //♥字符编码
void delay(unsigned int i)          //定义延时函数
{
unsigned int k;
for(k=0;k<i;k++);
}
void main()
{
   unsigned int i,w;
   while(1)
     {
       w=0x01;                      //给w赋初值
       for(i=0;i<8;i++)
         {
           P3=w;                    //行数据送P3口
           P2=led[i];               //列数据送P2口
           delay(100);
           w<<=1;                   //w左移1位
         }
     }
}
```

2. 16×16 LED点阵显示屏

使用4个8×8 LED点阵显示屏设计一个16×16 LED点阵式电子广告屏,循环显示"单片机♥"字样。16×16 LED点阵显示屏仍然采用动态扫描显示来实现。但由于发光二极管增多,单片机不能提供足够的电流来驱动,所以需要重新设计行选驱动电路和列输出驱动电路。

原理图如图 6-17 所示。将上面两片 8×8 LED 点阵模块的行并联在一起组成 X1~X8，下面两片点阵模块的行并联在一起组成 X9~X16，由此组成 16 根行扫描线；将左边上、下两片点阵模块的列并联在一起组成 Y1~Y8，右边上、下两片点阵模块的列并联在一起组成 Y9~Y16，由此组成 16 根列选线。行驱动和列驱动各采用两片 74HC595 移位寄存器进行"级联"，用串行移入、并行输出的方式为 16×16 LED 点阵显示提供 16 位行、列线数据。16×16 LED 点阵显示屏控制电路板如图 6-18 所示。

74HC595 芯片是一种串入并出的芯片，在电子显示屏制作中有广泛的应用。74HC595 是 8 位移位寄存器，具有高阻、关、断状态。外部引脚如图 6-19 所示。引脚功能见表 6-2。真值表见表 6-3。

表 6-2　74HC595 引脚功能

引脚名	引脚功能
Q0~Q7	并行数据输出口，即储存器的数据输出口
Q7′	串行输出口
ST_CP	存储寄存器的时钟脉冲输入口，上升沿时移位寄存器的数据进入数据存储寄存器
SH_CP	移位寄存器的时钟脉冲输入口，上升沿数据移位
$\overline{OE}$	输出使能端，高电平时禁止输出(高阻态)
$\overline{MR}$	芯片复位端，低电平时移位寄存器数据清零
DS	串行数据输入端

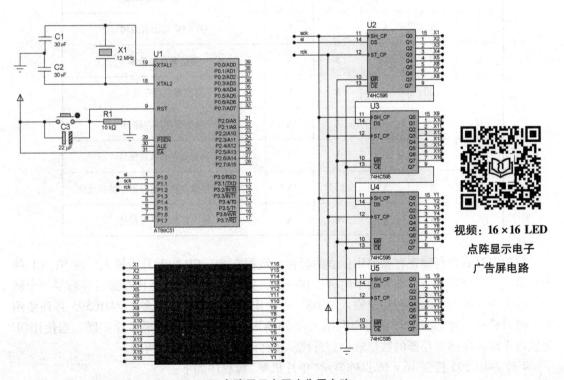

图 6-17　16×16 LED 点阵显示电子广告屏电路

视频：16×16 LED 点阵显示电子广告屏电路

图 6-18　16×16 LED 点阵显示屏控制电路板

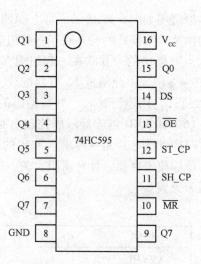

图 6-19　74HC595 外部引脚

表 6-3　74HC595 真值表

输入管脚					输出管脚
DS	SH_CP	$\overline{MR}$	ST_CP	$\overline{OE}$	
X	X	X	X	H	Q0~Q7 输出高阻
X	X	X	X	L	Q0~Q7 输出有效值
X	X	L	X	X	移位寄存器清零
L	上沿	H	X	X	移位寄存器存储 L
H	上沿	H	X	X	移位寄存器存储 H
X	下沿	H	X	X	移位寄存器状态保持
X	X	X	上沿	X	输出存储器锁存移位寄存器中的状态值
X	X	X	下沿	X	输出存储器状态保持

　　移位寄存器和存储寄存器使用独立的时钟。数据在 SH_CP 的上升沿输入，在 ST_CP 的上升沿进入存储寄存器。如果两个时钟连在一起，则移位寄存器总是比存储寄存器早一个脉冲。移位寄存器有一个串行移位输入端 DS，一个串行输出 Q7'。当多个 74HC595 并列使用时，可以将第一片 74HC595 的 Q7'和第二片 74HC595 的 DS 连接实现多片扩展。当使用 $\overline{OE}$ 为低电平时，存储寄存器的数据输出到总线。工作时序图如图 6-20 所示。

4 片 74HC595 控制 16×16 点阵显示"单片机♥"源程序如下：

```
//功能:4 片 74HC595 控制 16×16 点阵显示"单片机♥"
#include <reg51.h>
```

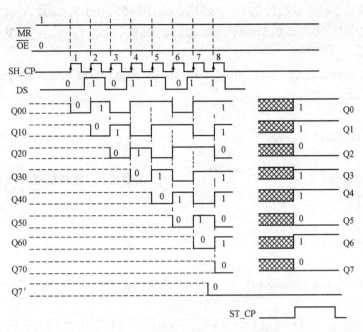

图 6-20　74HC595 工作时序图

```
//定义单片机与74HC595接口
sbit DS= P1^0;
sbit ST_CP= P1^2;
sbit SH_CP= P1^1;
//变量声明
unsigned long column;                                  //点阵列
unsigned long row;                                     //点阵行
//点阵显示数组
unsigned char code tab0[]={0x00,0x01,0x00,0x02,0x00,0x04,0x00,0x08,
0x00,0x10,0x00,0x20,0x00,0x40,0x00,0x80,0x01,0x00,0x02,0x00,0x04,0x00,
0x08,0x00,0x10,0x00,0x20,0x00,0x40,0x00,0x80,0x00};    //行线数组
unsigned char code tab1[]={0x10,0x10,0x20,0x08,0x40,0x04,0xF8,0x3F,
0x08,0x21,0x08,0x21,0xF8,0x3F,0x08,0x21,0x08,0x21,0xF8,0x3F,0x00,0x01,
0x00,0x01,0xFE,0xFF,0x00,0x01,0x00,0x01,0x00,0x01};    //单的编码
unsigned char code tab2[]={0x00,0x00,0x08,0x01,0x10,0x01,0x10,0x01,
0xF0,0x0F,0x10,0x00,0x10,0x00,0xF0,0x07,0x10,0x04,0x10,0x04,0x10,0x04,
0x10,0x04,0x08,0x04,0x04,0x04,0x02,0x04,0x00,0x00};    //片的编码
unsigned char code tab3[]={0x00,0x00,0x10,0x00,0x10,0x00,0x10,0x1E,
0x7C,0x12,0x10,0x12,0x38,0x12,0x58,0x12,0x94,0x12,0x12,0x12,0x10,0x52,
0x10,0x51,0x90,0x70,0x10,0x00,0x10,0x00,0x00,0x00};    //机的编码
unsigned char code tab4[]={0x00,0x00,0x00,0x00,0x38,0x1C,0x44,0x22,
```

0x82,0x41,0x01,0x80,0x01,0x80,0x01,0x80,0x01,0x80,0x02,0x40,0x04,0x20,
0x08,0x10,0x10,0x08,0x20,0x04,0x40,0x02,0x80,0x01};   //♥的编码
　　//函数声明
　　void HC595SendData(unsigned char BT3, unsigned char BT2,unsigned char BT1,unsigned char BT0);
　　//主函数
　　void main(void)
　　{
　　　unsigned char i,k;   //变量定义,控制短暂时间间隔
　　　while(1)
　　　{
　　　　for(i=16; i>0; i--)
　　　　{
　　　　　for(k=0; k<16; k++)
　　　　　{
　　　　　HC595SendData(~tab1[2*k+1], ~tab1[2*k],tab0[2*k],tab0[2*k+1]);
　　　　　}   //显示"单"
　　　　}
　　　　HC595SendData(0xff,0xff,0,0);   //清屏
　　　　for(i=16; i>0; i--)
　　　　{
　　　　　for(k=0; k<16; k++)
　　　　　{
　　　　　HC595SendData(~tab2[2*k+1], ~tab2[2*k],tab0[2*k],tab0[2*k+1]);
　　　　　}   //显示"片"
　　　　}
　　　　HC595SendData(0xff,0xff,0,0); //清屏
　　　　for(i=16; i>0; i--)
　　　　{
　　　　　for(k=0; k<16; k++)
　　　　　{
　　　　　HC595SendData(~tab3[2*k+1], ~tab3[2*k],tab0[2*k],tab0[2*k+1]);
　　　　　}   //显示"机"
　　　　}
　　　　HC595SendData(0xff,0xff,0,0);   //清屏
　　　　for(i=30; i>0; i--)
　　　　{
　　　　　for(k=0; k<16; k++)
　　　　　{

```c
            HC595SendData(~tab4[2*k+1],~tab4[2*k],tab0[2*k],tab0[2*k+1]);
        }                                   //显示♥
    }
    HC595SendData(0xff,0xff,0,0);           //清屏
    }
}

//HC595发送数据
    void HC595SendData(unsigned char BT3, unsigned char BT2, unsigned char BT1,unsigned char BT0)
    {
    unsigned char i;
    for(i=0; i<32; i++)
    {
        if(i>23)
        {
            if((BT0<<(i-24))&0x80)          //依次判断 BT0 中数据最高位
            DS=1;                           //为1,则数据位 DS 发送 1
            else  DS=0;                     //为0,则数据位 DS 发送 0
        }
        else if(i>15&i<24)
        {
            if((BT1<<(i-16))&0x80)          //依次判断 BT1 中数据最高位
            DS=1;                           //为1,则数据位 DS 发送 1
            else  DS=0;                     //为0,则数据位 DS 发送 0
        }
        else if(i<16&i>7)
        {
            if((BT2<<(i-8))&0x80)           //依次判断 BT2 中数据最高位
            DS=1;                           //为1,则数据位 DS 发送 1
            else  DS=0;                     //为0,则数据位 DS 发送 0
        }
        else
        {
            if((BT3<<i)&0x80)               //依次判断 BT3 中数据最高位
            DS=1;                           //为1,则数据位 DS 发送 1
            else  DS=0;                     //为0,则数据位 DS 发送 0
        }
        SH_CP=0;                            //产生上升沿,数据移位
```

```
        SH_CP=1;
    }
    ST_CP=0;                              //产生上升沿,数据输出
    ST_CP=1;
}
```

三、单片机与字符 LCD 液晶显示器接口

LCD 液晶显示器被广泛用于汽车仪表上面，可以显示里程、速度、温度等参数，用于倒车雷达可以显示倒车时的倒车距离，用于导航可以显示路面状况。这些应用为驾驶员带来很大方便。汽车仪表显示屏如图 6-21 所示。

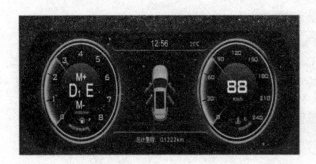
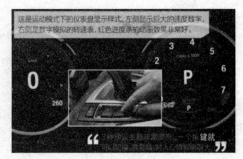

图 6-21　汽车仪表显示屏

(一) LCD 液晶显示器的功能与特点

液晶是一种高分子材料，因其特殊的物理、化学、光学特性，广泛应用在轻薄显示器上。液晶显示器的主要原理是以电流刺激液晶分子产生点、线、面并配合背部灯管构成画面。

各种型号的液晶通常是按照显示字符的行数或液晶点阵的行、列数来命名。例如 LCD1602 是字符型液晶器，它表示每行显示 16 个字符，一共可以显示两行，只能显示 ASCII 码；LCD12864 是一种图形点阵液晶显示器，它主要由行驱动器/列驱动器及 128×64 全点阵液晶显示器组成。可完成图形显示，也可以显示 8×4 个(16×16 点阵)汉字。

LCD 液晶显示器是一种功耗极低的显示器件，它广泛应用于便携式电子产品。它不仅省电，而且能够显示文字、曲线、图形等大量信息。液晶显示器的特点如下：

(1) 低压微功耗。工作电压 $3 \sim 5$ V，工作电流为几微安，因此它称为便携式和手持仪器仪表首选的显示屏幕。

(2) 平板型结构。安装时占用体积小，减小了设备体积。

(3) 被动显示。液晶本身不发光，而是靠调制外界光进行显示，因此适合人的视觉习惯，不会使人眼睛疲劳。

(4) 显示信息量大。像素小，在相同面积上可容纳更多信息。

(5) 易于彩色化。

(6) 没有电磁辐射。在显示期间不会产生电磁辐射，有利于人体健康。

(7) 寿命长。LCD 器件本身无老化问题，因此寿命极长。

(二) 字符型 LCD1602 液晶显示器工作原理

下面以字符型 LCD 液晶显示器 LCD1602 为例来说明液晶显示器工作原理。

1602 液晶也叫 1602 字符型液晶，它是一种专门用来显示字母、数字、符号等的点阵型液晶模块。它由若干个 5×7 或者 5×11 等点阵字符位组成，每个点阵字符位都可以显示一个字符，每位之间有一个点距的间隔，每行之间也有间隔，起到字符间距和行间距的作用，正因为如此所以它不能很好地显示图形。

LCD1602 是指显示的内容为 16×2，即可以显示两行，每行 16 个字符液晶模块（显示字符和数字）。

LCD1602 字符液晶大多数是基于 HD44780 液晶芯片的，控制原理是完全相同的，因此基于 HD44780 写的控制程序可以很方便地应用于市面上大部分的字符型液晶。

LCD1602 字符点阵液晶显示模块的外形和外部引脚如图 6-22 所示。

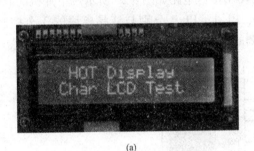 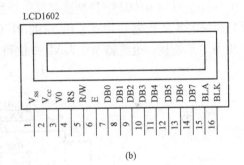

(a) (b)

图 6-22 LCD1602 液晶显示模块

(a) 外形；(b) 外部引脚

该模块共有 16 个引脚，其引脚功能见表 6-4。

表 6-4 LCD1602 引脚功能

编号	符号	引脚说明	编号	符号	引脚说明
1	V_{SS}	电源地	6	E	使能信号
2	V_{DD}	电源正极	7~14	DB0~DB7	数据
3	V0	液晶显示偏压	15	BLA	背光源正极
4	RS	数据/命令选择	16	BLK	背光源负极
5	R/W	读/写选择			

各引脚功能具体介绍如下：

(1)V_{SS}：地引脚（GND）。

(2)V_{DD}：+5 V 电源引脚（V_{CC}）。

(3)V0：液晶显示驱动电源（0~5 V），可接电位器。

(4)RS：数据和指令选择控制端，RS=0：命令/状态；RS=1：数据。

(5)R/W：读写控制线，R/W=0：写操作；R/W=1：读操作。

(6)E：数据读写操作控制位，E 线向 LCD 模块发送一个脉冲，LCD 模块与单片机之间将进行一次数据交换。

(7~14)DB0~DB7：数据线，可以用 8 位连接，也可以只用高 4 位连接，节约单片机资源。

(15)BLA：背光控制正电源。

(16)BLK：背光控制地。

字符型液晶比较通用，接口格式也比较统一，主要是因为各制造商所采用的模块控制器都是 HD44780 及其兼容产品，不管显示屏的尺寸如何，操作指令及其形成的模块接口信号定义都是兼容的。单片机与字符型 LCD 显示模块的数据传输形式可分为 8 位和 4 位两种。把字符型液晶作为终端与单片机的并行接口连接，通过单片机对并行接口操作，实现 LCD 读写时序控制，从而间接实现对字符型液晶的控制。

单片机控制 LCD1602 字符型液晶显示器的实用接口电路如图 6-23 所示。单片机的 P0 口与液晶模块的 8 条数据线相连，P1 口的 P1.0、P1.1、P1.2 分别与液晶模块的 3 个控制端 RS、R/W、E 连接，电位器 W2 为 V0 提供可调的液晶驱动电压，用于调节显示对比度。

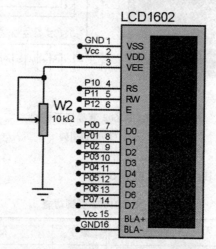

图 6-23　单片机控制 LCD1602 字符型液晶显示器的实用接口电路

(三)字符型 LCD1602 液晶显示器的应用

1. 字符型 LCD1602 液晶显示器的基本操作

单片机对 LCD 模块有 4 种基本操作：读状态、读数据、写命令和写数据，具体操作由 LCD1602 模块的 3 个控制引脚 RS、R/W 和 E 的不同组合状态确定。读操作时序如图 6-24 所示,写操作时序如图 6-25 所示。

(1) 读状态:输入 RS=0,R/W=1,E 为高脉冲。输出:D0~D7 为状态字。
(2) 读数据:输入 RS=1,R/W=1,E 为高脉冲。输出:D0~D7 为数据。
(3) 写命令:输入 RS=0,R/W=0,E 为高脉冲。输出:无。
(4) 写数据:输入 RS=1,R/W=0,E 为高脉冲。输出:无。

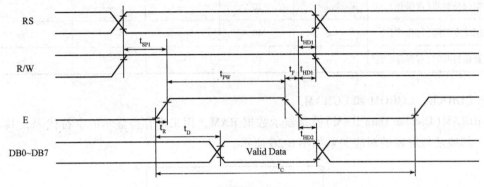

图 6-24 读操作时序

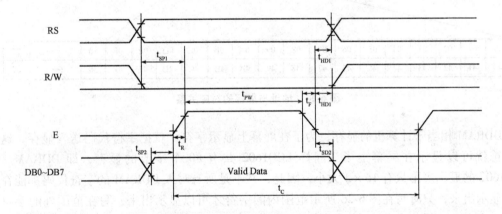

图 6-25 写操作时序

时序时间参数见表 6-5。

表 6-5 时序时间参数

时序参数	符号	极限值			单位
		最小值	典型值	最大值	
E 信号周期	t_C	400	—	—	ns
E 脉冲宽度	t_{PW}	150	—	—	ns
E 上升沿/下降沿时间	t_R,t_F	—	—	25	ns
地址建立时间	t_{SP1}	30	—	—	ns
地址保持时间	t_{HD1}	10	—	—	ns

续表

时序参数	符号	极限值 最小值	极限值 典型值	极限值 最大值	单位
数据建立时间(读操作)	t_D	—	—	100	ns
数据保持时间(读操作)	t_{HD2}	20	—	—	ns
数据建立时间(写操作)	t_{SP2}	40	—	—	ns
数据保持时间(写操作)	t_{HD2}	10	—	—	ns

2. DDRAM、CGROM 和 CGRAM

DDRAM(Display Data RAM)就是显示数据 RAM,用来寄存待显示的字符代码,共 80 个字节,其地址与屏幕的对应关系如图 6-26 所示。

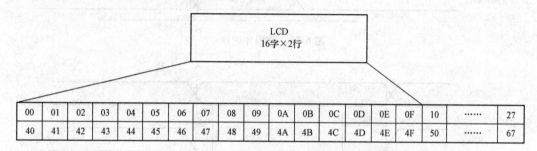

图 6-26 地址与屏幕的对应关系

DDRAM 相当于计算机的显存,为了在屏幕上显示字符,就把字符代码送入显存,这样该字符就可以显示在屏幕上了。同样 LCD1602 共有 80 个字节的显存,即 DDRAM。但 LCD1602 的显示屏幕只有 16×2 大小,因此,并不是所有写入 DDRAM 的字符代码都能在屏幕上显示出来,只有写在图 6-26 所示范围内的字符才可以显示出来,写在范围外的字符不能显示出来。这样,在程序中可以利用下面的"光标或显示移动指令"使字符慢慢移动到可见的显示范围内,看到字符的移动效果。例如,如果想在屏幕左上角显示字符"A",从表 6-6 LCD1602 标准字库中可以查出,字符"A"的高 4 位是 0100,低 4 位是 0001,合在一起就是 01000001b,即 41H。那么就把字符"A"的字符代码 41H 写入 DDRAM 的 00H 地址处即可。在 LCD1602 模块上固化了字模存储器,就是 CGROM 和 CGRAM,HD44780 内置了 192 个常用字符的字模,存于字符产生器 CGROM 中。另外,还有 8 个允许用户自定义的字符产生 RAM,称为 CGRAM。表 6-7 说明了 CGROM 和 CGRAM 与字符的对应关系。从 ROM 和 RAM 的名字也可以知道,ROM 是早已固化在 LCD1602 模块中的,只能读取,而 RAM 是可读写的。也就是说,如果只需要在屏幕上显示已存在于 CGROM 中的字符,那么只须在 DDRAM 中写入它的字符代码就可以。

表 6-6　LCD1602 标准字库

高4位 低4位	0000	0001	0010	0011	0100	0101	0110	0111	1000	1001	1010	1011	1100	1101	1110	1111
xxxx0000	CGRAM(1)			0	@	P	`	p				一	タ	ミ	α	p
xxxx0001	(2)		!	1	A	Q	a	q			。	ア	チ	ム	ä	q
xxxx0010	(3)		"	2	B	R	b	r			「	イ	ツ	メ	β	θ
xxxx0011	(4)		#	3	C	S	c	s			」	ウ	テ	モ	ε	∞
xxxx0100	(5)		$	4	D	T	d	t			、	エ	ト	ヤ	μ	Ω
xxxx0101	(6)		%	5	E	U	e	u			·	オ	ナ	ユ	σ	ü
xxxx0110	(7)		&	6	F	V	f	v			ヲ	カ	ニ	ヨ	ρ	Σ
xxxx0111	(8)		'	7	G	W	g	w			ア	キ	ヌ	ラ	g	π
xxxx1000	(1)		(	8	H	X	h	x			イ	ク	ネ	リ	√	x̄
xxxx1001	(2)		)	9	I	Y	i	y			ウ	ケ	ノ	ル	⁻¹	y
xxxx1010	(3)		*	:	J	Z	j	z			エ	コ	ハ	レ	j	₮
xxxx1011	(4)		+	;	K	[	k	{			オ	サ	ヒ	ロ	×	万
xxxx1100	(5)		,	<	L	¥	l	|			ヤ	シ	フ	ワ	¢	円
xxxx1101	(6)		-	=	M	]	m	}			ユ	ス	ヘ	ン	ŧ	÷
xxxx1110	(7)		.	>	N	^	n	→			ヨ	セ	ホ	゛	ñ	
xxxx1111	(8)		/	?	O	_	o	←			ツ	ソ	マ	°	ö	■

表 6-7 "℃"的字模及 CGRAM 地址、CGRAM 字模和 DDRAM 字符代码的对应关系

DDRAM 字符代码	A7	A6	A5	A4	A3	A2	A1	A0	CGRAM 地址	P7	P6	P5	P4	P3	P2	P1	P0	CGRAM 字模
0x00	0	1	0	0	0	0	0	0	0x40	×	×	×	■	□	□	□	□	0x10
	0	1	0	0	0	0	0	1	0x41	×	×	×	□	□	■	■	□	0x06
	0	1	0	0	0	0	1	0	0x42	×	×	×	□	■	□	□	■	0x09
	0	1	0	0	0	0	1	1	0x43	×	×	×	□	■	□	□	□	0x08
	0	1	0	0	0	1	0	0	0x44	×	×	×	□	■	□	□	□	0x08
	0	1	0	0	0	1	0	1	0x45	×	×	×	□	■	□	□	■	0x09
	0	1	0	0	0	1	1	0	0x46	×	×	×	□	□	■	■	□	0x06
	0	1	0	0	0	1	1	1	0x47	×	×	×	□	□	□	□	□	0x00

3. 字符型 LCD1602 自编字库

可以看出标准字库表中并不是所有的字符都包括，比如中文字符、物理量单位等不在其中。我们可以利用字符发生器 CGRAM 编制并显示标准字库表中没有的字符。一般 LCD 模块所提供的 CGRAM 能够自编 8 个 5×8 字符。

对 LCD1602 模块设置 CGRAM 地址以显示自编字符命令字格式如图 6-27 所示。

A7	A6	A5	A4	A3	A2	A1	A0
0	1	AC5	AC4	AC3	AC2	AC1	AC0

图 6-27 LCD1602 模块自编字符命令字格式

命令字中各位的具体含义如下：

（1）A7 A6=01：CGRAM 地址设置的命令字。

（2）A5 A4 A3：与自编字符的 DDRAM 数据相对应的字符代码。若 A5 A4 A3=000，则该字符写入 DDRAM 的代码为 00，若 A5 A4 A3=001，则该字符写入 DDRAM 的代码为 01，以此类推。

（3）A2 A1 A0：与 CGRAM 字模的 8 行相对应。当 A2 A1 A0=000 时，写入第 1 行的字模码，当 A2 A1 A0=001 时，写入第 2 行的字模码，以此类推。

例如，"℃"的字模与 CGRAM 地址、CGRAM 字模（数据）和 DDRAM 字符代码的对应关系见表 6-7。与 CGROM 中固化的字符不同，CGRAM 中本身没有字符，所以要在 DDRAM 中写入某个 CGROM 不存在的字符，必须在 CGRAM 中先定义后使用。程序退出后，CGRAM 中定义的字符也不复存在，下次使用时，必须重新定义。

4. LCD1602 基本指令

LCD1602 液晶模块内部的控制器共有 11 条控制指令，见表 6-8。

表 6-8 LCD1602 液晶模块控制命令

序号	指令	RS	R/W	D7	D6	D5	D4	D3	D2	D1	D0
1	清显示	0	0	0	0	0	0	0	0	0	1
2	光标复位	0	0	0	0	0	0	0	0	1	*
3	置输入模式	0	0	0	0	0	0	0	1	I/D	S
4	显示开/关控制	0	0	0	0	0	0	1	D	C	B
5	光标或字符移位	0	0	0	0	0	1	S/C	R/L	*	*
6	功能设定	0	0	0	0	1	DL	N	F	*	*
7	置字符发生存储器地址	0	0	0	1	字符发生存储器地址					
8	置数据存储器地址	0	0	1	显示数据存储器地址						
9	读忙标志或地址	0	1	BF	显示数据存储器地址						
10	写数到 CGRAM 或 DDRAM	1	0	要写的数据内容							
11	从 CGRAM 或 DDRAM 读数	1	1	读出的数据内容							

(1) 清显示：指令码 01H，光标复位到地址 00H 位置。

(2) 光标复位：光标返回到地址 00H。

(3) 置输入模式。I/D：光标移动方向，高电平右移，低电平左移。S：屏幕上所有文字是否左移或者右移，高电平表示有效，低电平则表示无效。

(4) 显示开/关控制。D：控制整体显示的开与关，高电平表示开显示，低电平表示关显示。C：控制光标的开与关，高电平表示有光标，低电平表示无光标。B：控制光标是否闪烁，高电平闪烁，低电平不闪烁。

(5) 光标或字符移位。S/C：高电平时移动显示的文字，低电平时移动光标。

(6) 功能设定。DL：高电平时为 4 位总线，低电平为 8 位总线。N：低电平时为单行显示，高电平时为双行显示。F：低电平时显示 5×7 的点阵字符，高电平时显示 5×10 的点阵字符。

(7) 置字符发生存储器地址。

(8) 置数据存储器地址。

(9) 读忙标志或地址。BF：为忙标志位，高电平表示忙，此时模块不能接收命令或者数据，如果为低电平表示不忙。

(10) 写数到 CGRAM 或 DDRAM。

(11) 从 CGRAM 或 DDRAM 读数。

实践演练：采用 AT89C51 单片机控制 LCD1602 液晶模块。第一行显示"HELLO!"，第二行显示"I LOVE ECU!"。

原理图设计如图 6-28 所示。

源程序设计如下：

```
//功能:单片机控制 LCD1602 液晶显示器显示字符
#include <reg51.h>
void init();                              //声明初始化
```

视频：单片机与 LCD1602 液晶显示器连接电路

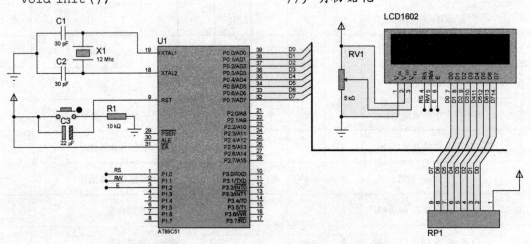

图 6-28　单片机与 LCD1602 液晶显示器连接电路

函数

```
    void write_com(unsigned char);        //声明命令函数
    void write_date(unsigned char);       //声明写数据函数
    void delay(unsigned char);            //延时函数
    sbit RS=P1^0;                         //定义数据和指令选择控制端
    sbit RW=P1^1;                         //定义读写控制端
    sbit EN=P1^2;                         //定义读写操作控制位
    unsigned char code table[]="HELLO!";
    unsigned char code table1[]="I love ECU!";
    void main(void)                       //主函数
    {
        unsigned char x;
        init();                           //液晶初始化
        write_com(0x80);                  //设置数据地址指针初始值
        for(x=0;x<6;x++)
          {
            write_date(table[x]);         //送数组 table 中字符到液晶
            delay(150);                   //延时
          }
```

```
        write_com(0x80+0x40);              //设置数据地址指针到第二行首地址
        for(x=0;x<17;x++)
        {
            write_date(table1[x]);          //送数组 table1 中字符到液晶
            delay(150);                     //延时
        }
        while(1);
}
void init()                                 //初始化函数体
    {
      EN=0;
      write_com(0x38);                      //设置16×2显示,5×7点阵,8位数据接口
      write_com(0x0C);                      //设置开显示,不显示光
      write_com(0x06);                      //写一个字符时,整屏右移
      write_com(0x01);                      //显示清零
    }
void write_com(unsigned char com)           //写命令的函数体
    {
        RS=0;                               //命令状态
        RW=0;                               //写操作
        P0=com;                             //送命令到 P0
        delay(5);                           //延时
        EN=1;                               //发送高电平
        delay(5);                           //延时
        EN=0;                               //发送低电平
    }
void write_date(unsigned char date)         //写数据的函数体
    {
      RS=1;                                 //数据状态
      RW=0;                                 //写操作
      P0=date;                              //送数据到 P0
      delay(5);                             //延时
      EN=1;                                 //发送高电平
      delay(5);                             //延时
      EN=0;                                 //发送低电平
    }
void delay(unsigned char xms)               //延时函数
    {
        unsigned char x,y;
```

```
    for(x=xms;x>0;x--)
        for(y=110;y>0;y--);
}
```

四、单片机与矩阵键盘接口

(一)矩阵式键盘结构

在键盘中按键数量较多时,为了减少I/O口的占用,通常将按键排列成矩阵形式,如图6-29所示。在矩阵式键盘中,每条水平线和垂直线在交叉处不直接连通,而是通过一个按键加以连接,且行线通过上拉电阻接到+5 V电源上,这样,一个端口就可以构成4×4=16(个)按键,比它直接将端口线用于键盘多出了一倍,而且线数越多,优势越明显,比如再多加一条线就可以构成20键的键盘。由此可见,当需要的键数比较多时,采用矩阵法来做键盘是合理的。4×4矩阵式键盘控制电路板如图6-30所示。

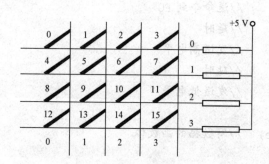

图6-29 矩阵式键盘结构

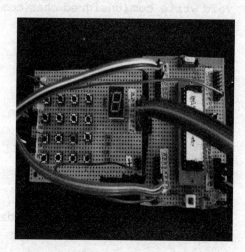

图6-30 4×4矩阵式键盘控制电路板

通常矩阵式键盘的列线由单片机输出口控制,行线连接单片机的输入口。矩阵式键盘结构的编程显然比直接法要复杂一些,键号的识别也要复杂一些,最常用的矩阵式键盘识别按键方法包括逐列扫描法、行列反转法等。

(二)矩阵式键盘按键的识别

1. 逐列扫描法

采用逐列扫描法识别矩阵式键盘按键的方法如下。

首先,判断键盘是否有键按下,方法是向所有的列线上输出低电平,再读入所有的行信号。如果16个按键中任意一个被按下,那么读入的行电平则不全为高;如果16个按键中无键按下，则读入的行电平全为高。矩阵式键盘与单片机的连接电路如图 6-31 所示，如果 S0 被按下，则 S0 键所在的行线 0 与列线 0 导通，行线 0 的电平被拉低，读入的行信号为低电平，表示有键按下。

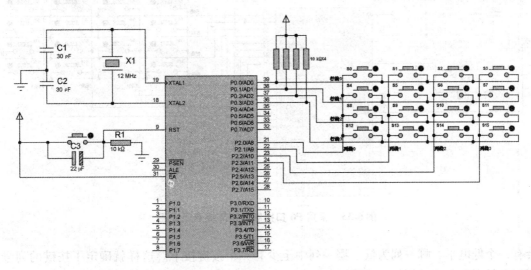

图 6-31 矩阵式键盘与单片机的连接电路

其次，逐列扫描判断具体的按键。方法是往列线上逐列送低电平。先送列线 0 为低电平，列线 1、2、3 为高电平，读入的行电平的状态就显示了位于列线的 0 上 S0、S4、S8、S12 按键的状态，若读入的行值为全高，则表示无键按下；再送列线 1 为低电平，列线 0、2、3 为高电平，读入的行电平的状态则显示了 S1、S5、S9、S13，以此类推，直至 4 列全部扫描完，再重新从列线 0 开始。行列号与按键值的对应关系如图 6-32 所示，即键值=行号×4+列号。

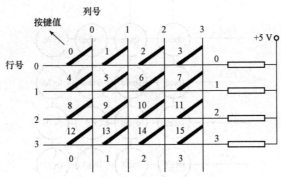

图 6-32 行列号与按键值的对应关系

2. 行列反转法

行列反转法的基本原理是通过给行、列端口输出两次相反的值，再将分别读入的行值和列值进行按位"或"运算，得到每个键的扫描码。原理图如图 6-33 所示。

第一步，让列线为高电平，行线为低电平，即 P0=0x0F。如果没有按键按下，那么从 P0 口读回来的信号还是 0x0F。如果有按键按下，那么从 P1 口读回来的信号中，列线上就

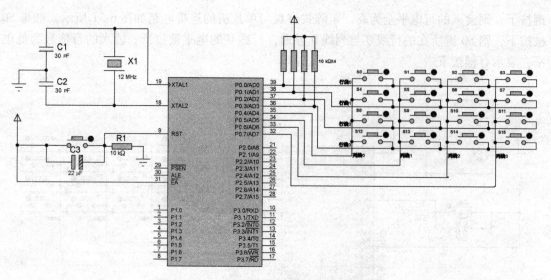

图 6-33 采用 P0 口控制的矩阵键盘原理图

会有一个低电平,哪一列为低,哪一列中至少有一个按键按下。这样就确定了按键的列号,再把列号保存起来,例如 x= P0。

第二步,让行线为高电平,列线为低电平,即 P0= 0xF0。有按键按下,从 P0 口读回来的信号中,行线上就会有一个低电平,这样就确定了按键的行号。把行号保存起来,例如 y= P0。

第三步,获取按键值,就是确定按键行号、列号信息。设按键值存放在 k 中,则 k= x | y。

第四步,把 k 的值和按键标志联系起来,k 的值与按键对应关系如图 6-34 所示。

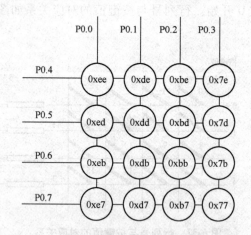

图 6-34 行列反转法中按键与扫描码对应关系

实战演练:为了凸显更人性化的科技配置,某汽车厂家专门开发了车门密码锁,安装在车门侧面,车主可以通过输入正确的密码锁车和开车。有了这样的功能后,车主完全可以把车钥匙留在车内,解决了有些车主下车后不愿意携带钥匙的问题。某款车门密码锁实物如图 6-35 所示。

项目六 电动汽车起动控制

图 6-35 某款车门密码锁

本设计要求模拟汽车车门电子密码锁控制,练习单片机与矩阵键盘及液晶显示器的硬件电路及软件程序设计。

硬件电路设计如图 6-36 所示。P1 口连接 4×4 矩阵键盘,P3 和 P2 口控制 1602 液晶显示器。要求电路实现以下功能:

视频:汽车电子密码锁

(1)密码由 4 位数字组成,从键盘中输入密码,其数字在液晶显示器上显示;

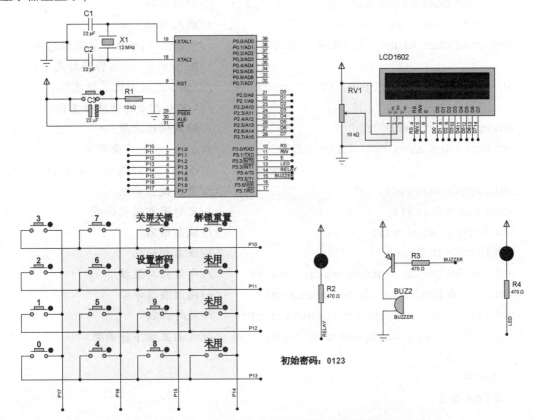

图 6-36 模拟汽车车门电子密码锁控制电路

(2)判断密码是否正确,如输入正确,显示屏显示"YOU ARE RIGHT",即开锁,如错误则提示 ERROR;

(3) 设有重置密码按键,可以重置密码;
(4) 密码输入错误三次,密码锁自动锁屏,提示"LOCK",并能声光报警;
(5) 支持锁屏后重启功能。
参考程序如下:

```c
//模拟汽车车门电子密码锁控制
#include <reg51.h>                              //引用51头文件
#define LCD1602_DATAPINS P2                     //定义液晶显示屏数据脚
#define GPIO_KEY P1                             //定义4×4矩阵键盘接口
sbit LCD1602_E=P3^2;                            //LCD使能脚
sbit LCD1602_RW=P3^1;                           //读写控制端
sbit LCD1602_RS=P3^0;                           //数据指令选择端
sbit LED=P3^3;                                  //设置状态灯
sbit RELAY=P3^4;                                //报警灯
sbit BUZZER=P3^5;                               //蜂鸣器引脚
unsigned char KeyValue;                         //读取得按键值
unsigned char saved_Value[4]={0,1,2,3};         //初始密码
unsigned char input_Value[4];                   //输入密码
unsigned char Right_flg=0,Right_flg0=0;         //Right_flg为旧密码标志位;
                                                //Right_flg0为密码标志位;
unsigned char set_flg=0,LOCK_flg=0;             // set_flg为设置标志位;
                                                //LOCK_flg为锁屏标志位;
unsigned char temp00;                           //输入错误次数
unsigned int time_cnt,delay_ddll;               //time_cnt为毫秒变量;
                                                //delay_ddll为蜂鸣器时间控制变量
void KeyDown(void);                             //查按键值函数
void TimerInit();                               //定时器初始化函数
void clear_window();                            //液晶清零
void LcdInit();                                 //液晶初始化
void LcdWriteData(unsigned char dat);           //向液晶写数据
void LcdWriteCom(unsigned char com);            //向液晶写命令
void Lcd1602_Delay1ms(unsigned int c);          //延时函数
void putstrings(unsigned char * pd);            //液晶显示字符函数

//主函数
void main()
{
    char i=0,j=0,k=0;
    LcdInit();                                  //液晶初始化
    clear_window();                             //液晶清屏
```

```
    TimerInit();                                        //定时器初始化
    Lcd1602_Delay1ms(5);                                //延时
    RELAY=1; BUZZER=1;                                  //状态灯初始状态灭
    while(1)
      {
        KeyDown();                                      //检测按键是否按下
        //0~9按键被按下
        if(KeyValue<=9 && ! set_flg && ! LOCK_flg)     //正常密码输入状态
          {
            input_Value[i]=KeyValue;                    //保存输入的按键值
            if(Right_flg0)                              //不是密码输入状态
              {
                clear_window();Right_flg0=0;            //液晶屏清屏,回初始状态
              }
            LcdWriteCom(0x80 + i);                      //显示定位
            LcdWriteData(input_Value[i] +48);           //显示按键值
            i++;                                        //下一个按键
            if(i >= 4)                                  // 对输入的密码进行判断
              {
                Right_flg0=0;                           //密码输入结束
                for(j=0;j < 4;j++)                      //如密码不对
                  {
                    if(input_Value[j]!= saved_Value[j])
                    Right_flg0=1;                       //标志位置1
                  }
                clear_window();                         //清屏
                if(! Right_flg0)                        //密码正确
                  {
                    BUZZER=0;                           //声音提示
                    delay_ddll=1;                       //控制声音时长变量置1
                    temp00=0;                           //连续错误次数清零
                    LcdWriteCom(0x80);                  //液晶从0列开始
                    putstrings("YOU ARE RIGHT");        //显示 YOU ARE RIGHT
                  }
                else
                  {                                     //密码错误
                    BUZZER=1;                           //未到三次错误,声音关闭
                    LcdWriteCom(0x80 + i +2);
                    putstrings("ERROR");                //显示 ERROR
```

```c
            temp00=temp00+1;              //错误次数累加
            if(temp00>=3)                 //如果连续错3次
              {
                LOCK_flg=1;               //密码锁自锁
                RELAY=0; BUZZER=0;        //声光报警
                delay_ddll=1;             //控制声音时长标志位置位
                LcdWriteCom(0x80+i+2);
                putstrings("LOCK ");      //显示LOCK
              }
          }
      i=0;                                //数组索引回零
    }
}


//0~9按键按下
  if(KeyValue<=9 && set_flg &&!LOCK_flg)  //修改密码状态
    {
      input_Value[k]=KeyValue;            //保存按键值
      LcdWriteCom(0x80+k+4);
      LcdWriteData(KeyValue+48);          //显示密码
      k++;                                //输入密码下一位
      if(k>=4)                            //密码值输入完毕
        {
          if(set_flg==2)                  //新密码输入
            {
              for(j=0;j<4;j++)
                {                         //保存新密码
                  saved_Value[j]=input_Value[j];
                }
              clear_window();             //清屏
              set_flg=0; delay_ddll=1;
            }
          if(set_flg==1)                  //修改密码输入
            {
              Right_flg=0;
              for(j=0;j<4;j++)
                {
                  if(input_Value[j]!=saved_Value[j]) Right_flg=1;
                }
```

```c
            clear_window();
            if(! Right_flg)                       //旧密码输入正确
              {
                set_flg=2;                        //新密码输入状态
                LcdWriteCom(0x80);                //液晶显示 NEW
                putstrings("NEW:");
              }
            else
              {                                   //密码输入错误
                LcdWriteCom(0x80+k+2);
                putstrings("ERROR");              //液晶显示 ERROR
                temp00=temp00+1;                  //错误次数累加
                if(temp00>=3)                     //达到三次
                  {
                    LOCK_flg=1;                   //锁屏标志位置位
                    RELAY=0; delay_ddll=1; BUZZER=0;
                                                  //声光报警
                    LcdWriteCom(0x80+i+2);
                    putstrings("LOCK ");          //液晶显示 LOCK
                  }
              }
          }
          k=0;                                    //密码按键次数清零
      }
  }
//修改密码按键被按下
if(KeyValue==0x0A &&! LOCK_flg)
  {
    clear_window();                               //清屏
    set_flg=1;                                    //处于修改状态
    LED=0;                                        //状态指示灯亮
    LcdWriteCom(0x80); putstrings("OLD:");        //显示 OLD

    k=0;
  }

//关密码锁按键被按下
else if(KeyValue==0x0B &&!LOCK_flg)
  {
```

```c
    BUZZER=1; clear_window();              //液晶清屏,声音关闭
}

//解锁重置按键被按下
else if(KeyValue==0x0F && LOCK_flg &&(temp00 >=3))
{
                                           //清屏,密码锁回到初始状态
    clear_window();
    BUZZER=1; temp00=0; RELAY=1; LOCK_flg=0; k=0;
    LcdWriteCom(0x80);
}

if(delay_ddll)                             //蜂鸣器报警
{
    delay_ddll++;
    if(delay_ddll >2000)                   //蜂鸣器报警简短时间后关闭
    {
        LED=1; BUZZER=1; delay_ddll=0;
    }
}
Lcd1602_Delay1ms(1);                       //延时
    }
}
//查找按键是否被按下
void KeyDown(void)
{
    unsigned char a=0;
    KeyValue=66;                           //按键值先赋除 0~15 之外的数值
    GPIO_KEY=0x0f;
    if(GPIO_KEY!=0x0f)                     //如果按键被按下
    {
        Lcd1602_Delay1ms(10);              //去抖动
        if(GPIO_KEY!=0x0f)                 //确定按键按下
        {
            GPIO_KEY=0X0F;                 //测试列

            switch(GPIO_KEY)
            {
                case(0X07):KeyValue=0;break;
```

```c
      case(0X0b):KeyValue=1;break;
      case(0X0d):KeyValue=2;break;
      case(0X0e):KeyValue=3;break;
    }
    GPIO_KEY=0XF0;                              //测试行
    switch(GPIO_KEY)
    {
      case(0X70):KeyValue=KeyValue;break;
      case(0Xb0):KeyValue=KeyValue+4;break;
      case(0Xd0):KeyValue=KeyValue+8;break;
      case(0Xe0):KeyValue=KeyValue+12;break;
    }
    while((a<250)&&(GPIO_KEY!=0xf0))            //检测按键是否被松开
    {
      Lcd1602_Delay1ms(2); a++;                 //延时2毫秒
    }
  }
 }
}
//定时器初始化
void TimerInit()
{
  TMOD=0x01;                                    //选择工作方式1
  TH0=0x3C;                                     //设置初始值,定时50毫秒
  TL0=0xB0;
  EA=1;                                         //打开总中断
  ET0=1;                                        //打开定时器0中断
  TR0=1;                                        //启动定时器0
}
//定时器0中断函数
void Timer0() interrupt 1
{
  TH0=0x3C;                                     //重装初值
  TL0=0xB0;
  time_cnt++;                                   //毫秒累加
}
//液晶显示字符
void putstrings(unsigned char* pd)
{
```

```c
   while((*pd)!='0')                      //检测字符是否结束
    {
     LcdWriteData(*pd);                   //依次显示字符
     pd++;
    }
}
//延时1毫秒
void Lcd1602_Delay1ms(unsigned int c)
{
  unsigned char a,b;
  for(;c>0;c--)
   {
    for(b=199;b>0;b--)
     {
      for(a=1;a>0;a--);
     }
   }
}
//向液晶写一个字节命令
void LcdWriteCom(unsigned char com)
{
  LCD1602_E=0;                            //使能
  LCD1602_RS=0;                           //选择发送命令
  LCD1602_RW=0;                           //选择写
  LCD1602_DATAPINS=com;                   //放入命令
  Lcd1602_Delay1ms(1);                    //等待数据稳定
  LCD1602_E=1;                            //写入时序
  Lcd1602_Delay1ms(5);                    //保持时间
  LCD1602_E=0;
}
//向液晶写一个字节数据
void LcdWriteData(unsigned char dat)
{
  LCD1602_E=0;                            //使能
  LCD1602_RS=1;                           //选择输入数据
  LCD1602_RW=0;                           //选择写
  LCD1602_DATAPINS=dat;                   //写入数据
  Lcd1602_Delay1ms(1);                    //保持稳定
  LCD1602_E=1;                            //写入时序
```

```
    Lcd1602_Delay1ms(5);                          //保持稳定
    LCD1602_E=0;
}
//液晶初始化
void LcdInit()
{
    LcdWriteCom(0x38);                            //开显示
    LcdWriteCom(0x0c);                            //不显示光标
    LcdWriteCom(0x06);                            //写一个指针加1
    LcdWriteCom(0x01);                            //清屏
    LcdWriteCom(0x80);                            //设置数据起点
}
//液晶清屏
void clear_window()
{
    int aa;
    LcdWriteCom(0x80);                            //上半屏清屏
    for(aa=0;aa<16;aa++) LcdWriteData(' ');
    LcdWriteCom(0x80+0x40);                       //下半屏清屏
    for(aa=0;aa<16;aa++) LcdWriteData(' ');
}
```

小资料

众所周知，驾驶员进入驾驶室准备行驶时，打开钥匙门，车辆要开始自检。自检时，各种指示灯会有显示，如系统无故障，指示灯亮几秒后熄灭；如指示灯常亮，说明该系统有故障，驾驶员要根据指示做出相应的判断，发现有问题，需要解决后才能行驶。车辆在行驶过程中，也需要驾驶员时刻关注指示灯的变化情况。

1. 汽车安全带指示灯

如图 6-37 所示，该指示灯用来显示安全带是否处于锁止状态。当该灯点亮时，说明安全带没有锁止，仪表会声光报警提示。当安全带被及时扣紧后，该指示灯自动熄灭。

2. 汽车蓄电池指示灯

如图 6-38 所示，该指示灯用来显示电源系统工作状态。打开钥匙门，车辆开始自检时，该指示灯点亮，起动后自动熄灭。如果起动后蓄电池指示灯常亮，说明电源系统有故障，应停车检查。

图 6-37　汽车安全带指示灯

图 6-38　汽车蓄电池指示灯

3. 汽车机油指示灯

如图 6-39 所示，该指示灯用来显示发动机内机油的压力状况。打开钥匙门，车辆开始自检时，指示灯点亮，起动后熄灭。该指示灯常亮，说明该车发动机机油压力低于规定标准，需要检查机油量及其线路。

4. 汽车油量指示灯

如图 6-40 所示，该指示灯用来显示车辆内储油量的多少。当钥匙门打开，车辆进行自检时，该油量指示灯会短时间点亮，随后熄灭。如起动后该指示灯点亮，则说明车内油量已不足。

图 6-39　汽车机油指示灯

图 6-40　汽车油量指示灯

5. 汽车车门指示灯

如图 6-41 所示，该指示灯用来显示车辆各车门状况，任意车门未关上，或者未关好，该指示灯会有点亮，提示车主车门未关好，当车门关闭或关好时，相应的车门指示灯熄灭。

6. 汽车水温指示灯

如图 6-42 所示，该指示灯用来显示发动机内冷却液的温度，钥匙门打开，车辆自检时，会点亮数秒后熄灭。水温指示灯常亮，说明冷却液温度超过规定值，需停车检查。水温正常后熄灭。

图 6-41　汽车车门指示灯

图 6-42　汽车水温指示灯

项目实施

电动汽车起动控制

1. 目的与要求

通过电动汽车起动控制软硬件设计实训，练习单片机驱动大功率灯泡点亮的方法，练习单片机驱动与控制 LCD 显示的方法。

2. 电路功能

当刹车信号和起动信号同时满足时（两者都是低电平），高压上电，用灯亮表征高压已上电，同时仪表 LCD 屏显示"READY"。当起动开关断开时，断高压电，灯熄灭。

P1.0 引脚连接模拟起动开关按键，P1.1 引脚连接模拟刹车信号按钮，都是低电平有效。P2.3 引脚输出控制信号驱动三极管导通与否，进而控制灯泡继电器触点吸合与否。P2.0、P2.1、P2.2 引脚输出控制 LCD，P0 口输出通过上拉电阻控制 LCD 显示内容。

3. 电路设计

模拟电动汽车起动控制系统电路如图 6-43 所示。

视频：模拟电动汽车起动控制系统电路

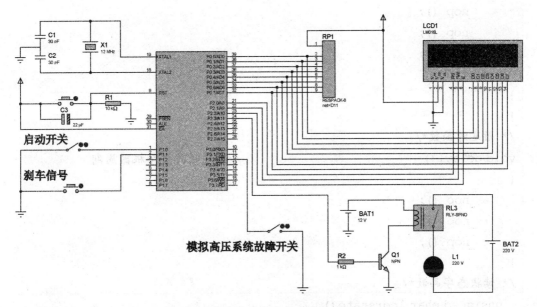

图 6-43 模拟电动汽车起动控制系统电路

4. 源程序设计

```
//功能:模拟电动汽车起动控制程序
#include <reg51.h>              //包含定义51单片机特殊功能寄存器的
                                //头文件
#include <intrins.h>            //包含定义循环移位的头文件
sbit P10= P1^0;                 //定义 P1.0 引脚
sbit P11= P1^1;                 //定义 P1.1 引脚
sbit P23= P2^3;                 //定义 P2.3 引脚
sbit LCD_RS= P2^0;              //定义 P2.0 引脚
sbit LCD_RW= P2^1;              //定义 P2.1 引脚
sbit LCD_EP= P2^2;              //定义 P2.2 引脚
unsigned char code dis[ ]= {"READY"};   //存放显示的字符"READY"
/* 长延时函数*/
void delay(int ms)              //带参数的延时函数,延时可控
```

```c
{
int i;
while(ms--)
    {
        for(i=0;i<250;i++)
        {
          _nop_();
          _nop_();
          _nop_();
          _nop_();
        }
    }
}
/* 短延时函数*/
void delay1()                         //大约延时几个机器周期
{
    _nop_();
    _nop_();
    _nop_();
}
/* 读状态字函数*/
  unsigned char lcdrstate()
  {
    unsigned char s;
    LCD_RW=1;
    delay1();
    LCD_RS=0;                         //RW=1,RS=0,读 LCD 状态
    delay1();
    LCD_EP=1;                         //产生使能信号高电平
    delay1();
    s=P0;                             //从 LCD 的数据口读状态
    delay1();
    LCD_EP=0;                         //产生使能信号低电平
    delay1();
    LCD_RW=0;                         //停止读状态
    delay1();
    return(s);                        //返回读取的 LCD 状态字
  }
```

```c
/* 写入指令数据函数*/
void lcd_wcmd(unsigned char cmd)
{
    unsigned int i;
do                                      //查询 LCD 是否忙
  {
        i=lcdrstate();                  //调用读 LCD 状态字函数
        i&=0x80;                        //与运算,屏蔽低 8 位
        delay(2);
     }while(i!=0);                      //LCD 忙,继续查询,否则退出循环

LCD_RS=0;
LCD_RW=0;                               //RS=0,RW=0,写 LCD 命令字
LCD_EP=0;                               //产生使能信号低电平
_nop_();
_nop_();
P0=cmd;                                 //将命令字写入 LCD 数据口
_nop_();
_nop_();
_nop_();
_nop_();
LCD_EP=1;                               //产生使能信号高电平
_nop_();
_nop_();
_nop_();
_nop_();
LCD_EP=0;                               //产生使能信号低电平
}
/* 设定显示位置函数*/
void lcd_pos(unsigned char pos)
{
lcd_wcmd(pos |0x80);                    //设置显示地址为第 1 行第 pos 列
}
/* 写入字符显示数据函数*/
void lcd_wdat(unsigned char dat)
{
   unsigned int i;
do                                      //查询 LCD 是否忙
  {
```

```c
        i=lcdrstate();              //调用读LCD状态字函数
        i&=0x80;                    //与运算,屏蔽低8位
        delay(2);
    }while(i!=0);                   //LCD忙,继续查询,否则退出循环
    LCD_RS=1;
    LCD_RW=0;                       //RS=1,RW=0,写LCD命令字
    LCD_EP=0;                       //产生使能信号低电平
    P0=dat;                         //将数据写入LCD数据口
    _nop_();
    _nop_();
    _nop_();
    _nop_();
    LCD_EP=1;                       //产生使能信号高电平
    _nop_();
    _nop_();
    _nop_();
    _nop_();
    LCD_EP=0;                       //产生使能信号低电平
}
void lcd_init()
{                                   //LCD初始化设定
    lcd_wcmd(0x38);                 //16×2显示,5×7点阵,8位数据
    delay(1);
    lcd_wcmd(0x0c);                 //显示开,关光标
    delay(1);
    lcd_wcmd(0x06);                 //移动光标
    delay(1);
    lcd_wcmd(0x01);                 //清除LCD的显示内容
    delay(1);
}
void main()
{
    unsigned char i;
    lcd_init();                     //初始化LCD
    P23=0;                          //P2.3引脚输出低电平,灯不亮
    while(1)
    {
        if(P10==0&P11==0)           //如果起动开关按下,同时踩下刹车
```

```
    {
        P23=1;                        //P2.3引脚输出高电平,灯点亮,表示车辆起动
        lcd_wcmd(0x06);               //向右移动光标
        lcd_pos(0);                   //设置显示位置为第1行的第1个字符
        i=0;
        while(dis[i]!='\0')
        {                             //显示字符"READY"
            lcd_wdat(dis[i]);
            i++;
            delay(30);                //控制两字之间显示速度
        }
    }
    if(P10==1)                        //如果断开起动开关
    {
        P23=0;                        //P2.3输出低电平,灯熄灭,表示车辆断电
        lcd_wcmd(0x01);               //清屏
    }
}
```

项目拓展

项目拓展1 模拟汽车仪表盘上的车速显示控制

汽车仪表盘上的车速显示原理：仪表控制单元通过轮速传感器获取各车轮转速，通过计算得出车辆行驶速度，并在仪表盘上实时显示。轮速传感器多数为霍尔传感器，在车轮轴上有一个齿盘，在车轮的转动过程中，霍尔传感器是利用电磁感应原理，可以产生与齿盘齿数相对应的脉冲信号，仪表控制单元将从输入端口引脚检测到的脉冲信号频率进行算法处理转化为车速，再在仪表盘上实时显示出来。

1. 目的与要求

用信号发生器模拟霍尔传感器产生的脉冲，将霍尔传感器产生的脉冲信号送到ECU（AT89C51单片机）的P3.3引脚（外部中断1）。内部定时计数器T0工作在定时状态，T0产生1 ms的定时。对加到P3.3引脚的脉冲进行计数。假设1 s内T0计数到N个脉冲，则齿盘的转动频率为N/1=N。对脉冲频率进行处理，即可转化为车速，并在数码管上显示出来。

2. 电路功能

（1）仿真中用信号发生器模拟霍尔传感器的脉冲信号，信号从P3.3（外部中断1）进入。

(2) 选用 3 位共阳极数码管进行显示，显示的速度范围为 0~255。管段码接 P2 端口，位选码接 P3 端口的 P3.0、P3.1、P3.2，实时显示车速，3 位整数，单位为 km/h。

(3) 两个脉冲信号转 1 圈，定义 1 ms 定时器，统计 1 h 转的圈数（转速 N，单位为 r/h），轮胎直径定义为常量 D(m)，轮胎周长为 πD(m)，则 1 h 的里程为 πDN(m)，车速为 πDN/1 000(km/h)。

视频：模拟汽车仪表盘上的车速显示控制系统电路

3. 电路设计

模拟汽车仪表盘上的车速显示控制系统电路如图 6-44 所示。

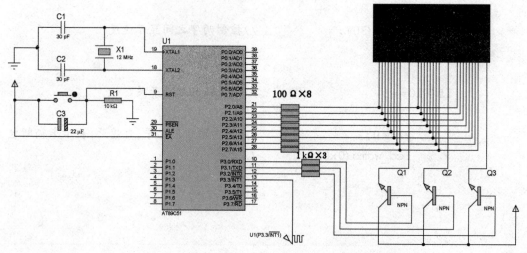

图 6-44 模拟汽车仪表盘上的车速显示控制系统电路

4. 源程序设计

```
//功能:实时显示车速,单位为 km/h。
#include <reg51.h>          //包含头文件<reg51.h>,定义51单片机的特殊
                            //功能寄存器
sbit P3_0= P3^0;            //数码管选位,百位
sbit P3_1= P3^1;            //数码管选位,十位
sbit P3_2= P3^2;            //数码管选位,个位
#define D 0.6               //轮胎直径
unsigned char code table[]={0xc0,0xf9,0xa4,0xb0,0x99,0x92,0x82,0xf8,
0x80,0x90};                 //共阳极数码管 0~9 的编码
unsigned int speed=0;       //时速
unsigned char GE,SHI,BAI;   //个,十,百位
unsigned int counter=0;     //脉冲数
unsigned int N,calsp;       //N 为 1 h 转动圈数,calap 为计数时长
void display();             //数码管显示函数
void delay();               //延时函数
```

```c
void calspeed();                    //时速计算函数
void main()
{
EA=1;                               //开启中断
EX1=1;                              //开启外部中断1
IT1=1;                              //下降沿触发
TMOD=0x01;                          //设置定时器T0为方式1,16位计数模式
TH0=(65536-1000)/256;               //定时时间1 ms
TL0=(65536-1000)%256;
ET0=1;                              //开启定时器T0
TR0=1;                              //启动定时器T0
while(1)
   {
    display();                      //数码管显示
    calspeed();                     //速度计算
   }
}
void calspeed()                     //计算时速
{
if(calsp==1000)                     //到达1 s
   {
    N=3600*counter;                 //1 h圈数
    counter=0;                      //脉冲清零
    calsp=0;                        //1 s标志位清零
    speed=N*3.14*D/1000.0;          //时速
   }
}

//数码管显示函数
void display()
{
  GE=speed%10;                      //取速度个位
  SHI=speed/10%10;                  //取速度十位
  BAI=speed/100%10;                 //取速度百位
  P3_0=1;                           //选百位
  P2=table[BAI];                    //显示百位
  delay();                          //延时
  P3_0=0;                           //百位位码清零
```

```
    P3_1=1;                              //选十位
    P2=table[SHI];                       //显示十位
    delay();                             //延时
    P3_1=0;                              //十位位码清零
    P3_2=1;                              //选个位
    P2=table[GE];                        //显示个位
    delay();                             //延时
    P3_2=0;                              //个位位码清零
}
//延时函数
void delay()
{
  unsigned char i=10;
  while(i--);
}
void TIMER0()interrupt 1                 //定时器T0中断函数
{
  TH0= (65536 -1000)/256;                //重装初值
  TL0= (65536 -1000)%256;
  calsp++;                               //毫秒加1
}
//外部中断0中断函数
void INT0()interrupt 2
{
  counter++;                             //脉冲加1
}
```

项目拓展2 汽车仪表上的时钟显示

1. 目的与要求

以汽车仪表上时钟显示控制为例,练习数码管动态显示、定时器中断等的软硬件设计。

2. 电路功能

设计四位数码管显示时钟,两位分钟,两位小时,段码由P2口送出驱动信号,位码由P1口反向送出,选用共阴极数码管。设初始显示值为7:00。

3. 电路设计

模拟汽车仪表时钟显示控制系统电路如图6-45所示。模拟汽车仪表时钟显示电路板如图6-46所示。

项目六 电动汽车起动控制

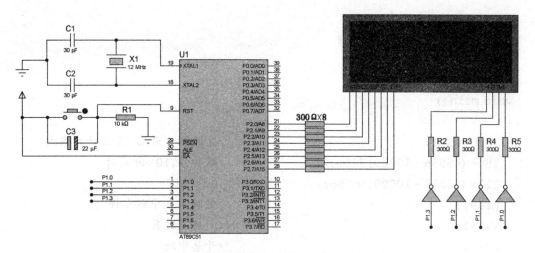

图 6-45 模拟汽车仪表时钟显示控制系统电路

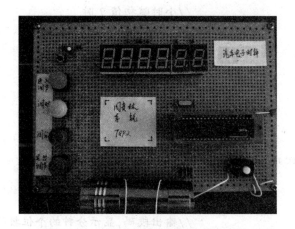

图 6-46 模拟汽车仪表时钟显示电路板

视频：模拟汽车仪表
时钟显示电路

4. 源程序设计

```
//功能:模拟汽车仪表时钟显示控制程序
#include <reg51.h>
unsigned char min,hou;                    //定义分钟变量min,小时变量hou
unsigned char code table[]={0x3f,0x06,0x5b,0x4f,0x66,0x6d,0x7d,0x07,
              0x7f,0x6f,0xBF,0x86,0xDB,0xCF,0xE6,0xED,
              0xFD,0x87,0xFF,0xEF};
                                          //定义段码数组
void display(unsigned char m,n);          //声明display数码管显示函数
//延时函数
void delay()
{
```

```c
    unsigned int i;
    for(i=0;i<150;i++);
}
//主函数
void main()
{
    TMOD=0X01;                          //定时器0开启16位计时模式
    TH0=(65536-10000)/256;              //赋初值,10 ms定时
    TL0=(65536-10000)%256;
    ET0=1;                              //定时器0中断允许
    TR0=1;                              //开启定时器
    EA=1;                               //开总中断
    min=0;                              //分钟赋初值0分
    hou=7;                              //小时赋初值7时
    while(1)
    {
        display(min,hou);               //显示当前时间
    }
}
//定义动态显示函数
void display(unsigned char m,n)
{
    P1=0x01;                            //输出位码,分钟的个位显示
    P2=table[m%10];                     //输出段码,显示分钟的个位数字
    delay();                            //数码管显示延时
    P1=0x02;                            //输出位码,分钟的十位显示
    P2=table[m/10];                     //输出段码,显示分钟的十位数字
    delay();                            //数码管显示延时
    P1=0x04;                            //输出位码,小时的个位显示
    P2=table[n%10+10];                  //输出段码,显示小时的个位数字
    delay();                            //数码管显示延时
    if(n<10)   P1=0x00;                 //如果小时小于10,小时十位上不显示数字
    else
    {
        P1=0x08;                        //输出位码,小时的十位显示
        P2=table[n/10];                 //输出段码,显示小时的十位数字
        delay();                        //数码管显示延时
    }
}
```

```c
//定时器 0 中断函数
void tim0()interrupt 1
{
  unsigned char scount,i;
  TH0= (65536 -10000)/256;              //重新赋初值
  TL0= (65536 -10000)%256;
  i++;                                   //毫秒计数
    if(i==100)                           //到达 1 s
  {
  scount++;                              //秒计数加 1
  i=0;                                   //毫秒计数清零
  if(scount==60)                         //60 s,到达 1 min
  {
    scount=0;                            //秒计数清零
    min++;                               //分计数加 1
    if(min==60)                          //60 min,到达 1 h
    {
      min=0;                             //分计数清零
      hou++;                             //小时计数加 1
      if(hou==24)hou=0;                  //到达 24 h,小时计数清零
    }
   }
  }
}
```

☞ **小资料** ☜

霍尔传感器

1. 霍尔效应

霍尔传感器是基于霍尔效应的一种传感器,是目前应用最为广泛的一种磁电式传感器。

如图 6-47 所示,当磁场垂直于薄片时,电子受到洛仑兹力的作用,向内侧偏移,在半导体薄片的端面之间建立起霍尔电势。半导体薄片置于磁感应强度为 B 的磁场中,磁场方向垂直于薄片,当有电流 I 流过薄片时,在垂直于电流和磁场的方向上将产生电动势 E_H,这种现象称为霍尔效应。作用在半导体薄片上的磁场强度 B 越强,霍尔电势就越高。霍尔电势 E_H 可用下式表示:$E_H=K_H IB$(K_H 为灵敏度)。若磁感应强度 B 不垂直于霍尔元件,而是与其法线成某一角度时,实际上作用于霍尔元件上的有效磁感应强度是其法线方向(与薄片垂直的方向)的分量,即 $B\cos\theta$,这时的霍尔电势为 $E_H=K_H IB\cos\theta$。

2. 霍尔传感器的应用

霍尔电压随磁场强度的变化而变化,磁场越强,电压越高,磁场越弱,电压越低。霍尔

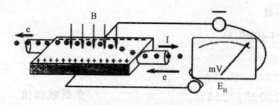

图 6-47 霍尔效应原理

电压值很小,通常只有几个毫伏,但经集成电路中的放大器放大,就能使该电压放大到足以输出较强的信号。若使霍尔集成电路起传感作用,需要用机械的方法来改变磁场强度。图 6-48 所示的方法是用一个转动的叶轮作为控制磁通量的开关,当叶轮叶片处于磁铁和霍尔集成电路之间的气隙中时,磁场偏离集成片,霍尔电压消失。这样,霍尔集成电路的输出电压的变化,就能表示出叶轮驱动轴的某一位置,利用这一工作原理,可将霍尔集成电路片用作点火正时传感器。霍尔效应传感器属于被动型传感器,它要有外加电源才能工作,这一特点使它能检测转速低的运转情况。

霍尔电流传感器本身已经存在滤波电路,输出无须再加装滤波,可直接供单片机的 0~5V 的 AD 采集或直接送到单片机的中断输入引脚,信号非常稳定,而且抗干扰能力很强,开关型霍尔传感器原理图如图 6-49 所示。霍尔电流传感器反应速度一般为 7 μs,不用考虑单片机循环判断的时间。

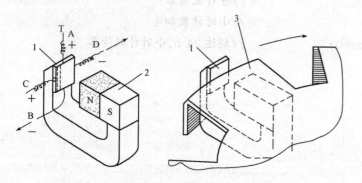

图 6-48 霍尔传感器
1—霍尔半导体元件;2—永久磁铁;3—挡隔磁力线的叶片

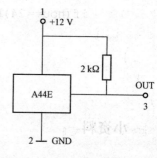

图 6-49 开关型霍尔传感器原理图

练习题

一、填空题

1. 在单片机应用系统中,LED 数码管显示电路通常有_____和_____两种显示方式。

2. 一个单片机应用系统用 LED 数码管显示字符"8"的段码是 0x80,可以断定该显示用的是_____数码管。

3. 共阳极 LED 数码管加反相器驱动时显示字符"6"的段码是_____。

4. 在共阴极数码管使用中,若要仅显示小数点,则对应的字形码是_____。

5. 某一应用系统中,需要扩展 10 个功能键,通常采用_____按键方式比较好。

二、选择题

1. LED 数码管若采用动态显示方式，下列说法错误的是(　　)。
   A. 将各位数码管的段选线并联
   B. 将段选线用一个 8 位 I/O 端口控制
   C. 将各位数码管的公共端直接连接在 +5 V 或者 GND 上
   D. 将各位数码管的位选线用各自独立的 I/O 端口控制

2. 按键开关的结构通常是机械弹性元件，在按键按下和断开时，触点在闭合和断开瞬间会产生接触不稳定，为消除抖动引起的不良后果常采用的方法有(　　)。
   A. 硬件去抖动　　　　　　　　　　B. 软件去抖动
   C. 硬、软件两种方法　　　　　　　D. 单稳态电路去抖动

3. (　　)显示方法编程较简单，但占用 I/O 口线多，其一般适用显示位数较少的场合。
   A. 静态　　　　B. 动态　　　　C. 静态和动态　　　D. 查询

三、简答题

1. 51 单片机最多能控制几只静态显示的数码管？
2. LED 静态显示与动态显示有何区别？
3. LED 大屏幕显示一次能点亮多少行？显示的原理是怎样的？
4. 矩阵式键盘按键有什么特点？它适用什么场合？

四、程序设计题

上电复位后 P2 口所连接的一个共阳极数码管循环显示数字 0~9。要求：用 Proteus 软件画出原理图并编写程序进行仿真测试。

项目七
△ 汽车单片机应用技术——基于 Proteus 和 Keil C51 仿真

汽车雨刷控制

项目要求

知识目标：
1. 了解单片机串行通信的基础知识、串行口的结构、工作方式及波特率设置。
2. 掌握单片机串行通信过程及用查询与中断两种方式进行串行通信程序设计。
3. 了解采用串行口扩展并行端口的方法。

能力目标：
1. 通过模拟汽车雨刷控制实例掌握单片机串行通信接口的使用方法。
2. 能够用单片机串行通信知识进行汽车雨刷控制等有关通信的软硬件设计。

素养目标：
1. 通信使社会生活发生了极其深刻的变化。
2. 怀有感恩之心，回报服务社会。

知识储备

通信事业的迅猛发展，让现代人的生活得到了翻天覆地的变化。比如远程交流、可视化交流增加了人与人之间沟通的手段和频率；光纤传输、互联网技术使信息的传递得到了极大的发展；人工智能、传感技术给物联网的快速发展奠定了基础，使得万物互联成为可能；车载互动技术、车辆蓝牙、地图导航、GPS 跟踪监测车辆位置，使人们平安顺利出行。

所有这些高科技都有一个共同点，就是数据传输和信号通信。

一、数据传输的概念

民族自信

（一）并行通信与串行通信

数字信号在计算机和终端之间的数据传输称为通信。通信通常有两种方式：并行通信和串行通信。如果一组数据的各数据位在多条线上同时被传输,这种传输方式称为并行通信;串行通信是把被传送的数据按组成数据各位的相对位置一位一位地顺序传送,接收时再把顺序传送的数据位按原数据形式恢复。图7-1所示为这两种通信方式的电路连接示意。

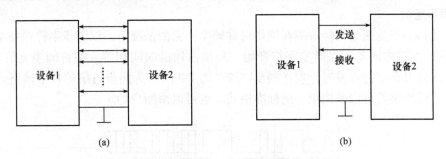

图7-1 两种通信方式的电路连接示意
(a)并行通信;(b)串行通信

并行通信传输速度要比串行通信快,但是由于传输线多,因此通信成本高,不支持远距离通信,主要用于近距离通信,如计算机内部的总线结构,即CPU与内部寄存器及接口之间采用并行传输。串行通信支持长距离传输,计算机网络中所使用的传输方式均为串行传输,单片机与外设之间大多使用各类串行接口,包括UART、USB、I^2C、SPI等。

(二)单工、半双工和全双工

在串行通信中,要把数据从一个地方传送到另一个地方,必须使用通信线路。按照数据传送方向,可将数据传输分为单工、半双工和全双工三种方式,如图7-2所示。

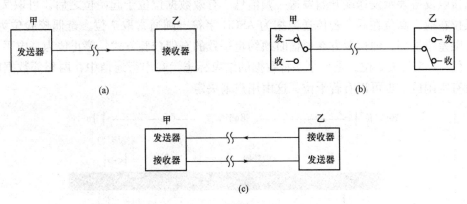

图7-2 单工、半双工和全双工三种方式
(a)单工;(b)半双工;(c)全双工

单工方式,只允许数据向一个方向传送,如图7-2(a)所示。半双工方式,允许数据向两个方向中的任一方向传送,但每次只能有一端发送,如图7-2(b)所示。全双工方式,允许同时双向传送数据,它要求两端的通信设备都具有完整和独立的发送和接收能力,如图7-2(c)所示。在实际应用中,尽管串行通信接口电路具有全双工通信能力,但大部分只工作于半双工方式,即两端通常不同时收发。

(三)同步通信和异步通信

在串行通信方式中,按串行数据的时钟控制方式,可以分为同步通信和异步通信两类。

1. 同步通信

同步通信是指发送端与接收端在同步时钟频率一致的情况下,以同步字符在每个数据块开始时使收/发双方同步,以同步字符开始,每位占用的时间相等,字符间不允许有间隙,当线路空闲或没有字符可发时,发送同步字符。图7-3所示为同步通信的数据帧格式,在同步通信中,同步字符可以采用统一的标准格式,也可以由用户约定。

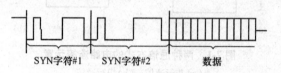

图7-3 同步通信的数据帧格式

2. 异步通信

在异步通信中,数据通常是以字符为单位组成字符帧传送的。字符帧由发送端一帧一帧地发送,每一帧数据是低位在前、高位在后,通过传输线由接收端一帧一帧地接收。发送端和接收端分别使用各自独立的时钟来控制数据的发送和接收,这两个时钟彼此独立,互不同步。异步通信有两个比较重要的指标:数据帧和波特率。

(1)数据帧。数据帧也称字符帧,由起始位、有效数据位、奇偶校验位和停止位四部分组成,如图7-4所示。异步通信的起始位为数据帧开头,只占一位,始终为逻辑0低电平,用来向接收设备表示发送端开始发送一帧信息。有效数据位位于起始位之后,可取7位或8位,低位在前,高位在后。若传送数据为ASCII字符,则通常取7位。奇偶校验位为一位,用于有限差错检测,通信双方在通信时须约定一致的奇偶校验方式。停止位为高电平,通常可取1位、1.5位或2位,是一个字符数据的结束标志。在串行通信中,两相邻数据帧之间可以没有空闲位,也可以有若干位,这由用户来决定。

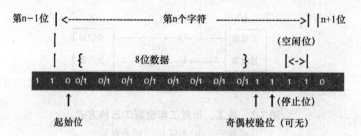

图7-4 异步通信的数据帧格式

(2)波特率(Baud Rate)。波特率即数据传送速率,是指串行口每秒传送(或接收)二进制数码的位数,其单位为b/s(位/秒)或bps(bit per second 的缩写)。即1波特率=1位/秒(b/s)。假设发送一位数据所需要的时间为T,则波特率为1/T。例如,波特率为2 400 b/s的通信系统,其每位的传输时间应为T=1/2 400=0.417 ms。波特率是衡量串行异步通信传送数据速度的一个指标。波特率越高,数据传输速度越快,但和数据帧格式有关。

通常，异步串行通信的波特率为 50~9 600 b/s。在进行异步串行通信时除约定好传送数据的格式外，还应约定好发送和接收的波特率。例如，波特率为 9 600 b/s 的串行异步传送，若数据的格式为 1 位起始位、1 位停止位、1 位奇偶校验位和 7 位有效数据位，则每秒传送的字符数为 9 600/10=120 字符/s。

3. 异步通信与同步通信的区别

异步通信的优点是不需要传送同步脉冲，字符帧长度也不受限制，故所需设备简单，缺点是字符中因包含有起始位和停止位而降低可有效数据的传输速度。

同步通信的优点是数据传输速率较高。其缺点是要求发送时钟和接收时钟保持严格同步，除要求发送时钟和发送波特率保持一致外，还需要把它同时传送到接收端。

同步通信一次传送的数据量大，但对通信设备要求严格。在信息量很大、传输速度要求较高的场合，常采用同步通信。异步通信传送数据较慢，但在通信过程中发送与接收设备较容易协同一致，在实际中应用较广，常用于传输信息量不太大、传输速度比较低的场合。

二、51 单片机的串行接口

51 系列单片机内部含有 1~2 个可编程全双工串行通信接口，串行通信接口简称串行口，51 系列单片机串行口有 4 种工作方式。波特率可由软件自行设置，由片内的定时/计数器产生，接收和发送均可工作在查询方式或中断方式。串行口除用于数据通信外，还可以作为并行输入/输出口，或作为串行通信到并行通信的转换，也可以用来驱动键盘或显示器件等。

（一）串行口结构

51 系列单片机的异步串行通信接口内部结构如图 7-5 所示。其主要由串行口数据缓冲器 SBUF、串行口控制寄存器 SCON 和波特率发生器构成，外部引脚有串行数据接收端 RXD (P3.0) 和串行数据发送端 TXD(P3.1)。

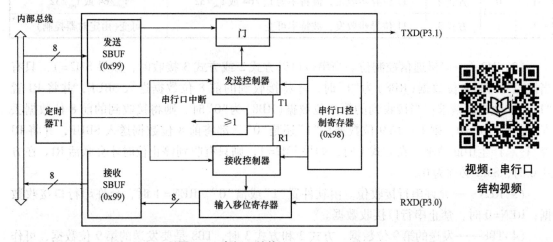

图 7-5　串行口结构

51系列单片机通过串行接口完成双机通信的硬件电路如图7-1所示,通信双方只连接了3根线,甲方(乙方)发送端TXD与乙方(甲方)接收端RXD相连,同时双方共地。

双机通信的控制程序设计主要包括串行口初始化和数据发送/接收两大模块,其中,串行口初始化实现工作方式设置、波特率设置、启动波特率发生器和允许接收等功能。在进行双机通信时,两机应采用相同的工作方式和波特率,因此收、发双方的串行口初始化程序模块基本相同。

(二)串行口工作方式设置

51系列单片机串行口有4种工作方式,分别称为方式0、方式1、方式2、方式3,通过控制寄存器SCON进行设置工作方式。

1. 串行口控制寄存器SCON

SCON用来控制串行口的工作方式和状态,可以进行位寻址。单片机复位时,所有位全为0。其各位定义见表7-1。

表7-1 SCON各位定义

位	D7	D6	D5	D4	D3	D2	D1	D0
名称	SM0	SM1	SM2	REN	TB8	RB8	TI	RI
位地址	9FH	9EH	8DH	9CH	9BH	9AH	99H	98H

具体各位的含义如下:

(1)SM0、SM1——串行口4种工作方式的选择位,见表7-2。

表7-2 串行口的4种工作方式

SM0	SM1	工作方式	功能描述	波特率
0	0	方式0	同步移位寄存器方式(用于扩展I/O口)	$f_{osc}/12$
0	1	方式1	10位异步收发	可变(由定时器控制)
1	0	方式2	11位异步收发,波特率为$f_{osc}/64$或$f_{osc}/32$	$f_{osc}/64$或$f_{osc}/32$
1	1	方式3	11位异步收发,波特率可变	可变(由定时器控制)

(2)SM2——多机通信控制位。当串行口以方式2或方式3接收时,如果SM2=1,只有当接收到的第9位数据(RB8)为"1"时,才将接收到的前8位数据送入SBUF,并将RI置"1",产生中断请求;当接收到的第9位数据(RB8)为"0"时,则将接收到的前8位数据丢弃。如果SM2=0,则不论第9位数据是"1"还是"0",都将前8位数据送入SBUF,并将RI置"1",产生中断请求。在方式1时,如果SM2=1,则只有收到停止位时才会激活RI。在方式0时,SM2必须为0。

(3)REN——允许串行接收位。由软件置"1"或清"0"。REN=1时,允许串行口接收数据;REN=0时,禁止串行口接收数据。

(4)TB8——发送的第9位数据。方式2和方式3时,TB8是要发送的第9位数据,可作为奇偶校验位使用,也可作为地址帧或数据帧的标志。TB8=1为地址帧,TB8=0为数据帧。

（5）RB8——接收到的第9位数据。方式2和方式3时，RB8存放接收到的第9位数据。在方式1，如果SM2=0，RB8是接收到的停止位。在方式0，不使用RB8。

（6）TI——发送中断标志位。方式0时，串行发送第8位数据结束时由硬件置"1"，在其他工作方式中，串行口发送停止位的开始时置"1"。TI=1，表示一帧数据发送结束，可供软件查询，也可申请中断。CPU响应中断后，向SBUF写入要发送的下一帧数据。TI必须由软件清"0"。

（7）RI——接收中断标志位。方式0时，接收完第8位数据时，RI由硬件置1，在其他工作方式中，串行接收到停止位时，该位置"1"。RI=1，表示一帧数据接收完毕，并申请中断，CPU从接收SBUF取走数据。该位状态也可用软件查询。RI必须由软件清"0"。

实战演练：给串行口控制寄存器SCON赋值，要求串行口工作于方式2，允许接收数据。

答案：SCON=0x90;

2. 串行口工作方式

（1）方式0。方式0为移位寄存器输入输出方式，波特率固定为$f_{osc}/12$。发送或接收的是8位数据，低位在先，串行数据从RXD（P3.0）端输入或输出，同步移位脉冲由TXD（P3.1）送出。输出时，串行数据从RXD引脚输出，TXD引脚输出移位脉冲（波特率）。CPU将数据写入发送寄存器SBUF时，立即启动发送，8位数据将以$f_{osc}/12$的固定波特率从RXD输出，低位在前，高位在后。发送完一帧数据后，发送中断标志TI由硬件置位。输入时，串行口以方式0接收，先置位允许接收控制位REN。此时，RXD为串行数据输入端，TXD仍为同步脉冲移位输出端。当RI=0和REN=1同时满足时，开始接收。当接收到第8位数据时，将数据移入接收寄存器SBUF，并由硬件置位RI。

实战演练：图7-6所示为串行口扩展I/O硬件电路图。74LS164为串入并出移位寄存器，74LS165为并入串出移位寄存器（74LS164和74LS165的详细用法参见后面的串行口的I/O端口扩展）。

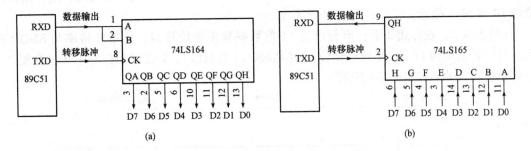

图7-6 串行口扩展I/O硬件电路
(a)移位寄存器输出；(b)移位寄存器输入

数据输出方，程序如下：

```
SCON=0;                //置串行口方式0
TI=0;                  //清中断TI=0
SBUF=0x83;             //数据输出
```

数据输入方,设数据已在 74LS165 中,程序如下:

```
SCON=0x10;          //置串行口方式 0,允许接收
shuju=SBUF;         //数据进入 shuju 中,shuju 为定义的变量
RI=0;               //清中断 RI=0
```

(2)方式 1。数据从 RXD(P3.0)脚输入。当检测到起始位的负跳变时,开始接收数据。此时,串行口为波特率可调的 10 位通用异步接口 UART,发送或接收的一帧信息包括 1 位起始位、8 位数据位和 1 位停止位。其帧格式如图 7-7 所示。

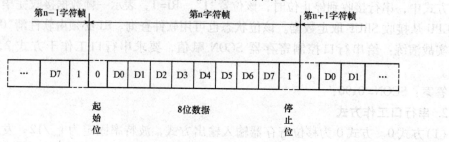

图 7-7　方式 1 下 10 位帧格式

发送时,当数据写入发送缓冲器 SBUF 后,启动发送器发送,数据从 TXD 输出。当发送完一帧数据后,置中断标志 TI 为 1。

接收时,REN 置 1,允许接收,串行口采样 RXD,当采样由 1 到 0 跳变时,确认是起始位"0",开始接收一帧数据。当一帧数据接收完,须同时满足以下两个条件,接收才真正有效。

1)RI=0,即上一帧数据接收完成时,RI=1 发出的中断请求已被响应,SBUF 中的数据已被取走,说明"接收 SBUF"已空。

2)SM2=0 或收到的停止位等于 1(方式 1 时,停止位已进入 RB8),则收到的数据装入 SBUF 和 RB8(RB8 装入停止位),且将中断标志 RI 置"1"。

若这两个条件不同时满足,收到的数据将丢失。所以,采用方式 1 接收时,应先用软件清除 RI 或 SM2 标志。

(3)方式 2。在方式 2 下,串行口为 11 位数据异步通信接口,传送波特率与 SMOD 有关。每帧数据均为 11 位,1 位起始位,8 位数据位(先低位),1 位可程控的第 9 位数据和 1 位停止位。其帧格式如图 7-8 所示。

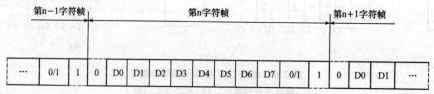

图 7-8　方式 2 下 11 位帧格式

发送时,先根据通信协议由软件设置 TB8(如双机通信时的奇偶校验位或多机通信时的地址/数据的标志位),然后将要发送的数据写入 SBUF,启动发送。写 SBUF 的语句,除了将 8 位数据送入 SBUF 外,同时将 TB8 装入发送移位寄存器的第 9 位,并通知发送控制器进行一次发送,一帧信息即从 TXD 发送。在发送完一帧信息后,TI 被自动置 1,在发送下一

帧信息之前，TI 必须在中断服务程序或查询程序中清零。

当 REN=1 时，允许串行口接收数据。当接收器采样到 RXD 端的负跳变，并判断起始位有效后，数据由 RXD 端输入，开始接收一帧信息。当接收器接收到第 9 位数据后，若不同时满足以下两个条件，则信息丢失。

1）RI=0 和 SM2=0 或接收到的第 9 位数据为 1，则接收数据有效。

2）将 8 位数据送入 SBUF，第 9 位送入 RB8，并置 RI=1。

（4）方式 3。方式 3 为波特率可变的 11 位 UART 通信方式，除了波特率以外，方式 3 与方式 2 完全相同。

（三）波特率设置

51 系列单片机串行口 4 种工作中方式 0 和方式 2 的波特率是固定的，方式 1 和方式 3 的波特率可变，由定时器 T1 的溢出率决定。

1. 方式 0 和方式 2 的波特率设置

在方式 0 中，波特率为时钟频率的 1/12，即 $f_{osc}/12$，固定不变。

在方式 2 中，波特率取决于 PCON 中的 SMOD 值，当 SMOD=0 时，波特率为 $f_{osc}/64$；当 SMOD=1 时，波特率为 $f_{osc}/32$，即波特率 $=\dfrac{2^{SMOD}}{64} \times f_{osc}$。

PCON 是 51 系列单片机上的电源控制器，不可以位寻址，其各位定义见表 7-3。PCON 中的 SMOD 位与串行通信有关的是 SMOD 位，为波特率选择位，也称波特率倍增位。当 SMOD=0 时，波特率不变；当 SMOD=1 时，波特率乘以 2。

表 7-3 PCON 各位定义

位	D7	D6	D5	D4	D3	D2	D1	D0
名称	SMOD	—	—	—	GF1	GF0	PD	IDL

2. 方式 1 和方式 3 的波特率设置

在方式 1 和方式 3 下，波特率由定时器 T1 的溢出率和 SMOD 共同决定，即

$$波特率 = \dfrac{2^{SMOD}}{32} \times T1(溢出率)$$

$$定时器\ T1(溢出率) = \dfrac{f_{osc}}{12} \times \dfrac{1}{2^k - X}$$

式中，k 为定时器 T1 的位数，它和定时器 T1 的设定方式有关。方式 0 时，k=13；方式 1 时，k=16；方式 2 时，k=8。X 为定时器 T1 的初值，这里设 M（最大计数值）$=2^k$，则串行口工作方式在方式 1 和方式 3 时的波特率计算公式如下：

$$波特率 = \dfrac{2^{SMOD}}{32} \times \dfrac{f_{osc}}{12(M-X)}$$

实际上，当定时器 T1 做波特率发生器使用时，通常是工作在定时器的工作方式 2 下，即作为一个自动重装初值的 8 位定时器，TL1 做计数用，自动重载的值在 TH1 内。此时，M=256，可得

$$波特率 = \dfrac{2^{SMOD}}{32} \times \dfrac{f_{osc}}{12(256-X)}$$

$$\text{计数初值 } X = 256 - \frac{2^{\text{SMOD}}}{32} \times \frac{f_{osc}}{12 \times 波特率}$$

表 7-4 中列出了常用的波特率对应的定时器初始值,但有两点需要注意:

(1)在使用的时钟振荡频率 f_{osc} 为 12 MHz 或 6 MHz 时,计算出的波特率有一定误差。消除误差可采用时钟频率 11.059 2 MHz,尤其在单片机与 PC 的通信中,必须使用 11.059 2 MHz 的晶振。

(2)如果选用很低的波特率,如波特率选为 55 b/s,可将定时器 T1 设为方式 1 定时。但这种情况,T1 溢出时,需在中断服务程序中重新装入初值。中断响应时间和执行指令时间会使波特率产生一定的误差,可用改变初值的方法加以调整。

表 7-4 定时器 T1 产生的常用波特率

波特率/kbp	f_{osc}/MHz	SMOD	方式	初始值
62.5	12	1	1、3	0xFF
19.2	11.0592	1	1、3	0xFD
9.6	11.0592	0	1、3	0xFD
4.8	11.0592	0	1、3	0xFA
2.4	11.0592	0	1、3	0xF4
1.2	11.0592	0	1、3	0xE8

综上所述,设置串行口波特率的步骤如下:
(1)写 TMOD,设置定时器 T1 的工作方式。
(2)给 TH1 和 TL1 赋值,设置定时器 T1 的初值 X。
(3)置位 TR1,启动定时器 T1 工作。

实战演练:f_{osc}=11.059 2 MHz,要求设置串行通信的波特率为 9 600 b/s。定时器 T1 工作于方式 2,初值应为 0xFD。设置波特率的程序段如下:

```
TMOD=0x20;              //定时器 T1 工作于方式 2
TL1=0xFD;               //初值设置,波特率为 9 600 b/s
TH1=0xFD;
TR1=1;                  //启动定时器 T1
```

三、51 单片机串行口应用编程

51 系列单片机串行口可以采用查询或中断两种方式进行串行通信编程。

(一)查询方式

1. 数据发送

(1)串口初始化。设置工作方式(帧格式)、设置波特率(传输速率)、启动波特率发生器(T1)。串口初始化程序段如下：

```
SCON=0x50;              //10 位异步通信,可变波特率
TMOD=0x20;              //定时器 T1 工作于方式 2 下
TL1=0xFD;               //初值设置,波特率为 9 600 b/s
TH1=0xFD;
TR1=1;                  //启动定时器 T1
```

(2)发送数据。将要发送的数据送入 SBUF，即可启动发送。当发送完一帧数据后，单片机内部自动置中断标志 TI 为 1。

```
SBUF=send[i];           //发送第 i 个数据
```

(3)判断一帧是否发送完毕。判断 TI 是否为 1，是则表示发送完毕，可以继续发送下一帧；否则继续判断直至发送结束。

```
while(TI==0);           //查询等待发送是否完成
```

(4)清零发送标志位 TI。

```
TI=0;                   //发送完成,TI 由软件清零
```

(5)跳转到(2)，继续发送下一帧数据。

2. 数据接收

(1)串行口初始化。同发送过程，设置工作方式(帧格式)、设置波特率(传输速率)、启动波特率发生器(T1)。值得注意的是，发送方和接收方的初始化必须一致。

(2)允许接收。置位 SCON 寄存器的 REN 位。一帧数据接收完毕后单片机内部自动置中断标志 RI 为 1。

```
REN=1;                  //接收允许
```

(3)判断是否接收到一帧数据。判断 RI 是否为 1，是则表示接收完毕，接收到的数据已存入 SBUF；否则继续判断直至一帧数据接收完毕。

```
while(RI==0);           //查询等待接收标志为 1,表示接收到数据
```

(4)清零接收标志位 RI。

```
RI=0;                   //RI 由软件清零
```

(5)转存数据。读取 SBUF 中的数据并转存到存储器。

```
Receive[i]=SBUF;        //接收数据
```

(6)跳转到(2)，继续接收下一帧数据。

(二)中断方式

在很多应用中，双机通信的接收方采用中断方式来接收数据，以提高 CPU 的工作效率，发送方仍然采用查询方式。

51 系列单片机串行口中断分为发送中断和接收中断两种。每当串行口发送或接收完一

帧串行数据后，串行口电路自动将串行口控制寄存器 SCON 中的 TI、RI 中断标志位置位，并向 CPU 发出串行口中断请求，CPU 响应串行口中断后便立即转入串行口中断服务程序执行。

51 系列单片机串行口的中断类型号是 4，其中断服务程序格式如下：

void 函数名()interrupt 4 [using n]
{
......
}

中断类型号 4 告诉编译器中断程序的入口地址，执行该程序时，这个地址会传给程序计数器 PC，于是 CPU 开始从这里一条一条地执行程序指令。using 指令的含义是指定该函数当前使用的寄存器组，51 系列单片机共有 4 组寄存器 R0～R7，程序具体使用哪一组寄存器由程序状态字 PSW 中的两位 RS1 和 RS0 来确定。n 为单片机工作寄存器组的编号，取值为 0、1、2、3，默认值为 0，程序有多个中断函数时，不同的中断函数使用不同的寄存器组，可以避免中断嵌套调用时的资源冲突，如果中断程序少，编写程序时也可将 using n 省略不写。

串行接收与发送中断服务程序举例如下：

```
void UART()interrupt 4
{
  if(RI)                       //检测到 RI 为 1,有数据要接收
    {
     ReceData=SBUF;             //将接收到的数据保存到 ReceData 变量中
     RI=0;                      //RI 由软件清零
    }
  else
    {
     TI=0;                      //TI 由软件清零
     SBUF=SendData;             //将要发送的数据送到 SBUF 寄存器中
    }
}
```

实战演练：如图 7-9 所示为甲、乙双机串行通信控制系统电路，甲机的 TXD(P3.1)引脚接到乙机的 RXD(P3.0)引脚，甲机的 RXD(P3.0)引脚接到乙机的 TXD(P3.1)引脚，两系统共地。选择拨码开关 K1-K8 作为甲机的输入器件，接在甲机的 P1 口，LED 发光二极管 D1～D8 接在乙机的 P1 口，低电平点亮。动作要求是拨动甲机的开关，乙机对应的灯点亮。双方晶振均采用 11.059 2 MHz。

视频：甲乙双机
串行通信仿真

参考程序如下：

//功能：甲乙双机串行通信控制
//甲机发送程序

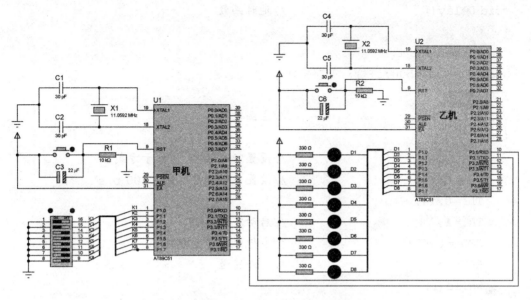

图7-9 甲、乙双机串行通信控制系统电路

```
#include <reg51.h>
void Delay()                    //延时函数
{
  unsigned int i;
  for(i=0;i<500;i++);
}
void main()                     //主函数
{
  TMOD=0x20;                    //设置定时器T1工作于方式2
  TH0=0xf4;                     //设置串口波特率为2 400 b/s
  TL1=0xf4;
  TR1=1;                        //启动定时器T1
  SCON=0x40;                    //串行口工作于方式1
  while(1)
  {
    Delay();                    //延时
    SBUF=P1;                    //发送开关状态
    while(TI==0);               //查询等待发送是否完成
    TI=0;                       //发送完成,TI软件清零
  }
}
//乙机接收程序
#include <reg51.h>
```

```c
void Delay()                        //延时函数
{
  unsigned int i;
  for(i=0;i<500;i++);
}
void main()                         //主函数
{
    TMOD=0x20;                      //设置定时器 T1 工作于方式 2
    TH0=0xf4;                       //设置串口波特率为 2 400 b/s
    TL1=0xf4;
    TR1=1;                          //启动定时器 T1
    SCON=0x40;                      //串行口工作于方式 1
    REN=1;                          //允许发送
    while(1)
    {
      Delay();                      //延时
      while(RI==0);                 //查询等待,RI 为 1 时,接收到数据
      P1=SBUF;                      //接收数据送到 P1 口
      RI=0;                         //RI 软件清零
    }
}
```

四、扩展并行 I/O 端口

如前所述,51 系列单片机内部有 4 个双向并行 I/O 端口 P0～P3,如果需要进行系统扩展,P0 口分时作为低 8 位地址线和数据线,P2 口作为高 8 位地址线,且 P3 口的第二功能也经常被使用。在实际应用中,很多场合需要扩展并行 I/O 端口。

(一)扩展并行输入口

51 系列单片机串行口的工作方式 0 用于同步串行输入/输出,可以实现并行 I/O 端口的扩展。74LS165 是 8 位并行输入串行输出的寄存器,芯片如图 7-10 所示,引脚分布如图 7-11 所示,引脚说明见表 7-5。其工作原理:当移位/置入控制端 $S/\overline{L}$ 为低电平时,并行数据(A～H)被置入寄存器,而时钟(C_P、C_PINK)及串行数据(SER)均无关。当 $S/\overline{L}$ 为高电平时,并行置数功能被禁止。C_P 和 C_PINK 在功能上是等价的,可以交换使用,当 C_P 和 C_PINK 有一个是低电平时并且 $S/\overline{L}$ 为高电平时,另一个时钟可以输入。当 C_P 和 C_PINK 有一个为高电平时,另一个时钟被禁止。只有在 C_P 为高电平时,C_PINK 才可变为高电平。

项目七 汽车雨刷控制

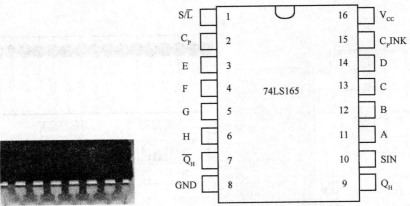

图 7-10　74LS165 芯片　　　　图 7-11　74LS165 芯片引脚分布

实战演练：利用 51 系列单片机的串行口扩展 16 位并行输入口的实用电路如图 7-12 所示，采用两片 74LS165，单片机的 P3.0（RXD）引脚是串行数据的输入端，接 74LS165 的数据输出位 Q_H（9 脚），P3.1（TXD）引脚送出 74LS165 的移位脉冲，P3.1 引脚连接两片 74LS165 的时钟端 CP，P3.2 引脚与它们的控制端 S/$\overline{L}$ 相连，右边的 74LS165 的数据输出位 Q_H 与左边 74LS165 的信号输入端 SIN 相连。当拨动 DSW1 和 DSW2 拨码开关，16 个开关状态并行通过 74LS165 送入到单片机中，点亮对应 P1 口和 P2 口的 16 个发光二极管。

视频：利用串行口扩展并行输入口仿真

表 7-5　74LS165 各引脚说明

引脚	功能
C_P、C_PINK	时钟输入端，上升沿有效
A~H	并行数据输入端
SIN	串行数据输入端
Q_H	串行输出口
$\overline{Q_H}$	互补输出端
S/$\overline{L}$	移位/置入控制（低电平有效）

参考程序如下：

```
//功能:利用串行口扩展并行输入口
#include <reg51.h>
sbit CP= P3^2;            //定义移位数据控制脚
void delay(unsigned int i)  //延时
   {
    unsigned char j;
```

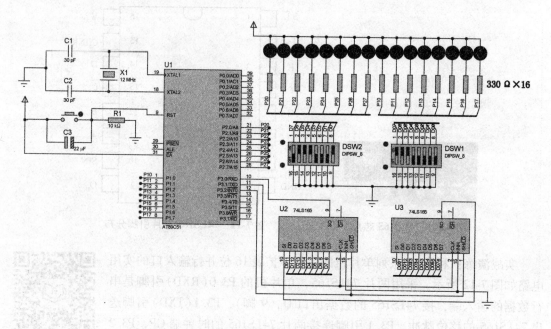

图 7-12 利用串行口扩展并行输入口的实用电路

```
    for(;i>0;i--)
      for(j=0;j<125;j++);
    }
void main()                    //主函数
{
  SCON=0x10;                   //串行口工作方式 0 允许接收
  while(1)
  {
    CP=0;                      //并行置入数据
    delay(5);                  //延时
    CP=1;                      //允许串行移位
    while(RI==0);              //等待接收
    P1=SBUF;                   //接收数据送到 P1 口
    RI=0;                      //RI 清零
    while(RI==0);              //等待接收
    P2=SBUF;                   //接收数据送到 P2 口
    RI=0;                      //RI 清零
    delay(5);                  //延时
  }
}
```

(二)扩展并行输出口

74LS164 是一个串入并出的 8 位移位寄存器,其外形如图 7-13 所示,引脚如图 7-14 所示,引脚说明见表 7-6。当串口工作在方式 0 时,串行数据由 P3.0(RXD)送出,移位时钟由 P3.1(TXD)送出。注意,由于 74LS164 无并行输出控制端,在串行输入中,其输出端的状态会不断变化,故某些场合,在 74LS164 输出端应加接输出三态门控制,以便保证串行输入结束后再输出数据。

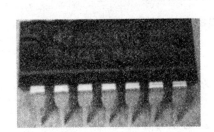

图 7-13　74LS164 芯片

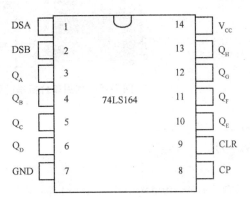

图 7-14　74LS164 芯片引脚分布

表 7-6　74LS165 各引脚说明

引脚	功能
DSA	数据输入
DSB	数据输入
$Q_A \sim Q_H$	输出
CP	时钟输入(低电平到高电平边沿触发)
CLR	互补输出端

实战演练:如图 7-15 所示为利用单片机串行口扩展并行输出口,单片机的 RXD(P3.0)引脚接 74LS164 的数据输入 DSA 和 DSB(1、2 脚),移位脉冲由单片机的 TXD(P3.1)送出,接到 74LS164 的时钟输入 CP(8 脚),两片 74LS164 通过 Q_H(13 脚)级联,输出分别接 7 个 LED 发光二极管,低电平点亮,实现 14 个发光二极管同时间隔 0.5 s 闪烁。

视频:利用串行口扩展并行输出口仿真

参考程序如下:

```
//功能:利用串行口扩展并行输出口
#include < reg51.h >
void send(unsigned char discode)       //数据发送函数
{
    SBUF= discode;                     //发送数据送到 SBUF 寄存器
```

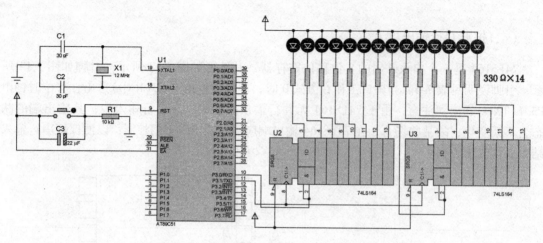

图 7-15 利用单片机串行口扩展并行输出口

```
  while(TI==0);                    //等待发送完成
  TI=0;                            //TI 清零
}
void DelayMS(unsigned char x)      //毫秒延时函数
{
unsigned char t;
  while(x--)
  {
    for(t=250;t>0;t--);
  }
}
void main()                        //主函数
{
  SCON=0x00;                       //串口工作在方式 0
while(1)
{
    send(0x00); send(0x00);        //发送数据,发光二极管亮
    DelayMS(500);                  //延时
    send(0xff); send(0xff);        //发送数据,发光二极管灭
    DelayMS(500);                  //延时
  }
}
```

五、常用串行通信总线

由于在消费类电子产品、计算机外设、汽车和工业应用中增加了嵌入式功能，人们对低成本、高速和高可靠通信介质的要求也不断增长，其结果是越来越多的处理器和控制器用不同类型的总线集成在一起。微处理器中常用的集成串行总线是通用异步接收器传输总线、串行通信接口、同步外设接口（SPI）、内部集成电路（I^2C）和通用串行总线，以及车用串行总线，包括控制器区域网（CAN）和本地互联网（LIN）。

打牢基础

1. 通用异步串行接口（UART）

UART 是一种通用串行数据总线，用于异步通信。该总线双向通信，可以实现全双工传输和接收。在嵌入式设计中，UART 用来与 PC 进行通信，包括与监控调试器和其他器件，如 EEPROM 通信。

UART 首先将接收到的并行数据转换成串行数据来传输。消息帧从一个低位起始位开始，后面是 7 个或 8 个数据位，一个可用的奇偶位和一个或几个高位停止位。接收器发现开始位时它就知道数据准备发送，并尝试与发送器时钟频率同步。如果选择了奇偶，UART 就在数据位后面加上奇偶位。奇偶位可用来帮助错误校验。

在接收过程中，UART 从消息帧中去掉起始位和结束位，对进来的字节进行奇偶校验，并将数据字节从串行转换成并行。UART 也产生额外的信号来指示发送和接收的状态。例如，如果产生一个奇偶错误，UART 就置位奇偶标志。

微控制器中的 UART 传送数据的速度范围为每秒几百位到 1.5 Mb。例如，嵌入在 ElanSC520 微控制器中的高速 UART 通信的速度可以高达 1.115 2 Mbps。UART 波特率还受发送和接收线对距离（线长度）的影响。

2. 同步串行外设接口（SPI）

同步串行外设接口（SPI）是由摩托罗拉公司开发的全双工同步串行总线，该总线大量用在与 EEPROM、ADC、FRAM 和显示驱动器之类的慢速外设器件通信。该总线通信基于主-从配置。它有以下 4 个信号：MOSI（主出/从入）、MISO（主入/从出）、SCK（串行时钟）、SS（从属选择）。

芯片上"从属选择"的引脚数决定了可连到总线上的器件数量。在 SPI 传输中，数据是同步进行发送和接收的。数据传输的时钟基于来自主处理器的时钟脉冲，摩托罗拉公司没有定义任何通用 SPI 的时钟规范。然而，最常用的时钟设置基于时钟极性（CPOL）和时钟相位（CPHA）两个参数，CPOL 定义 SPI 串行时钟的活动状态，而 CPHA 定义相对于 SO-数据位的时钟相位。CPOL 和 CPHA 的设置决定了数据取样的时钟沿。SPI 传输串行数据时首先传输最高位。波特率可以高达 5 Mb/s，具体速度大小取决于 SPI 硬件。例如，Xicor 公司的 SPI 串行器件传输速度能达到 5 MHz。SPI 通信快于 UART 通信，两者都可以用在中等速度外设的通信中，例如非易失性 EEPROM 存储器。然而，SPI 更常用于 EEPROM 或数模变换器的通信中。有些 UART 能支持 SPI 通信，在这种情况下，会用一个通用 IO 作为从属选择引脚。

3. 双线同步总线(I^2C)

I^2C是由飞利浦公司开发的双线同步总线。像SPI一样，该总线可用来与EEPROM、ADC、DAC和LCD这类慢速器件进行通信。I^2C是一个半双工、多主总线，该总线网络有一个或几个主控器件和很多个从器件。信息由串行数据线(SDA)和串行时钟线(SCL)两条串行线传输。

网络中的每一个器件都预指定一个7位或10位的地址。飞利浦公司会给器件制造商分配地址，有一个特定的地址用于高速通信，以及一个通用呼叫地址用于与网络中所有器件的通信。10位寻址的优点是允许更多的器件（高达1 024个）布置在网络中。然而，总线中器件的数目取决于总线的电容量，必须限制在400 pF以内。

主控器件发起数据传送，并提供用于通信的时钟信号。通信开始于SCL为高电平时，SDA由高到低的转换，紧接着是一个7位或10位的从地址，一个数据方向位(R/W)，一个应答位和停止状态。停止状态定义为在时钟信号为高时数据线电平由低到高的转换。每一个数据字节长度为8位，单次传送的字节数并没有限制。

由于I^2C是一个多主总线，因此可能有两个或更多的主控器件同时试图访问总线，在时钟信号为高电平时在总线上置"1"的主控器件赢得总线仲裁。I^2C有标准、快速和高速模式3种不同的运行模式。在使用快速和高速模式时，可能某个从属器件不能像主控器件那么快地处理数据。此时，从属器件会将SCL线拉至低电平来保持总线，这迫使主控器件进入等待状态，直至从属器件准备就绪。I^2C总线设计用于3种数据传输速度，每个都向下有兼容性。这3种数据的传输速度为：低速，数据传输率为0到100 kb/s；快速，数据传输率可以高达400 kb/s；高速，数据传输率可以高达3.4 Mb/s。I^2C和SPI都能用于低速器件的通信，而SPI的数据传输速率高于I^2C。

4. 控制器区域网络(CAN)总线

控制器区域网络(CAN)总线是一个多主异步串行总线。由于它具有优良的错误处理机制及可靠的数据传送性能，该总线在汽车工业中非常普遍，在高安全系数要求的医疗行业中也正在得到普及。CAN最初由德国的Robert Bosch公司开发，提供给汽车电子系统所用的低成本通信总线，现在已经成为国际标准，被采用为高速应用的ISO 11898标准和用于低速应用的ISO 11519标准。

CAN通信时，数据字节的传输首先从最高位开始。一个8位的数据字节能在一次发送中进行传输，最大的CAN总线速度是1 Mb/s。当总线空闲时，任何CAN节点都可以开始数据发送。如果两个或更多的节点同时开始发送，就使用标识符来进行按位仲裁以解决访问冲突。CAN是一个广播类型的总线，所有节点都接收总线上的数据，硬件上的过滤机制决定消息是否提供给该节点用。CAN总线有数据帧、远程帧、错误帧及超载帧4种消息帧类型。

大多数CAN微控制器需要一个外部收发器来连接物理总线。目前市场上提供以下一些收发器：高速CAN收发器有飞利浦的82C251，TI的SN65/75LBC031，Bosch的CF150、C250，Unitrode的UC5350；低速CAN收发器有飞利浦的82C252、TJA1053、西门子的TLE 6252G；单线CAN收发器有飞利浦的AU5790，英飞凌的TLE6255、Delphi的DK166153等。

5. 本地互联网络(LIN)总线

本地互联网络(LIN)总线是一个低成本、单线串行总线，能执行全双工串行通信。LIN

用在汽车的分布式电子系统，如与智能传感器和传动器的通信。LIN 协议能采用低成本的 UART/SCI 接口来实现，几乎所有的微控制器都提供这些接口。

LIN 网络由一个主控和多个从器件组成，主控器件发起所有的通信。所有节点执行包括发送和接收任务在内的从属通信任务。此外，主节点执行主控发送任务，主控任务能决定什么时候、哪一个帧将在总线上传输。在该方式中，没有总线仲裁，并且在最坏情况下每个消息的时间很容易计算。当一个消息帧发送时，在接收和过滤标识符后，仅有一个从器件得到激活。数据字节的传送首先从 LSB 开始，LIN 总线的最大速度是 20 kb/s。只有很少微控制器集成有专用的 LIN 硬件，大多数供应商用 SCI 或 UART 来提供支持。因为 LIN 物理层是一个从汽车自诊断用 ISO 9141 标准引出的单线 12 V 总线，所以需要一个外部 LIN 收发器来转换电平。例如，当前市场上已有供货的摩托罗拉 IMC33689 LIN 和英飞凌公司的 TLE6259 - 2G 收发器。

CAN 和 LIN 两者都使用在汽车工业中。CAN 用于汽车中的高速和低速网络，而 LIN 仅用于低速网络，如门控制单元。在很多方面，CAN 比 LIN 的成本较高也更可靠，必须在可靠性和为设计硬件与软件支付额外成本之间进行权衡。由于 LIN 的成本较低且容易在 UART 中实现，故在低速网络应用方面 LIN 有望替代 CAN。

6. 其他通用串行总线

用在微控制器工业中的其他总线有 RS422、RS485、USB 和 Microwire。

RS422 和 RS485 通信可以用一个 UART 来执行。因此，在用于这些总线时微控制器中不需要增加另外的硬件。

USB 总线的普及性极大地鼓舞了微控制器制造商把 USB 控制器集成到他们的微控制器中。将外围器件加到 USB 总线中是很容易的，并不需要重自举系统。Cypress 半导体公司和其他业界主导厂商都提供各种系列 USB 芯片来满足市场的需要。

美国国家半导体公司(NSC)开发的单线总线 Microwire 用在许多微控制器和像 EEPROM 这类非易失性存储器及 ADC 中。该总线能像 SPI 一样提供同步通信，可用在使用 SPI 的地方。有些微控制器供应商通过使用 UART 来支持 Microwire 总线。

FlexRay 是一种在汽车工业中即将推出的新型总线，可用在使用 CAN 总线的地方，该总线的速度是 CAN 总线的 10 倍，可以达到 10 Mb/s。目前微控制器制造商正在努力开发具有 FlexRay 总线的器件。

 **项目实施**

汽车雨刮器控制

1. 目的与要求

以汽车雨刮器控制为例，练习单片机串行口通信仿真电路的软硬件设计，通过 4 挡开关信号的识别、循环语句的使用、串行口通信等控制程序的编写，熟悉独立按键识别、串行口通信软件编程。

2. 电路功能

控制开关连接到主机上，雨刮电机连接到从机上，从机根据主机的命令做相应的执行操作。具体功能：上电后，雨刮电机不转，当按下"高速"挡按键时，电机高速运转，断开按键,电机停转;当按下"低速"挡按键时,电机低速运转,断开按键,电机停转;当按下"间歇"挡按键时,电机时转时停,断开按键,电机停转;当按下"点动"挡按键时,电机运转几秒钟后停止转动。

3. 电路设计

主机的 RXD(P3.0 串行数据接收端)引脚和从机的 TXD(P3.1 串行数据发送端)引脚连接,主机的 TXD 引脚和从机的 RXD 引脚连接,注意,主机和从机必须共地。

模拟汽车雨刮器控制系统电路如图 7-16 所示。

4. 源程序设计

视频:雨刮电机控制

```
//功能:甲机源程序(模拟 J519 的控制)
```

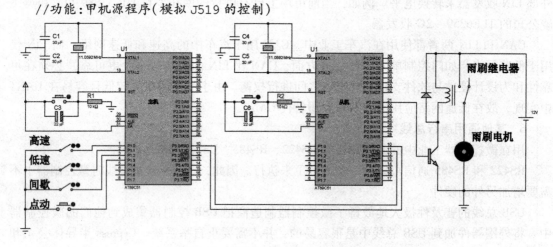

图 7-16　模拟汽车雨刮器控制系统电路

```c
#include <reg51.h>
void main()
{
    TMOD=0x20;          //设置定时器 T1 工作方式
    TH1=0xfd;           //设置定时器 T1 初始值
    TL1=0xfd;
    TR1=1;              //启动定时器 T1
    PCON=0x00;          //设置波特率选择寄存器最高位为 0
    SCON=0x40;          //设置串行口控制寄存器,串行口工作方式为方式 1,
                        //不允许接收
    while(1)
    {
        if(P1==0xfe)    //判断高速开关是否按下
        {
            SBUF=0x01;  //发送高速转动编码
            while(TI==0); //查询发送是否结束
```

```c
        TI=0;            //发送结束,软件清零
    }
    if(P1==0xfd)         //判断低速开关是否按下
    {
        SBUF=0x02;       //发送低速转动编码
        while(TI==0);
        TI=0;
    }
    if(P1==0xfb)         //判断"间歇"挡开关是否按下
    {
        SBUF=0x03;       //发送间歇转动编码
        while(TI==0);
        TI=0;
    }
    if(P1==0xf7)         //判断"点动"挡开关是否按下
    {
        SBUF=0x04;       //发送点动编码
        while(TI==0);
        TI=0;
    }
    else
    {
        SBUF=0x05;       //发送无开关动作编码
        while(TI==0);
        TI=0;
    }
    }
}
//功能:乙机源程序(模拟J527的控制)
#include<reg51.h>
sbit P20=P2^0;           //定义P2.0引脚
void delay(unsigned int n)   //定义有参延时函数
{
    unsigned int i,k;
    for(k=0;k<n;k++)
    for(i=0;i<2000;i++);
}
void delay1s()           //1 s延时函数
```

```c
{
    unsigned int k;
    for(k=0;k<20;k++)
    {
        TH0=0x3c;
        TL0=0xb0;
        TR0=1;
        while(TF0==0);
        TF0=0;
    }
}
void main()                                 //主函数
{
    TMOD=0x21;                              //设置定时器T1和T0工作方式
    TH1=0xfd;                               //定时器T1初始值
    TL1=0xfd;
    TR1=1;                                  //启动定时器T1
    PCON=0x00;                              //设置波特率选择寄存器最高位为0
    SCON=0x50;                              //设置串行口工作方式1,允许接收
    EA=1;                                   //开总中断
    ES=1;                                   //开串行口中断
    while(1)
    {
        if(SBUF==0x01)                      //判断接收到编码是否为01
        {
            P20=1;                          //输出高电平,电动机转动
            delay(4);                       //转动延时
            P20=0;                          //输出低电平,电动机停转
            delay(1);                       //停转延时
        }
        if(SBUF==0x02)                      //判断接收到编码是否为02
        {
            P20=1;
            delay(1);
            P20=0;
            delay(4);
        }
        if(SBUF==0x03)                      //判断接收到编码是否为03
        {
```

项目七 汽车雨刷控制

```
        P20=1;
        delay1s();                      //延时1 s
        P20=0;
        delay1s();
    }
    if(SBUF==0x04)                      //判断接收到编码是否为04
    {
        P20=1;
        delay1s();
        P20=0;
    }
    else
        P20=0;                          //否则输出低电平,电机停转
    }
}
void cxk()interrupt 4                   //串行口中断服务子程序
{
    EA=0;                               //关总中断
    RI=0;                               //接受结束软件清零
    EA=1;                               //开总中断
}
```

☞小资料☜

汽车故障诊断仪

汽车故障诊断仪(又称汽车解码器)是车辆故障自检终端,是用于检测汽车故障的便携式智能汽车故障自检仪,用户可以利用它迅速地读取汽车电控系统中的故障,并通过液晶显示屏显示故障信息,迅速查明发生故障的部位及原因。如图7-17所示为不同品牌手持故障诊断仪,图7-18所示为汽车故障诊断仪接口及数据线。

图 7-17 手持故障诊断仪

图 7-18　汽车故障诊断仪接口及数据线

汽车故障诊断仪一般具有以下功能：读取故障码；清除故障码；读取发动机动态数据流；示波功能；元件动作测试；匹配、设定和编码等功能；英汉辞典、计算器及其他辅助功能。

汽车故障诊断仪的工作原理：通过 CAN 等总线通信模块可以实现与车载内各电子控制装置 ECU 之间的对话，传送故障代码以及发动机的状态信息；通过单片机的同步/异步收发器可以与主机进行串行通信从而完成数据交换、下载程序，以及诊断仪升级等功能；通过液晶显示器来显示汽车运行的状态数据及故障信息；通过键盘电路来执行不同的诊断功能；通过一种具有串行接口的大容量 Flash 存储器来保存大量的故障代码及其测量数据。

使用汽车故障诊断仪时，首先要选好合适的故障检测接头，然后连接上解码器的连接线，最后将接头接到汽车的故障诊断座上并接通电源，此时起动车辆，根据需要检查的项目来选择相应的菜单就算操作完了，等待返回数据。不过机器所读取的故障码只代表电路部分，并不代表零件，要区分清楚。

目前市场上的故障诊断仪，大体上可分为专用型故障诊断仪和通用型故障诊断仪两种。专用型故障诊断仪只针对某一特定的厂家的产品而设计，因此所得到的数据更加精确，反应也很快，一般在 4S 店里较为常见；通用型故障诊断仪则以国产为主，提供的功能大同小异。

练习题

一、填空题

1. 在串行通信中，把每秒传送的二进制数的位数叫作_____。
2. 当 SCON 中的 SM0 SM1 = 10 时，表示串口工作于方式_____，波特率为_____。
3. SCON 中的 REN=1 表示_____。
4. PCON 中的 SMOD=1 表示_____。
5. SCON 中的 TI=1 表示_____。
6. 51 系列单片机串行通信时，先发送_____位，后发送_____位。
7. 51 系列单片机方式 2 串行通信时，一帧信息位数为_____位。

8. 设 T1 作波特率发生器，工作于方式 2，时钟频率为 11.059 2 MHz，SMOD=0，波特率为 9 600 b/s 时，T1 的初值为_____。

9. 单片机和 PC 接口时，往往采用 RS-232 接口芯片，主要作用是_____。

10. 51 系列单片机串行方式 0 通信时，数据从_____引脚发送/接收。

二、简答题

1. 串行口设有几个控制寄存器？它们的作用是什么？
2. 51 系列单片机串行口有几种工作方式？各自的特点是什么？
3. 51 系列单片机串行口各种工作方式的波特率如何设置？怎样计算定时器的初值？
4. 若 $f_{osc}=6$ MHz，波特率为 2 400 b/s，设 SMOD=1，求定时/计数器 T1 的计数初值为多少并进行初始化编程。

项目八

△ 汽车单片机应用技术——基于 Proteus 和 Keil C51 仿真

汽车发动机水温显示及报警控制

🚗 项目要求

知识目标：

1. 了解模拟信号与数字信号的概念及区别。
2. 了解模/数（A/D）和数/模（D/A）的转换原理。
3. 掌握 STC12C5A60S2 单片机的 A/D 转换模块功能及应用。

能力目标：

1. 通过对汽车发动机水温显示及报警控制系统的设计和制作，从抽象的理论到直观的现象来领会 A/D 和 D/A 转换的应用。
2. 会用 STC12C5A60S2 单片机的 A/D 转换软件编程。

素养目标：

1. 模拟信号和数字信号的相互转换，感受科技世界的神奇魅力。
2. 科技报国，创新为民，独具匠心。

🚗 知识储备

一、模拟信号与数字信号

汽车传感器是汽车电控单元的输入装置，它把汽车运行中各种工况信息（如车速、各种介质的温度、发动机运转工况等）转化成**电信号**输送给汽车电控单元，汽车电控单元再将输入的电参量经过处理转换成电压、电流或频率等可测电量进行显示、记录、控制和处理，以便掌握车辆各系统工作状态，并对执行器进行合理控制。这个控制过程存在着两种信号：模拟信号和数字信号。

数字信号

像车速、温度等非电量是一种连续的信号，称为模拟信号（Analog signal）。模拟信号分布于自然界的各个角落，人类直接感受的就是模拟信号。汽车电控单元接收和处理的是数字信号（Digital signal），数字信号是人为抽象出来的在时间上不连续的信号，并用 0 和 1 的有限组合来表示大自然的各种物理量。

模拟信号主要是指振幅和相位都连续变化的电信号，如图 8-1(a)所示，此信号可以用类比电路进行各种运算，如放大、相加、相乘等。数字信号是离散时间信号的数字化表示，如图 8-1(b)所示。

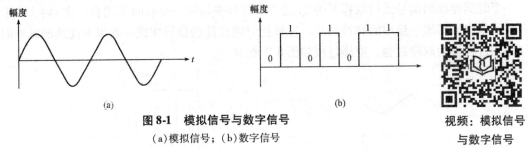

图 8-1 模拟信号与数字信号
(a)模拟信号；(b)数字信号

视频：模拟信号与数字信号

随着电子技术的发展，计算机等系统的逐渐普及，使得数字信号的传播、处理都变得更加方便，诸如通信、影像等设备都逐渐实现数字化，尽管它们最初必须以模拟信号的形式接收真实物理量的信息，但最后都会通过模拟数字转换器转换为数字信号，以方便计算机处理，或通过互联网进行传输。

在实际应用中，一个典型的单片机控制系统是一个闭环系统，其示意如图 8-2 所示。在这个闭环控制系统中，自然界中的各种物理信号（油耗、水温等）由传感器将非电量转换成模拟信号（连续的电压或电流），模拟信号可以根据需要用于处理、传输、转换和定量运算。在本系统中，来自传感器的模拟信号再通过 A/D 转换器转换为数字信号（高低电平），由单片机根据要求对数字信号进行相应处理。处理完成后，单片机输出的数字信号再经过 D/A 转换器将它转换为模拟信号，以驱动控制单元（如电磁阀、电机、燃油喷射等）。

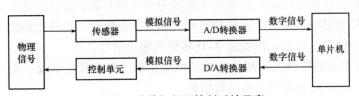

图 8-2 单片机闭环控制系统示意

视频：典型单片机控制系统

从模拟信号到数字信号的转换称为模/数转换（或称为 A/D 转换），从数字信号到模拟信号的转换称为数/模转换（或称为 D/A 转换）。与此同时把实现 A/D 转换的电路称为 A/D 转换器（或称为 ADC），而把实现 D/A 转换的电路称为 D/A 转换器（或称为 DAC）。

二、A/D 转换原理

在 A/D 转换器中，因为输入的模拟信号在时间上是连续量，而输出的数字信号是离散量,所以在进行转换时必须在一系列选定的瞬间(时间坐标轴上的一些规定点上)对输入的模拟信号取样,再把这些取样值转换为输出的数字量。因此,一般的 A/D 转换过程是通过取样、保持、量化、编码这四个步骤完成的。这些步骤往往是合并进行的,例如取样和保持就是利用同一个电路连续进行的,量化和编码也是在转换过程中同时实现的,而且所占用的时间又是保持时间的一部分。

1. 取样和保持

一个时间连续的信号通过取样开关 S(这个取样开关每隔一定时间 T 闭合一次)后,在取样开关的输出端形成一连串的脉冲信号。这种把时间连续的信号变成一连串不连续的脉冲时间序列的过程称为取样过程。取样过程如图 8-3 所示。

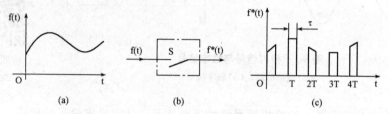

图 8-3 对输入模拟信号的取样
(a)连续信号;(b)取样开关;(c)脉冲信号

执行取样动作的开关 S 称为取样开关或取样器。0、T、2T 等各时间点称为取样时刻,T 称为取样周期。取样后的脉冲序列 $f^*(t)$ 称为取样信号。取样信号在时间轴上是离散的,但在函数轴上仍然是连续的。因为连续信号 $f(t)$ 的幅值变化也反映到取样信号的幅值上了,所以取样信号是一个连续的模拟信号。采样脉冲宽度一般是很短暂的,在下一个采样脉冲到来之前,应暂时保持所取得的样值脉冲幅度,以便进行转换。

2. 量化和编码

数字信号不仅在时间上是离散的,而且在数值上的变化是不连续的。而取样信号是时间上离散而幅值上连续的信号,因此这种信号还必须经量化才能成为可使用的数字信号。这个将取样信号经量化后成为数字信号的过程,是一个近似的过程,称为量化过程。把量化的数值用二进制代码表示,称为编码。这个二进制代码就是 A/D 转换的输出信号。

与数字量的最低有效位"1"所表示的数量大小相对应的模拟电压称为一个量化单位,用 Δ 表示,如果模拟电压小于此值,则不能转换为相应的数字量。

假定需要把 $0\sim 1$ V 的模拟电压信号转换成 3 位二进制代码,这时可以取 $\Delta=1/8$ V,并规定凡数值在 0 和 1/8 V 之间的模拟电压都当作 $0\times\Delta$ 看待,用二进制的 000 表示;凡是值为 $1/8\sim 2/8$ V 的模拟电压都当作 $1\times\Delta$ 看待,用二进制的 001 表示……如图 8-4(a)所示。不难看出,最大的量化误差可达 Δ,即 1/8 V。

为了减少最大量化误差,可以改用图 8-4(b)所示的划分方法,取量化单位 $\Delta=1/15$ V,并将 000 代码所对应的模拟电压范围规定为 $0\sim 1/15$ V,即 $0\sim\Delta/2$。这时,最大量化误差将减小为 $\Delta/2=1/15$ V。

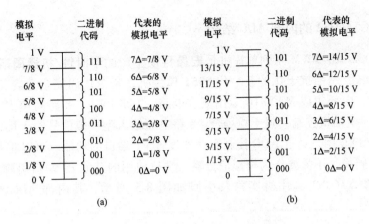

图 8-4　划分量化电平的两种方法

三、A/D 转换的主要技术指标

1. 转换时间和转换速率

转换时间是 A/D 完成一次转换所需的时间。转换时间的倒数为转换速率。

2. 分辨率

A/D 转换器的分辨率习惯上用输出二进制的位数或 BCD 位数来表示。

量化过程引起的误差称为量化误差。量化误差是由于有限位数字对模拟量进行量化而引起的误差。量化误差理论上规定为一个单位分辨率的 $\pm\frac{1}{2}\text{LSB}(\text{Least Significant Bit})$，提高分辨率可减小量化误差。

3. 转换精度

A/D 转换器的转换精度定义为一个实际 A/D 转换器与一个理想 A/D 转换器在量化值上的差值。转换精度可用绝对误差或相对误差表示。

四、单片机内部 ADC 及其应用

随着电子技术的发展，许多 51 单片机产品内部含有 ADC，例如 Atmel 公司生产的 AT89C5115、AT89C51AC2 及 AT89C51AC3 等。中国宏晶科技有限公司生产的许多单片机具有 ADC 模块。

在很多单片机应用产品设计中都需要 A/D 转换功能，一般首选具有 ADC 转换模块的单片机，如果片内 ADC 不能满足转换要求，再选择技术指标较高的 A/D 转换芯片。

(一)STC12C5A60S2 的内部 ADC 结构

STC12C5A60S2/AD/PWM 系列单片机是**宏晶科技生产的单时钟/机器周期(1T)**的单片机,是高速/低功耗/超强抗干扰的新一代 **8051 单片机**,指令代码完全兼容传统 8051,但速度快 8~12 倍。内部集成 MAX810 专用复位电路、2 路 PWM、8 路高速 10 位 A/D 转换 (250 kb/s),针对电动机控制、强干扰场合。8 路电压输入型模拟信号输入接口与单片机的通用 I/O 端口 P1 口复用,通过 ADC 控制寄存器设置 P1 端口的功能,可以将 8 路中的任何一路设置为 A/D 转换,不需要作为模拟信号输入端口使用的其他 P1 端口引脚仍可作为 I/O 端口使用。STC12C5A60S2 单片机实物及引脚如图 8-5 所示,其内部 ADC 结构如图 8-6 所示。

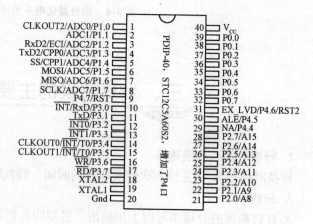

图 8-5 STC12C5A60S2 单片机实物及引脚

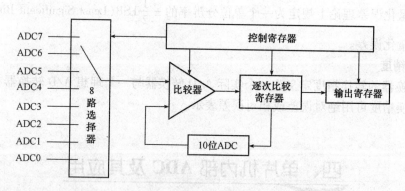

图 8-6 STC12C5A60S2 单片机的内部 ADC 结构

STC12C5A60S2 单片机的内部 ADC 结构由 8 路选择器、比较器、逐次比较器、输出寄存器和控制寄存器组成。逐次比较器由比较器和 A/D 转换器 ADC 构成,通过逐次比较逻辑,从最高位(MSB)开始,顺序地对每一输入电压与内置 A/D 转换器进行比较,使转换所得的数字量逐次逼近输入模拟量的对应值,逐次比较型 ADC 具有速度高、低功耗等优点。

(二) ADC 相关寄存器

STC12C5A60S2 单片机内部 A/D 转换相关的寄存器有 P1ASF、ADC_CONTR、ADC_RES、ADC_RESL、AUXRI、IP、IE 等。

A/D 转换结束后，转换结果保存到 ADC_CONTR 中的 A/D 转换结束标志 ADC_FLAG 置位，以供程序查询或发出中断申请。模拟通道的选择由 ADC 控制寄存器 ADC_CONTR 的 CHS2_CHS0 确定。ADC 的转换速度由 ADC 控制寄存器的 SPEED1 和 SPEED0 确定。在使用 ADC 之前，应先给 ADC 上电，即置位 ADC 控制寄存器的 ADC_POWER 位。

1. P1 口模拟功能控制寄存器——P1ASF

STC12C5A60S2 系列单片机 P1 口的功能选择，可通过设置专用寄存器 P1ASF 来实现。当 P1ASF 中的相应 I/O 口位置为 1 时，该位被设置为 A/D 模拟输入通道；当 P1ASF 中的相应 I/O 口位置为 0 时，该位作为通用 I/O 端口使用。P1ASF 格式见表 8-1。

表 8-1 P1ASF 格式

寄存器	地址	D7	D6	D5	D4	D3	D2	D1	D0
P1ASF	0x9D	P17ASF	P16ASF	P15ASF	P14ASF	P13ASF	P12ASF	P11ASF	P10ASF

注意：该寄存器为只写寄存器，不能进行读操作，且不能够进行位操作。

例如：

```
Sfr P1_ASF=0x9D;        //A/D 转换模拟功能控制寄存器
P1_ASF=0xFF;            //设置 P1 端口 8 位均为 A/D 模拟输入通道
```

2. 模数转换控制寄存器——ADC_CONTR

ADC 模块上电、转换速度、模拟输入通道的选择、启动模数转换及转换状态等，均可通过模数转换控制寄存器 ADC_CONTR 进行配置及查看。ADC_CONTR 寄存器的格式见表 8-2。

表 8-2 ADC_CONTR 寄存器的格式

寄存器	地址	D7	D6	D5	D4	D3	D2	D1	D0
ADC_CONTR	0XBC	ADC_POWER	SPEED1	SPEED0	ADC_FLAG	ADC_START	CHS2	CHS1	CHS0

其中各位的含义如下：

(1) ADC_POWER：ADC 电源控制位。当 ADC_POWER 置 1 时，打开 ADC 电源；为 0 时关闭 ADC 电源。当 A/D 转换进入空闲模式时，应当关闭 ADC 电源降低功耗。初次打开 ADC 电源应适当延时，以稳定电源，保证模数转换精度。

(2) SPEED1 和 SPEED0：模数转换速度控制位，具体功能见表 8-3。

表 8-3 模数转换速度控制位的功能

SPEED1	SPEED0	A/D 转换所需时间
1	1	90 个时钟周期转换一次
1	0	180 个时钟周期转换一次
0	1	360 个时钟周期转换一次
0	0	540 个时钟周期转换一次

(3) ADC_FLAG：模数转换完成标志位。当 A/D 转换完成后，该位设置为 1，无论 ADC 工作于查询方式还是中断方式，ADC_FLAG 只能由软件清零。

(4) ADC_START：模数转换器转换启动控制位。将该位设置为 1 时，启动 A/D 转换；当 A/D 转换完毕时，该位自动清零。

(5) CHS2、CHS1 和 CHS0：模拟输入通道选择控制位，具体功能设置见表 8-4。

表 8-4 通道选择

CHS2	CHS1	CHS0	Analog Channel Select（模拟输入通道选择）
0	0	0	选择 P1.0 作为 A/D 输入通道
0	0	1	选择 P1.1 作为 A/D 输入通道
0	1	0	选择 P1.2 作为 A/D 输入通道
0	1	1	选择 P1.3 作为 A/D 输入通道
1	0	0	选择 P1.4 作为 A/D 输入通道
1	0	1	选择 P1.5 作为 A/D 输入通道
1	1	0	选择 P1.6 作为 A/D 输入通道
1	1	1	选择 P1.7 作为 A/D 输入通道

3. ADC 转换结果寄存器——ADC_RES 和 ADC_RESL

专用寄存器 ADC_RES 和 ADC_RESL 寄存器用于保存 A/D 转换的结果。

4. 辅助寄存器——AUXR1

AUXR1 寄存器的格式见表 8-5。

表 8-5 AUXR1 寄存器的格式

寄存器	地址	D7	D6	D5	D4	D3	D2	D1	D0
AUXR1	0xA2	—	PCA_P4	SPI_P4	S2_P4	GF2	ADRJ	—	DPS

其中的 ADRJ 位是 A/D 转换结果寄存器的数据格式调整位控制。

当 ADRJ=0 时，10 位 A/D 转换结果的高 8 位存放在 ADC_RES 中，低 2 位存放在 ADC_RESL 的低 2 位中。当 ADRJ=1 时，10 位 A/D 转换结果的低 8 位存放在 ADC_RESL 中，高 2 位存放在 ADC_RES 的低 2 位中。系统复位时，ADRJ=0。

如果只需要 8 位转换数据，只能在 ADRJ=0 的情况下，读取 ADC_RES 寄存器中的 8 位数据，丢掉 ADC_RESL 中的两位即可。

5. ADC 中断相关寄存器

ADC 的中断控制位是中断允许寄存器 IE 的 EA 和 EADC 位，IE 寄存器的格式见表 8-6。

表 8-6　IE 寄存器的格式

寄存器	地址	D7	D6	D5	D4	D3	D2	D1	D0
IE	0xA8	EA	ELVD	EADC	ES	ET1	EX1	ET0	EX0

其中，当 EA=1 时表示 CPU 开放中断，当 EA=0 时表示 CPU 关闭中断。EADC 是 A/D 转换中断允许位，当 EADC=1 时允许 A/D 转换中断，当 EADC=0 时禁止 A/D 转换中断。

项目实施

汽车发动机水温显示及报警控制

汽车仪表盘上都会有水温表，如图 8-7 所示。水温表表示的是汽车冷却水的水温。发动机最佳工作温度是在 80 ℃ ~ 100 ℃。

汽车冷却液循环路线是由发动机的中部有一个水泵泵入散热器，从散热器的上端再流回发动机上部，冷却发动机的缸体，流到下部再经水泵循环。

汽车水温表通过检测这一过程的温度，来了解整个系统的运行效果，如果温度过高或者温度上升速度过快等，驾驶员就需要进行检查。

图 8-7　汽车仪表盘上的水温表

1. 目的与要求

通过设计实现汽车发动机水温显示及报警控制，学习 A/D 转换技术在单片机系统中的应用，熟悉模拟信号采集与输出数据显示的综合程序设计与调试方法。

水温采集与控制过程如图 8-8 所示。

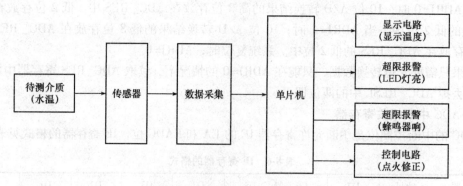

图 8-8 水温采集与控制过程

2. 电路功能

采用 STC12C5A60S2 单片机内部 A/D 转换器采集热敏电阻(此模拟控制用滑动变阻器代替)产生的连续可变的模拟电压信号(0~5 V),转变为 8 位二进制数字信号(0x00~0xFF)后,送单片机处理,并在四位数码管上显示出水温 000.0 ℃~225.0 ℃,如果水温超过 115 ℃ 会报警:水温灯亮同时蜂鸣器鸣响,提示驾驶员把车停在安全的位置下车检查。

3. 电路设计

汽车发动机水温显示及报警控制系统电路如图 8-9 所示,该电路包括单片机、复位电路、晶振电路、电源电路、热敏电阻传感器(仿真用可变电阻器代替)输入电路、水温超限报警电路(发光二极管亮和蜂鸣器响)及由四位数码管组成的显示电路。模拟电压信号从 STC12C5A60S2 单片机的 P1.0 引脚(第 1 引脚)输入,使用 P1.0 引脚的第二功能 ADC0 通道,水温超限报警电路由两部分组成,其中的蜂鸣器控制电路由 P1 端口的 P1.1 引脚控制,发光二极管电路由 P1 端口的 P1.2 引脚控制,P1.1 和 P1.2 引脚作为通用 I/O 口使用。温度显示选用四位一体数码管,段由 P2 口控制,位由 P3 口控制。

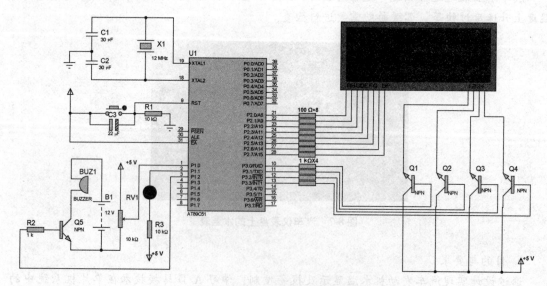

图 8-9 汽车发动机水温显示及报警控制系统电路

输入的模拟电压信号需要转换为单片机能够识别的数字信号,将连续变化的模拟信号转换为数字信号的技术称为 A/D 转换技术。在实际应用中,可以在输入信号与单片机之间连接 A/D 转换器来完成 A/D 转换,还可以选择使用具有 A/D 转换器的单片机来处理。本任务选用了具有内部 A/D 转换器(A/D Converter,简称 ADC)的 STC12C5A60S2 单片机来完成电路系统设计,温度传感器输出的模拟电压信号输入单片机,由 ADC 转变成数字信号后,进行数值分析处理得到对应的温度,最后用 4 个数码管显示出来。

4. 源程序设计

进行温度测量程序设计时,可以考虑使用一维浮点数组存储温度值表,使用另一个一维字符数组存储对应的 A/D 转换值表。

对实际测量数据处理时,考虑使用低通滤波器对 ADC 转换的结果进行滤波,主要方法是连续采集 7 次数据,去掉最大值和最小值,对中间 5 个采集数据求出平均值,将此平均值作为所测量温度下的 A/D 转换值。这种滤波方法也称为中值平均滤波法,是非常实用的数据采集滤波技术。然后,使用线性插值法进行数据转换而得到所测量的温度。

本程序主要包括 4 个部分:主函数、数据处理、数码管动态显示、温度报警。

(1)主函数功能:启动单片机内部的 ADC 进行 A/D 转换并读取转换结果,A/D 转换的结果是一个 8 位二进制数(0x00~0xFF),对应的十进制数是 0~255。

(2)数据处理功能:初始化 ADC,取 A/D 结果,返回 ADC 值,返回滤波后的 A/D 转换值,返回转换后的温度值。

(3)数码管动态显示功能:每隔 5 ms 实时将温度显示在四位数码管上。

(4)温度报警功能:温度超过 115 ℃,声光同时报警。

汽车发动机水温显示及报警控制源程序如下:

```
//汽车发动机水温显示及报警控制
#include <reg51.h>              //包含头文件<reg51.h>,定义 51 单片机的
                                //  特殊功能寄存器
#include <intrins.h>            //包含头文件<intrins.h>,代码中引用了_
                                //  nop_()函数
//声明与 ADC 有关的特殊功能寄存器
sfr ADC_CONTR=0xBC;             //A/D 转换控制寄存器
sfr ADC_RES=0xBD;               //A/D 转换结果寄存器
sfr ADC_RESL=0xBE;              //A/D 转换结果寄存器
sfr P1ASF=0x9D;                 //A/D 转换模拟功能控制寄存器
#define ADC_POWER 0x80          //ADC 电源控制
#define ADC_FLAG 0x10           //模数转换完成标志
#define ADC_START 0x08          //模数转换器转换启动控制
#define ADC_SPEEDLL 0x00        //模数转换速度控制
sbit BEEP= P1^2;                //定义蜂鸣器引脚,高电平报警
sbit LED= P1^1;                 //定义灯光报警引脚,低电平点亮
float code temtest[18]= {5.5,10.0,15.0,20.0,23.0,26.0,30.0,35.0,36.9,
                        40.1,41.7,43.0,45.0,48.9,52.3,56.0,60.6,67.6};
```

```c
                                        //选取的测试点温度值表
unsigned char code temdata[18]={11,46,61,100,137,160,165,182,199,207,
                  214,222,228,233,239,244,248,253};
                                        //选取的测试点温度对应的A/D转换值表
unsigned char disp[4]={0,0,0,0};        //定义全局数组disp,存数码管显示
unsigned char code SEGTAB[]={0xC0,0xF9,0xA4,0xB0,0x99,0x92,0x83,0xF8,
                 0x80,0x90,0x40,0x79,0x24,0x30,0x19,0x12,
                 0x02,0x78,0x00,0x10};
                                        //段码
#define SEGDATA P2                      //段码端口
#define SEGSELT P3                      //位码端口
//函数声明部分
void Delay1ms();                        //延时函数
void InitADC();                         //ADC初始化函数
unsigned char GetADCResult(unsigned char ch);
                                        //取A/D结果函数
void seg_display(void);                 //显示函数
unsigned char Temper_LPF();             //滤波函数
float Data_temper(unsigned char LPFdata);
                                        //将A/D值转换成温度值
void data_process(float value);         //ADC转换的8位数据转换成电压值
//初始化ADC
void InitADC()
{
  P1ASF=0xff;                           //设置P1端口8位均为模拟输入通道
  ADC_RES=0;                            //转换结果寄存器清零
  ADC_CONTR=ADC_POWER|ADC_SPEEDLL;      //开启转换电源
  Delay1ms();                           //延时1 ms
}
//延时1 ms
void Delay1ms()                         //晶振频率为12.000MHz
{
unsigned char i,j;
_nop_();
_nop_();
i=12;
j=168;
do
{
```

```c
        while(--j);
    } while(--i);
}
//取A/D结果,返回ADC值
unsigned char GetADCResult(unsigned char ch)
{
    ADC_CONTR=ADC_POWER|ADC_SPEEDLL|ch|ADC_START;
                                        //选择通道,开启A/D转换
    _nop_();_nop_();_nop_();_nop_();    //空指令,短延时
    while(!(ADC_CONTR&ADC_FLAG));       //等待A/D转换完成
    ADC_CONTR&=~ADC_FLAG;               //关闭A/D转换
    return ADC_RES;                     //返回A/D转换结果
}
//动态值显示在数码管上
void seg_display(void)
{
    unsigned char i,scan;
    scan=1;                             //位码赋初值
    for(i=0;i<4;i++)
    {
        SEGDATA=0xFF;                   //关闭段码
        SEGSELT=~scan;                  //位码赋值
        SEGDATA=SEGTAB[disp[i]];        //段码赋值
        Delay1ms();Delay1ms();Delay1ms();Delay1ms();
                                        //延时4 ms
        scan<<=1;                       //左移,选择下一个数码管位码
    }
}
//返回滤波后的A/D转换值
unsigned char Temper_LPF()
{
    unsigned char temp[7],a;
    unsigned char i,j,k;
    for(i=0;i<=6;i++)                   //数据连续采集7次
    {
        temp[i]=GetADCResult(0);        //采集0通道数据
        Delay1ms();Delay1ms();Delay1ms();Delay1ms();Delay1ms();
                                        //延时5 ms
    }
```

```c
    for(j=0;j<=6;j++)                    //选择7个数值
      {
        for(k=j;k<=6;k++)
        {
          if(temp[j]<=temp[k])            //从小到大排序
          {
            a=temp[j];
            temp[j]=temp[k];
            temp[k]=a;
          }
        }
      }
  temp[0]=temp[6]=0;                      //去掉最大最小值
  return(temp[1]+temp[2]+temp[3]+temp[4]+temp[5])/5;
                                          //返回平均值
}
//返回A/D值转换的温度值
float Data_temper(unsigned char LPFdata)
  {
    Float b;
    unsigned char i;
    for(i=0;i<=18;i++)
      {
        if((LPFdata>=temdata[i])&(LPFdata<temdata[i+1]))
        {
          //用线性插值法将测定的AD值转换成温度
          b=temtest[i]+(LPFdata-temdata[i])*((temtest[i+1]-temtest
          [i])/(temdata[i+1]-temdata[i]));
          break;
        }
      }
    return b;                             //返回温度值
  }
  //把ADC转换的温度值送到数码管显示数组中
void data_process(float value)
{
  unsigned int Temperature;
  Temperature=value*10;                   //将四位数扩大十倍,去掉小数点
  disp[3]=Temperature/10000;              //取扩大后的万位,即是最后显示的
```

```c
    disp[2]= (Temperature/1000)%10;          //千位
                                             //取千位
    disp[1]= (Temperature/100)%10 +10;       //取百位,并显示小数点
    disp[0]= (Temperature/10)%10;            //取十位
}
//主函数
void main()
{
    unsigned char voltage;                   //转换的电压值
    float temp;                              //温度值
    InitADC();                               //ADC 初始化
    Delay1ms();                              //延时 4 ms,等待 ADC 初始化
    Delay1ms();
    Delay1ms();
    Delay1ms();
    while(1)
    {
    Delay1ms();                              //延时 4 ms
    Delay1ms();
    Delay1ms();
    Delay1ms();
    voltage= Temper_LPF();                   //返回电压值
    temp= Data_temper(voltage);              //计算温度值
    data_process(temp);                      //温度值处理
    if(temp >=115.0)                         //温度超过 115 ℃,声光同时报警
    {
        BEEP=1;LED=0;
    }
    else
        {
        BEEP=0;LED=1;
        }
        seg_display();                       //数码管显示温度
    }
}
```

项目拓展

自动大灯控制

请同学们根据所学的传感器及单片机的 A/D 转换原理自行设计并制作一个自动大灯控制系统,先用 Proteus 和 Keil 软件模拟仿真,然后用电路板实际制作。

相关知识:自动大灯原理及自动大灯正确使用方法。

自动大灯是某些汽车厂家为方便用户,为前大灯安装了感光控制系统。当光线强度大于或小于一定值时,大灯会自动亮起或熄灭。

1. 用途

当汽车行驶中光线变暗时,前大灯会自动亮起,当光线变亮时会自动熄灭。值得一提的是,很多人误以为"自动大灯"是专为过隧道而设计的,其实不是,自动大灯的开启都有延时,即在光线感应系统感应到光线变暗十几秒后大灯才会自动开启,而根据交规,汽车在进隧道之前必须提前开启大灯,所以在穿越隧道时仍需要手动提前将大灯打开。

2. 原理

图 8-10 所示为自动大灯光敏传感器,一般安装在仪表台上。光敏传感器多数为光敏电阻元件制作而成,传感器信号发送给车载电网控制单元,控制单元根据光线强弱信号,控制大灯是否开启。

图 8-10 自动大灯光敏传感器

3. 使用

自动大灯怎么使用呢?只要将组合灯开关拧至 auto 挡,自动大灯功能便启动,当夜间开车或进入隧道时,大灯会自动亮起来。不过要记得,自动大灯不会调远近光。因为自动大灯只是靠光敏传感器来判断周围环境亮度,并不能实时分析周围环境状况的变化来选择远近光。如果想自动大灯控制远光灯,那么要把组合灯开关往前拨到远光灯位置,然后把旋钮拧至 auto 位置,那么远光灯就能自动开启。但是,要遵守远光灯的使用法规。

☞ 小资料

汽车发动机水温传感器

汽车发动机水温传感器安装在发动机缸体或缸盖的水套上,与冷却水直接接触,从而测得发动机冷却水的温度。电控单元根据测得的发动机冷却水的温度,形成燃油喷射和**点火正**

时的修正信号。简单说，就是人们可以通过发动机水温了解汽车运行的状态，如停止或者运动，或者运动的时间有多长等。

水温传感器采用 NTC 热敏电阻传感器实现发动机水温的采集。温度越低，电阻越大；反之电阻越小。车用 NTC 热敏电阻传感器如图 8-11 所示。

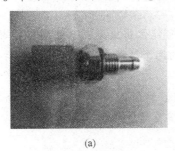 

图 8-11 车用 NTC 热敏电阻传感器

(a) 车用热敏电阻传感器；(b) 放在发动机缸体中的热敏电阻传感器

水温传感器（NTC 器件）实现发动机水温的采集原理如下：

1. NTC 器件的温度测量原理

NTC 负温度系数热敏电阻传感器通过与被测介质接触进行温度测量，是近年来出现的一种新型半导体测温元件。

NTC 的阻值随温度的上升而下降，其阻值和温度呈非线性特性，因此必须采用一定的方法对曲线进行线性化处理。使用 NTC 热敏电阻测量温度的原理：测量其阻值，通过其温度特性曲线查询温度值。通常是将电阻的变化转化为电压的变化，通过测量电压变化测得温度的变化。

2. NTC 测温电路

使用 NTC 热敏电阻传感器构成的测温电路如图 8-12 所示。NTC 热敏电阻 R_V 和测量电阻 R_m（精密电阻）构成一个简单的串联分压电路，参考电压 +5 V 经过分压可以得到一个电压值 V_B，该电压值是一个随着温度值变化而变化的数值，反映 NTC 电阻的大小，也就是相应温度值的大小。

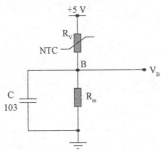

图 8-12 NTC 测温电路

3. A/D 转换值与温度对应关系的线性插值计算

由于 NTC 热敏电阻传感器的温度-电阻特性是非线性的，在不同的温度值下测量电阻值时，在温度变化量 Δt 相同的情况下，对应的电阻值变化量 ΔR_m 是不同的，即温度值与阻值呈非线性关系。因此，ADC 转换后所得到的二进制数值不能采用简单的数学运算来进行数据处理。

对于这种非线性的特性曲线，在具体应用环境中，通常可以在系统中存储一个与温度值对应的 A/D 转换值表，ADC 转换器得到的 A/D 转换值，通过查表就能得到该值对应的温度，完成温度测量。

由于单片机的资源有限，A/D 转换值表格不可能做得太大，只能将转换数据分段存储，用 ADC 转换器得到的 A/D 转换值处在此表格中的两个数据中间，这就需要对其用线性插值法做进一步的精确定位。

线性插值法等同于模拟线性化方法中的非线性函数的折线近似逼近，如图 8-13 所示。显然，近似逼近的精度取决于折线段数，段数越多，逼近的精度越高。

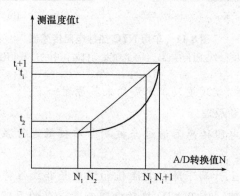

图 8-13　A/D 转换值线性插值法示意

使用线性插值法精确定位所测量的温度的方法如下：

（1）利用一维查表法查找 A/D 转换值 N 所处的表区间 $[N_i, N_{i+1}]$，N_i 为第 i 个转折点所对应的 A/D 转换值。

（2）按下述插值公式进行线性内插，运用线性插值法计算出温度 t。

$$t = t_i + \frac{N - N_i}{N_{i+1} - N_i}(t_{i+1} - t_i)$$

练习题

一、填空题

1. 传感器是把_____转换成_____的装置。像车速、温度等非电量是一种连续的信号，称为_____信号。

2. A/D 转换器的作用是将_____量转为_____量；D/A 转换器的作用是将_____量转为_____量。

3. A/D 转换器的主要技术指标有_____、_____、_____、_____。

二、选择题

1. A/D 转换结束通常采用（　　）方式编程。
　　A. 查询　　　　　　　　　　　　B. 中断
　　C. 中断、查询和延时等待　　　　D. 延时等待

2. A/D 转换的精度由( )确定。
   A. 转换时间　　　　B. A/D 转换位数　　　C. 查询方法　　　　D. 转换方式
3. D/A 转换的纹波消除方法是( )。
   A. 高通滤波　　　　B. 电平抑制　　　　　C. 低通滤波　　　　D. 比较放大
4. STC12S5A60S2 芯片内部的 A/D 转换为( )。
   A. 10 位　　　　　 B. 8 位　　　　　　　C. 12 位　　　　　 D. 16 位

三、简答题

1. 一般的 A/D 转换过程是分为哪几步完成的？
2. 判断 A/D 转换是否结束，一般可采用几种方式？每种方式有何特点？

项目九

△ 汽车单片机应用技术——基于 Proteus 和 Keil C51 仿真

汽车车灯局域网控制

🚗 项目要求

知识目标：
1. 了解汽车网络技术的作用、拓扑结构、类型及发展趋势。
2. 掌握汽车单片机局域网的基本概念。

能力目标：
1. 能运用所学的单片机知识进行基于单片机多机通信的模拟车灯局域网控制的硬件电路设计。
2. 能运用所学的串行通信知识进行基于单片机多机通信的模拟车灯局域网控制的软件程序设计。

素养目标：
1. 掌握网络知识，享受网络便利。
2. 上健康网站，掌握上网时间，正确利用网络。

🚗 知识储备

电子技术的迅速发展并在汽车上的广泛应用使得汽车电子化程度越来越高，特别是微控制器进入汽车领域后，给汽车带来了划时代的变化。同时，汽车电子设备的应用和不断增多，也导致了汽车布线越来越复杂、电气设备运行可靠性降低、故障维修难度增大等问题。为了提高信号的利用率、大批数据信息能在不同的电子控制单元中共享、汽车综合控制系统中大量的控制信号能实时交换，人们选择了网络技术。汽车上使用网络，另一个原因是计算机网络在生活中的广泛应用和智能交通系统的应用。

网络

一、汽车网络技术的发展历史

20 世纪 80 年代，汽车上开始安装使用网络。1983 年，丰田在世纪牌汽车上应用总线技术的车门控制系统，实现了多个节点的连接通信。1986—1989 年，德国 BOSCH 公司提出控制器局域网（Controller Area Network，CAN），日本也提出各种网络。后来，随着汽车智能技术的应用，欧洲提出与 CAN 协议不同思路的时间触发的新协议 TTP，并在 x-by-wire 系统即线控系统中开始应用，这种网络主要采用光缆。目前，有部分企业开始研究将互联网中采用的以太网协议应用于车载网络中，提高交换信息的可靠性和传输速度。另外，随着智能交通系统（ITS）的引入，汽车需要与车外进行数据交换，开始采用 D2B、MOST 等网络类型。而随着无线网络与移动通信技术的飞速发展，一些无线技术如蓝牙也开始应用于车载网络技术中。

二、汽车网络技术的作用

1. 提高控制系统的可靠性

采用网络技术后，人们解决了汽车内部存在的集中控制与分散控制的矛盾。分散控制是指汽车电子技术发展初期一个部件采用一个单片机控制，一旦该系统出现故障，整个系统瘫痪。集中控制分为完全集中控制、分级集中控制和分布集中控制。完全集中控制是指一个单片机控制多个系统，如美国通用公司的电子控制系统，一个单片机控制了发动机点火与爆燃超速报警、ABS、牵引力控制、自动门锁和防盗系统等。分级集中控制是指一个中央控制单片机控制多个单片机，如日产公司的分级集中控制系统，对发动机燃油喷射、点火与爆燃、ABS 及数据传输分别采用了一个单片机控制。分布集中控制是指分块进行集中控制，如五十铃公司的 1-TEC 系统，发动机燃油喷射、点火、怠速，以及 ECR 等系统分别进行集中控制。这些控制方式存在一个致命缺点：一旦其中的一个单片机出现故障，整个系统也不能工作。而利用网络技术后，传感器及其他硬件资源、数据信息等可以实现共享，一两个单片机出现故障不会影响系统工作。

2. 网络组成灵活方便

可针对不同需要对汽车风格进行组合，无须对整车进行重新设计。

3. 降低生产成本

可以最大限度地实现硬件和软件等资源的共享，节省传感器、线束及连接器，减少工作量。

4. 扩充功能方便

在不增加硬件的条件下，修改软件即可开发新功能、新的子系统。

三、汽车网络的拓扑结构

汽车网络的拓扑结构常见有星型、环型和总线型结构，如图 9-1 所示。

1. 星型拓扑

在星型拓扑中，每个站点通过点-点连接到中央节点，任何两站之间的通信都通过中央节点进行。星型拓扑采用电路交换，一个站点的故障只会影响本站，而不会影响全网。但是

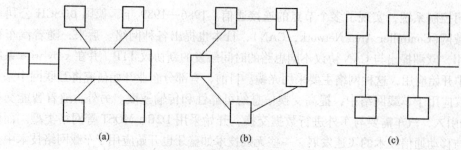

图 9-1 网络的拓扑结构
(a)星型拓扑；(b)环型拓扑；(c)总线型拓扑

在这种结构中，通信极大地依赖中央节点，对中央节点的可靠性和容量要求很高；另外，每个站点都要同中央节点连接，耗费大量电缆。

2. 环型拓扑

在环型拓扑中，站点和连接站点的点-点链路组成一个闭合环路，每个站点从一条链路上接收数据，然后以同样的速率从另一条链路发送出去。链路大多数是单方向的，即数据沿一个方向在网上环行。

视频：图9_1

环型拓扑存在冲突问题，必须采用某种控制机制来决定每个站点在什么时候可以将数据送到环上。环型网络通常也采用分布式控制策略，这里主要包含一种特殊信息帧——"令牌"。

环型拓扑的优点：所需介质长度较短；它的链路都是单方向的，因而可以采用光纤作为传输介质。环型拓扑的缺点：一个站点的故障会引起全网的故障。

3. 总线型拓扑

总线型拓扑采用单一信道作为传输介质，所有站点通过相应硬件接口接至这个公共信道（总线）上，任何一个站点发送的信息，所有其他站点都能接收。

因此，总线型拓扑称为多点式或广播式。信息也是按组发送，达到各站点后，经过地址识别（滤波），符合的站点将信息复制下来。由于所有节点共享一条公共信道，当多点同时发送信号时，信号会相互碰撞而造成传输失败，这种现象称为冲突。为了避免冲突，每次只能由一个站点发送信号，因此，必须有一种仲裁机制来决定每次由哪个站点使用信道，这属于数据链路层的任务，总线网中通常采用分布式的控制策略，如 CSMA/CD 协议就是常用的规范。

总线型拓扑的优点：所需电缆长度短，布线容易。总线仅仅是一个传输信道，没有任何处理功能，从硬件的角度看，它属于无源器件，工作的可靠性较高，增加和减少站点都很方便。缺点是系统范围受到限制（由于数据速率和传输距离的相互制约关系）。一个站点的故障可能影响整个网络，故障的检测需要在各站点上进行。

汽车网络大多采用总线型拓扑结构。

四、汽车网络的类型

汽车网络技术从 20 世纪 80 年代提出以来，至今存在许多侧重功能不同的汽车网络标准,为方便研究和设计应用,20世纪90年代中期SAE(Society of Automotive Engineers)把车用网络分为A、B、C、D、E等类型,其中,A类网为面向执行器、传感器的低速网络,LIN和TTP/A为其主流协议;B类网为面向数据共享的中速网络,其主流协议是CAN(ISO 11898-3)、SAE J1850、VAN等协议;C类网为面向实时控制的高速网络,其主流协议为高速CAN(ISO 11898-2)、TTP/C、Flex Ray等协议;D类网主要面向多媒体、导航系统等,目前该类网络的主流协议为:D2B(Domestic Digital Bus)、MOST(Media Oriented Systems Transport);E类网是面向乘客安全系统的网络,主要应用于车辆被动安全性领域,该类网的协议有Byteflight等,见表9-1。

表9-1 SAE的汽车网络分类

网络分类	位传输速率	应用场合
A	低速,<10 Kb/s	应用于只需传输少量数据的场合,如控制行李箱开启和关闭
B	中速,10~125 Kb/s	应用于一般的信息传输场合,例如仪表
C	高速,125 K~1 Mb/s	应用于实时控制的场合,例如动力系统
D	高速,>1 Mb/s	应用于更严格的实时控制场合及多媒体控制
E	高速,>5 Mb/s	应用于车辆被动安全性领域,例如乘客的安全系统

五、汽车网络技术的发展趋势

1. 高速、实时、容错的网络控制技术

线控概念(x-by-wire)是一种新的汽车工程概念。2002年1月初在底特律举行的北美国际车展上,展出的跑车Autonomy就首次在汽车中使用了x-by-wire技术。x-by-wire技术在未来将是十分重要的技术,该技术极大改善了汽车的可操作性、安全性、设计的灵活度及总体结构。驾驶员和转向盘之间将没有任何机械部分的连接,使用这种技术使汽车的操纵系统、制动系统及其他辅助系统能够通过电子方式进行控制,这就是说,像汽车内的刚性传动件将会被基于网络控制的各种传感器、控制器和电液式电动执行器所组成的线控系统取而代之。x-by-wire技术必将促进高速、实时、容错网络通信技术的发展。

2. 多媒体、高带宽的网络

未来汽车网络同时将是一个多媒体、高带宽的网络。它能使车主生活更轻松,并在某种程度上将办公室移入车内。若从长远看,汽车甚至可以成为一个网站,人们可以下载软件提高汽车的性能。目前,全球定位系统(GPS)和导航系统等技术已经在车辆上广泛应用。

3. 丰富的软件设计

未来汽车将成为软件产品,在未来的汽车中软件主导硬件的趋势是不可避免的,软件在汽车设计中已无处不在,可以说未来汽车市场竞争的热点之一就是软件的竞争。这也正是OSEK(德国汽车电子类开放系统和对应接口标准)产生的原因,使用OSEK将大大缩短开发新型模块的周期。将来,汽车制造商必须与配件制造商、芯片供应商紧密协作,三方各尽所能以确保汽车工程项目的成功。在汽车设计过程中,软件开发正变得与发动机或者车身设计一样重要。据估计,在不久的将来,会出现汽车专用软件供应商,现有零部件供应商可能转移研发的重点和方向。一方面,汽车软件设计的分工会更明细和模块化;另一方面,专用软件的开发也是一个趋势。

4. 统一网络协议

目前,在汽车行业中存在许多网络通信协议,由于缺乏全世界统一的标准,实际上提高了汽车的制作成本。虽然建立一个统一的汽车网络协议体系是一件十分复杂和困难的工作,但汽车制造商和供应商已逐渐对这一问题达成一致。此外,将来各类网络标准将被合并成为一个。若真的形成这种标准统一的局面,那么汽车及其相关工业将受益匪浅,从而大大加快汽车技术的发展。

六、汽车单片机局域网的基本概念

车载局域网实际上是一种网络的通信协议及达到协议规定目的所采取的各种措施和方法。采用网络技术的目的是减少汽车线束,提高通信速度。

1. 多路传输

多路传输就是在同一通道或线路上同时传输多条信息,又叫作多路复用。事实上数据是依次传输的,但速度非常快,似乎是同时传输的。许多单个的数据都能被一段一段地传输,这就叫作时分多路传输。汽车上用的是单线或双线制时分多路传输系统。

常见的多路传输技术如下:

(1)时分多路传输。时分多路传输又叫作时分多路复用(Time Division Multiplexing,TDM),是多路复用技术的一种,是用时间分割信道的方法,使每个控制系统独占信道时隙而共享总线的频率资源。

(2)频分多路复用(Frequently Division Multiplexing,FDM)。频分多路复用是用频率分割信道的方法,使每个控制系统独占信道频道而共享总线的时间资源。

(3)码分多路复用(Code Division Multiple Access,CDMA)。码分多路复用是分配给每个控制系统不同的扩频编码以区分不同的信号,就可以同时使用同一频率进行通信。

(4)波分多路复用(Wavelength Division Multiplexing,WDM)。波分多路复用在全光纤通信中采用。

从图9-2中可以看出,常规线路要比多路传输线路简单得多,然而请注意:多路传输系统 ECU 之间所用的导线比常规线路系统所用导线少得多。由于 ECU 可以触发仪表板上的警告灯或灯光故障指示灯等,又由于多路传输可以通过一根线(数据总线)执行多个指令,因此可以增加许多功能装置。

2. 模块/节点

模块就是一种电子装置,简单一点的如温度和压力传感器,复杂的如计算机(微处理器)。传感器是一块模块装置,根据温度和压力的不同可产生不同的电压信号。这些电压信号在计算机的输入接口被模数转换器(ADC)转变成数字信号。在计算机多路传输系统中一

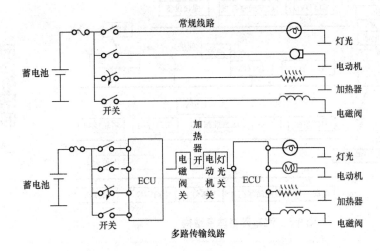

图 9-2 常规线路和多路传输线路的对比

些简单的模块被称为节点。

3. 数据总线

数据总线(BUS)是控制单元之间传递数据的通道。数据总线可以达到在一条数据线上传递的信息能被多个系统(控制单元)共享的目的,从而最大限度地提高系统整体效率,充分利用有限的资源。

如果系统可以发送和接收数据,则该数据总线称为双向数据总线。数据总线可以是单线式或是双线式。双线式的其中一条导线不是用作额外的通道,它的作用是一旦数据通道出了故障,它让数据换向通过或是在两条数据总线中未发生故障的部分通过。为了抗电磁干扰,双线式数据总线的两条线是绞在一起的(双绞线)。各汽车制造商一直在设计各自的数据总线,如果不兼容,就称为专用数据总线。如果是按照某种国际标准设计的,就是非专用的。为使不同厂家生产的零部件能在同一辆汽车上协调工作,必须制定标准。

4. 网络

网络是为了实现信息共享而把多条数据总线或者把数据总线和模块当作一个系统连在一起。车载网络一般采用几种不同速率的总线协议构成功能各异的网段,并通过网关连接,达到信息共享和集中管理控制的目的。如图 9-3 所示,其中包括高速主干网 IEEE 1394b 协议标准、多媒体网段 MOST、高速 CAN 协议和低成本的串行通信 LIN 协议。

5. 通信协议

通信协议是控制通信实体间有效完成信息交换的一组约定和规则。要实现车内各 ECU 之间的通信,必须制定规则保证通信双方能相互配合,即通信方法、通信时间、通信内容,这是通信双方同样能遵守、可接受的一组约定和规则。也就是说,要想成功交流信息,通信双方必须"说同样的语言"(如相同的语法规则和语速等)。

(1)协议的三要素。

1)语法:确定通信双方之间"如何讲",即通信信息帧的格式。

2)语义:确定通信双方之间"讲什么",即通信信息帧的数据和控制信息。

3)定时规则:确定事件传输的顺序以及速度匹配。

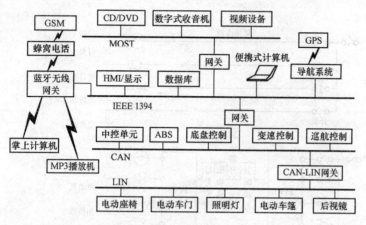

图9-3 汽车网络体系结构

(2) 协议的功能。

1) 差错监测和纠正：面向通信传输的协议常使用"应答-重发"和通信校验进行差错的检测和纠正工作。一般来说，协议中对异常情况的处理说明要占很大的比重。

2) 分块和重装：为符合协议的格式要求，需要对数据进行加工处理。分块操作将大的数据划分若干小块，如将报文划分成几个子报文组；重装操作则是将划分的小块数据重新组合复原，如将几个子报文组还原成报文。

3) 排序：对发送的数据进行编号以标识它们的顺序，通过排序，可以达到按序传递、信息流控制和差错控制等目的。

4) 流量控制：通过限制发送的数据量或速率，以防止在信道中出现堵塞现象。

6. 总线速度

总线速度是数据总线的速度，有波特率（每秒传输的码元数）和比特率（每秒传输的二进制位数）之分，如果一个码元只携带一个比特的信息，则波特率和比特率在数值上相等。

传输速度快并不能说明一切。高速数据总线及网络容易产生电噪声（电磁干扰），这种电噪声会导致数据传输出错。数据总线有多种检错方法，如检测一段特定数据的长度。如果出错，数据将重新传输，但这就会导致各系统的运行速度减慢。解决的方法：使用价格更高、功能更强大、结构更复杂的模块；使用屏蔽双绞线。为了使价格适中，数据总线及网络必须避免无谓的高速和复杂。大多数的设计都有3种基本型，即低速型、中速型和高速型。

7. 总线介质访问控制方式

由于各节点利用总线来传输信息，在总线上某一时刻若两个节点同时发送数据，则这两个数据将会在总线上发生"冲突"，造成所发送的数据不能被目的节点正确接收。为了避免冲突产生，就要有一个"征用"总线的方法，以使各节点充分利用总线的信道空间和时间来传送数据而不会发生冲突，这正是介质访问控制方式的管理机制。

CSMA/CD 是"载波侦听多路访问/冲突检测"（Carrier Sense Multiple Access with Collision Deteet）的缩写，是一种总线访问控制方式。

利用 CSMA 访问总线，可对总线上的信号进行检测，只有当总线处于空闲状态时，才允许发送数据。利用这种方法，可以允许多个节点挂接到同一网络上。当检测到一个冲突位时，所有节点重新回到"监听"总线状态，直到该冲突时间过后，才开始发送。

项目九　汽车车灯局域网控制　259

科技报国

项目实施

汽车车灯局域网控制

一、模拟车灯局域网控制的设计要求

1. 设计理念

用多片单片机间的串行通信组建模拟局域网,实现开关与车灯之间的网络控制,仿照"奥迪 A8 灯型"。奥迪 A8 车灯的灯型及灯光如图 9-4 所示。

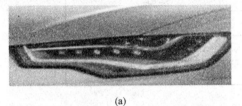
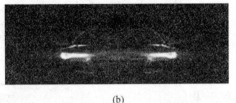

(a)　　　　　　　　　　　　　　　　(b)

图 9-4　奥迪 A8 车灯的灯型及灯光

(a)灯型；(b)灯光

元件要求：采用节能、省电、寿命长的新型光源 LED 作为车灯,选择电压低、微功耗的液晶显示器作为仪表盘。

技术要求：利用单片机的串行口进行多机通信,建立一个由开关、车灯、仪表组成的局域网。

效果要求：将电路板安装在车模上,使用效果完全可以模拟真车。

价值要求：本设计作为单片机多机通信应用的一个案例可以使读者对有关通信的概念有一个深刻的理解,本产品也可以作为汽车检测和汽车电子技术专业的相关课程的教学教具。

2. 车灯设计

左(右)前灯种类：示宽灯、近光灯、远光灯、转向灯、雾灯。其灯型设计如图 9-5 所示。

左(右)尾灯种类：行车灯、刹车灯、倒车灯、转向灯、雾灯。其灯型设计如图 9-6 所示。

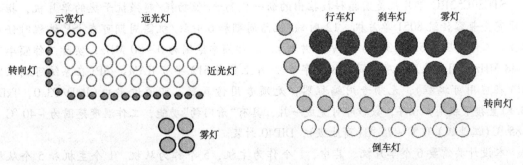

图 9-5　前灯形状设计　　　　　　图 9-6　尾灯形状设计

车灯名称及颜色见表9-2。

表9-2 车灯名称及颜色

车灯名称	颜色
示宽灯	白色
近光灯	白色
远光灯	白色
转向灯	黄色
雾灯	红色
倒车灯	白色
刹车灯	红色
牌照灯	红色

3. 开关设计

根据作用，本设计共选用7种控制开关，分别是左右转向灯开关、雾灯开关、近光灯开关、远光灯开关、刹车灯开关、倒车灯开关、双闪开关，根据需要开关有2挡和3挡两种，根据作用可以选择旋钮开关和拨码开关。

4. 控制要求

所设开关能对4种灯系(左、右前灯，左、右尾灯)进行控制，还增加对仪表盘(液晶显示器)的显示控制。比如左转向灯开关按下，前、后左转向灯亮，同时显示器上面的左转向指示灯图标闪烁。对各种灯的控制完全模拟实车，比如大灯开关开启，示宽灯亮，只有在示宽灯或近光灯亮时雾灯才能开启。任意灯亮的时候都可以打转向灯。

实现的方法是采用智能芯片单片机组成1个LED车灯控制网络系统。该网络系统采用主从式通信方式，开关和主机相连，4种灯系和仪表分别与5台从机相连，5个从机的显示状态完全由主机控制，主机可以和其中的任意一个从机进行双机通信，从机和从机之间不能通信。2条串行通信总线为5个从机所共有。整个LED车灯控制网络相当于一个局域网，开关输入信号，单片机根据信号做出判断并发出指示，显示器和LED车灯是执行器件。

二、模拟车灯局域网控制硬件电路设计

本设计的核心器件是单片机，单片机选用STC系列，型号皆为STC89C52RC。

STC89C52RC单片机是宏晶科技推出的新一代高速/低功耗/超强抗干扰的单片机，指令代码完全兼容传统8051单片机，12时钟/机器周期和6时钟/机器周期可在ISP编程时任意选择。工作电压为5.5~3.3 V(5 V单片机)，工作频率范围为0~80 MHz，实际工作频率可达48 MHz，用户应用程序空间为8 K字节，片上集成512字节RAM，ISP(在系统可编程)/IAP(在应用可编程)，无须专用编程器，无须专用仿真器，可通过串口(RxD/P3.0，TxD/P3.1)直接下载用户程序，数秒即可完成一片，具有"看门狗"功能，工作温度范围为−40 ℃~+85 ℃(工业级)/0 ℃~75 ℃(商业级)，DIP40封装。

本设计共需要6个单片机。其中，1个作为主机，5个作为从机。1个主机和5个从机之间进行多机通信。本文利用Proteus软件仿真设计了1台主机控制5台从机的主从式多机系统，其通信网络结构如图9-7所示，硬件电路如图9-8所示。

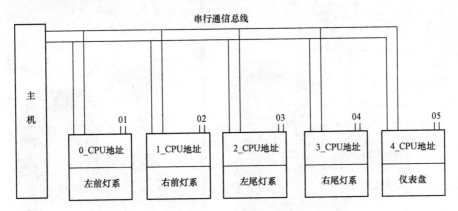

图 9-7　模拟车灯局域网控制结构

1. 主机的结构和原理

(1) 主机的结构。主机的主要任务是进行开关信号检测，根据检测到的端口代码不同发出不同的指示。本设计利用单片机的P1端口和P2端口分别与按键连接。P3.0和P3.1两个端口引脚引出两条串行通信总线，用于和其他5个从机进行通信。其设计原理如图9-9所示。

(2) 开关。本设计共选用7个控制开关。

1) 开关说明。

K1——3挡拨码开关。

　　1挡——空挡。

　　2挡——前灯和尾灯的示宽灯亮。

　　3挡——在此位置时可以由K3开关控制远近选光。

K2——3挡拨码开关。

　　1挡——空挡。

　　2挡——前雾灯和示宽灯的组合、前雾灯和近光灯的组合。也就是雾灯不能独立显示，只有在示宽灯亮的时候才能打开前雾灯，或者是在近光灯亮的时候才可以打开前雾灯。

　　3挡——控制前后雾灯和示宽灯的组合以及前后雾灯和近光灯的组合。只有在示宽灯亮的时候才能打开前后雾灯，或者是在近光灯亮的时候才可以打开前后雾灯。

K3——2挡拨码开关。

　　1挡——空挡。

　　2挡——控制远光灯但不能独自决定远光灯的亮灭，需要和K1开关联合控制远近光的亮灭。

K1在3挡位置时，由K3进行远近选光：

K3打到下方——远光灯亮。

K3打到上方——近光灯亮。

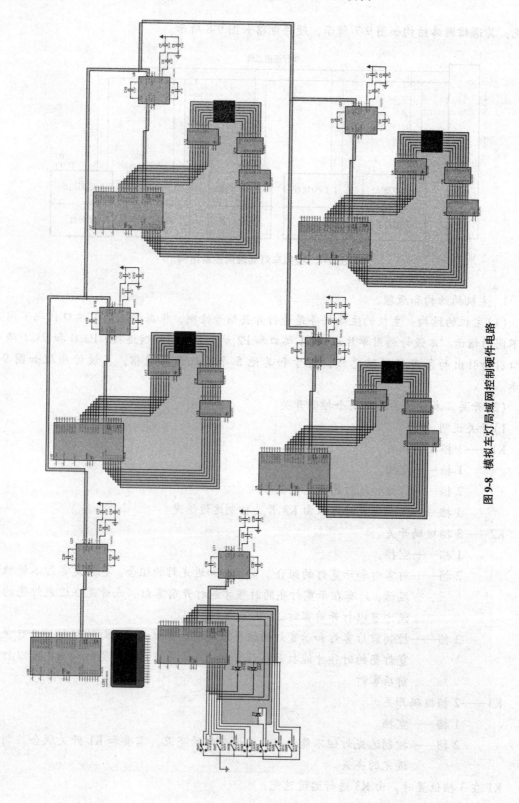

图9-8 模拟车灯局域网控制硬件电路

项目九 汽车车灯局域网控制

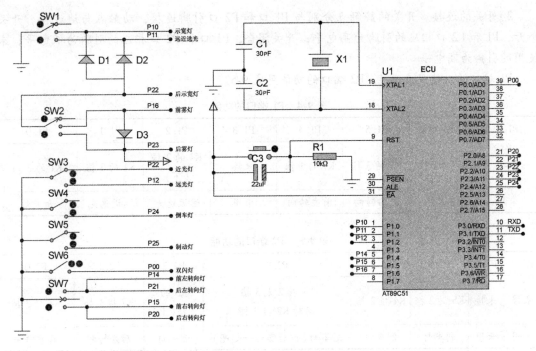

图 9-9 主机控制原理

远近光的选光控制见表 9-3。

表 9-3 P1.1 和 P1.2 引脚的组合编码控制远近光显示

P1.2	P1.1	远光灯	近光灯
0(K3 在 2 挡)	0(K1 在 3 挡)	亮	灭
1(K3 在 1 挡)	0(K1 在 3 挡)	灭	亮
0(不起作用)	1(K1 不在 3 挡)	灭	灭
1(不起作用)	1(K1 不在 3 挡)	灭	灭

K4——2 挡拨码开关。

  1 挡——空挡。

  2 挡——倒车。

K5——2 挡。

  1 挡——空挡。

  2 挡——制动。

K6——2 挡开关。

  1 挡——空挡。

  2 挡——双闪(接 P0.0 引脚)。

K7——3 挡钮子开关。

  1 挡——前后左转向灯。

  2 挡——空挡。

  3 挡——前后右转向灯。

2)开关的连接。开关的静触点分别与 P1 口和 P2 口引脚连接,动触点与地连接。开关断开,P1 和 P2 口相应的引脚为高电平;开关闭合,P1 口和 P2 口相应的引脚为低电平;未使用的引脚为高电平。

P1 端口的功能见表 9-4,P2 端口的功能见表 9-5。

表 9-4 P1 端口的功能

P1.7	P1.6	P1.5	P1.4	P1.3	P1.2	P1.1	P1.0
未接	K2 的 2 挡	K7 的 3 挡	K7 的 1 挡	未接	K3 的 2 挡(下)	K1 的 3 挡	K1 的 2 挡
未用	前雾灯	前右转向	前左转向	未用	远近选光	远近选光	示宽灯

表 9-5 P2 端口的功能

P2.7	P2.6	P2.5	P2.4	P2.3	P2.2	P2.1	P2.0
未接	未接	K5 的 2 挡	K4 接 2 挡	K1 接 2 或 3 挡 同时 K2 接 3 挡	K3 的 2 挡(上)	K7 接 1 挡	K7 接 3 挡
未用	未用	刹车灯	倒车灯	后雾灯(前后雾灯一起亮)	近光灯	后左转向	后右转向

(3)主机的控制原理。开关的断开和闭合使 P1 口和 P2 口引脚具有不同的电位,各种开关的通断组合就使得 P1 口和 P2 口的引脚数据有了各种不同的代码。代码决定主机呼叫哪个从机,进而向从机发送什么命令。本设计中,主机收到 P1 口的代码就呼叫从机 1 和从机 2,控制前灯,共能发送 16 种命令代码;主机收到 P2 口的代码就呼叫从机 2 和从机 3,控制尾灯,共能发送 30 种命令代码。P0.0 引脚是专设的双闪控制引脚。本设计的创新之处就是巧妙利用普通二极管的单向导电性来实现开关对灯的联锁控制。

2. 从机 1 和从机 2 的结构和原理

从机 1 控制左前灯,从机 2 控制右前灯,两者的结构和原理相同,用 Proteus 软件画的前灯控制原理如图 9-10 所示。前灯电路板如图 9-11 所示。前灯灯光分配如图 9-12 所示。

前灯由 64 个发光二极管组成,这 64 个发光二极管按矩阵方式排列在一起,形成 8 行 8 列的显示模块,8 根行线分别接 64 个二极管的阳极,8 根列线分别接 64 个二极管的阴极,对外共有 16 个引脚,其中 8 根行线通过一片 75LS573 驱动芯片与单片机的 P1 端口(拉电流)连接,8 根列线通过 UL2803 和 75LS573 驱动芯片与 P2 端口连接,以增加单片机端口的驱动能力。

从 P3.0 和 P3.1 引出 2 根通信线挂接在主机的串行通信总线上。
由 64 个发光二极管做出前灯的各种灯光显示,将 64 个发光二极管分成 6 个区:
转向灯——16 个二极管,行由 P1.1~P1.2 控制,列由 P2.0~P2.7 控制;
近光灯——16 个二极管,行由 P1.5~P1.6 控制,列由 P2.0~P2.7 控制;
远光灯——4 个二极管,行由 P1.7 控制,列由 P2.4~P2.7 控制;
示宽灯——16 个二极管,行由 P1.3 控制,列由 P2.0~P2.7 控制;
前雾灯——4 个二极管,行由 P1.7 控制,列由 P2.0~P2.3 控制;
侧转向灯——8 个二极管,行由 P1.0 控制,列由 P2.0~P2.7 控制。

项目九 汽车车灯局域网控制

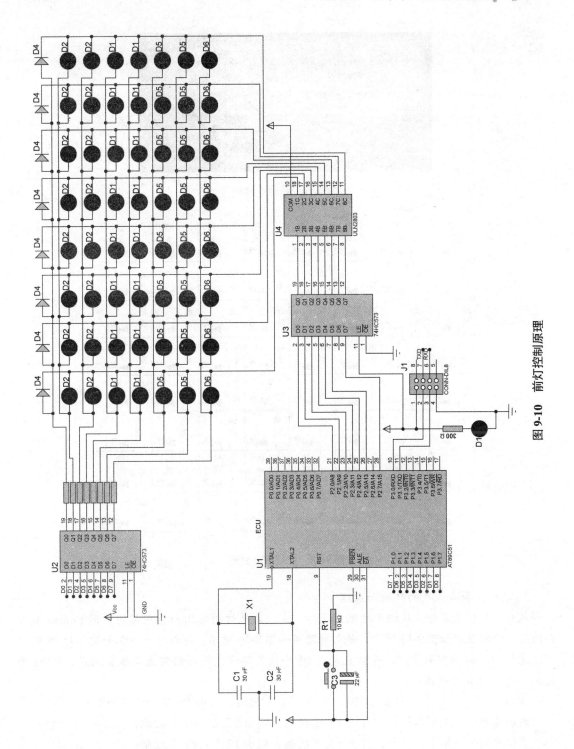

图 9-10 前灯控制原理

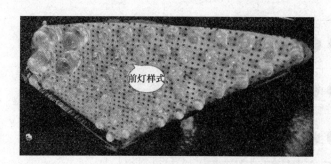

图 9-11 前灯电路板

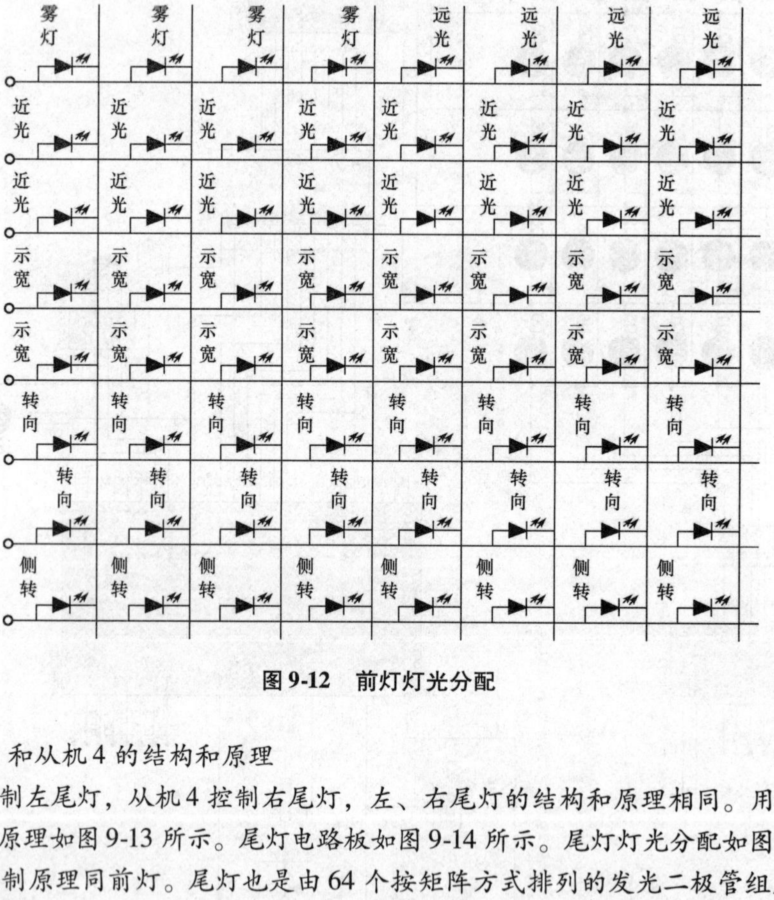

图 9-12 前灯灯光分配

3. 从机 3 和从机 4 的结构和原理

从机 3 控制左尾灯,从机 4 控制右尾灯,左、右尾灯的结构和原理相同。用 Proteus 软件画的尾灯控制原理如图 9-13 所示。尾灯电路板如图 9-14 所示。尾灯灯光分配如图 9-15 所示。

尾灯的控制原理同前灯。尾灯也是由 64 个按矩阵方式排列的发光二极管组成,将 64 个发光二极管分成 7 个区:

左转向灯——16 个二极管,行由 P1.0~P1.1 控制,列由 P2.0~P2.7 控制;

左刹车灯——4 个二极管,行由 P1.2 控制,列由 P2.4~P2.7 控制;

左倒车灯——8 个二极管,行由 P1.3 控制,列由 P2.0~P2.7 控制;

示宽灯——24 个二极管,行由 P1.4~P1.6 控制,列由 P2.0~P2.7 控制;

左后雾灯——4 个二极管,行由 P1.7 控制,列由 P2.4~P2.7 控制;

高位刹车灯——4 个二极管,行由 P1.2 控制,列由 P2.0~P2.3 控制;

牌照灯——4 个二极管,行由 P1.7 控制,列由 P2.4~P2.7 控制。

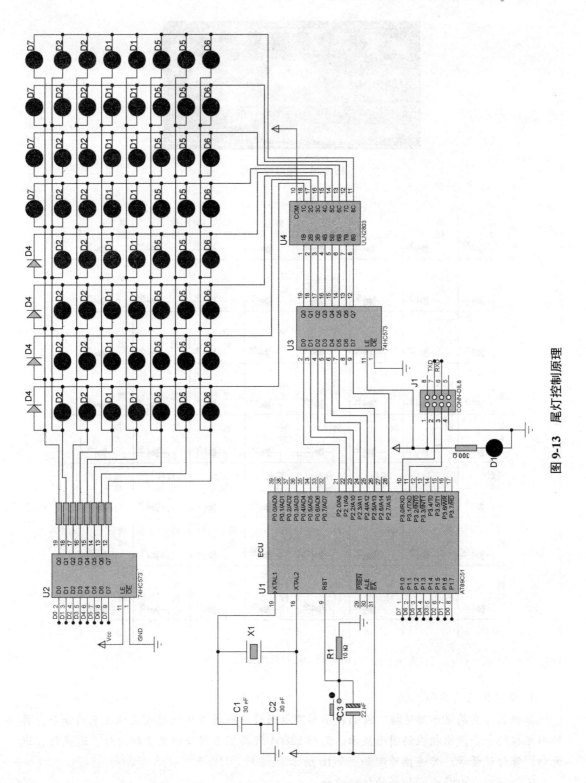

图 9-13 尾灯控制原理

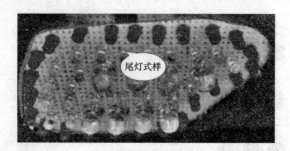

图 9-14 尾灯电路板

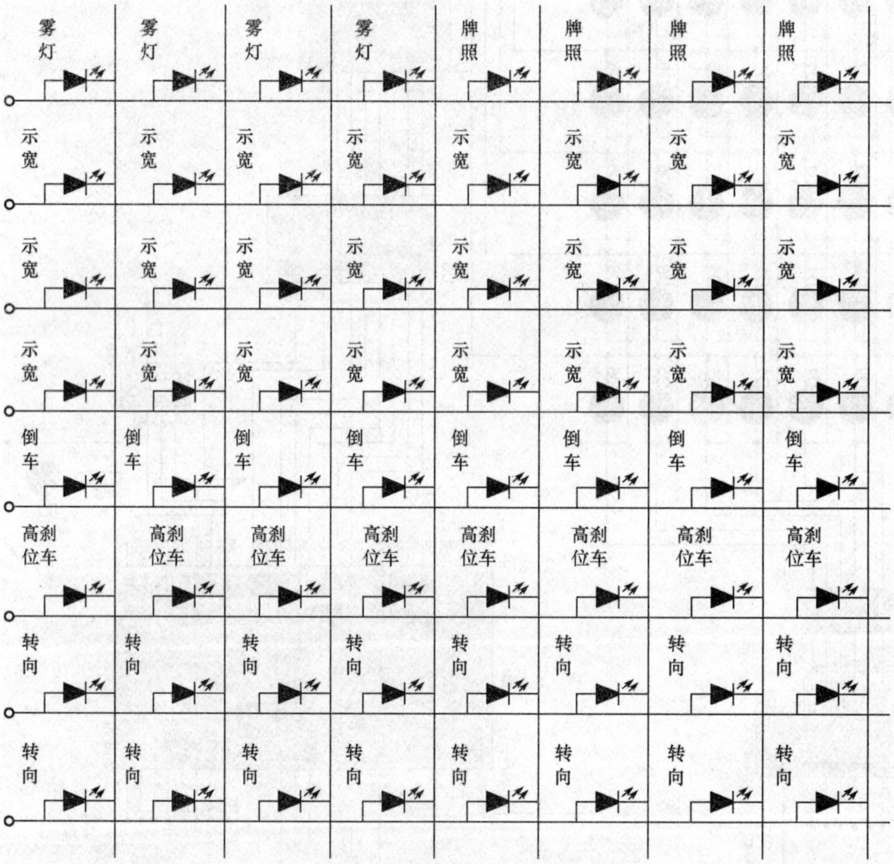

图 9-15 尾灯灯光分配

4. 从机 5 的结构和原理

从机 5 与液晶显示器连接，液晶显示器可以通过串行通信总线接收主机发来的命令，再根据主机的命令做出相应的图形显示，例如 12864 液晶显示器能够显示转向灯、远光灯、近光灯、雾灯符号等。其连接原理如图 9-16 所示。

三、模拟车灯局域网控制的软件设计

1. 单片机多机通信的基本原理

计算机之间的通信除了点对点通信外，还有一机对多机或多机之间的通信，构成计算机

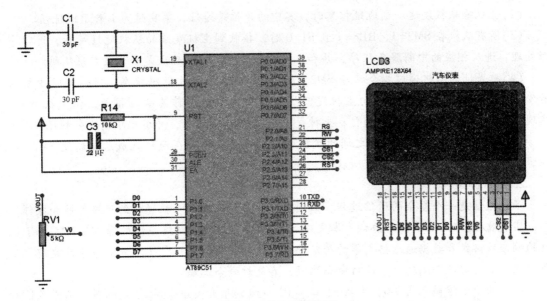

图 9-16 仪表连接原理

网络,其中主从式多机通信是比较常用的一种方式。在主从式多机通信系统中,只有一台主机,但可以有多台从机。主机发送的信息可以传送到各个从机或指定从机,从机发送的信息只能为主机所接收,各从机之间不能直接通信。主机通常由 PC 担任,也可用单片机担当(本文研究的是用单片机做主机),从机通常为单片机。MCS-51 单片机串行口的方式 2 和方式 3 具有多机通信功能,可实现一台主机和若干台从机构成总线式的多机分布式系统,其连接方式如图 9-17 所示。

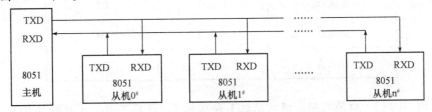

图 9-17 主从式多机通信连接方式

在多机通信中,可充分利用 MCS-51 单片机的多机通信控制位 SM2。用作主机的单片机的 SM2 应设定为 0,用作从机的 SM2 设定为 1。主机发送并为从机接收的数据有两类:一类是地址,用于指示需要和主机通信的从机的地址,由串行数据第 9 位为"1"标志;另一类是数据,由串行数据第 9 位为"0"标志。由于所有从机的 SM2=1,故每个从机总能在 RI=0 时收到主机发来的地址(因为串行数据第 9 位为"1"),并进入各自的中断服务程序。在中断服务程序中,每台从机把接收到的从机地址和它的本机地址(系统设计时分配)进行比较。所有比较地址不相等的从机均从各自的中断服务程序中退出(SM2 仍为 1),只有比较地址相等的从机才是被主机寻址通信的从机。被寻址从机在程序中使 SM2=0,以便接收随之而来的数据或命令(RB8=0)。上述过程进一步归纳如下:

(1)主机的 SM2=0,所有从机的 SM2=1,都处于监听状态(只能接收地址帧),以便接收主机发来的地址。

(2)主机给从机发送一帧地址信息时,其中的8位是地址,第9位为1表示地址帧。

(3)所有从机在SM2=1、RB8=1且RI=0时,接收到主机发来的从机地址帧后,进行中断处理,进入相应的中断服务程序,并和本机地址进行比较以确认是否为被寻址从机。

(4)被寻址的从机通过指令清除SM2,使SM2=0进入接收数据状态,可以接收主机随后发送的数据(包括命令),并向主机发回接收到的从机地址作为响应信号,供主机核对,实现主机与被寻址从机的双机通信;未被寻址从机保持SM2=1,并退出中断服务程序。

(5)完成主机和被寻址从机之间的数据通信,被寻址从机在通信完成后重新使SM2=1,并退出中断服务程序,恢复到监听状态,等待下次通信。

2. 通信协议

多机通信是一个复杂的通信过程,必须有通信协议来保证多机通信的可操作性和操作秩序,实现收/发双方的响应与协调。本文建立的LED车灯控制网络系统的通信协议,除了从机的响应帧格式和数据通信格式等的约定外,还包括从机的地址、主机开关命令、左前灯命令编码、右前灯命令编码、左尾灯命令编码、右尾灯命令编码。

从机的地址编码见表9-6,主机P1口和P2口编制了开关命令编码各30种,由于篇幅所限,在此不做赘述。

表9-6 从机的地址编码

名称	排序	地址编码
左前灯	从机1	01
右前灯	从机2	02
左尾灯	从机3	03
右尾灯	从机4	04
仪表盘	从机5	05

主机CPU收到P1口的代码。呼叫从机1和从机2,代码不同,主机向从机发送的命令就不同,左(右)前灯的CPU收到的命令代码共有16种,每种命令代码对应不同的灯光显示,其对应关系见表9-7。

表9-7 前灯的命令代码及其作用

命令代码	作用	命令代码	作用
0x00	关闭	0x05	转向灯
0x01	远光灯	0x06	远光灯+雾灯
0x02	近光灯	0x07	近光灯+雾灯
0x03	示宽灯	0x08	示宽灯+雾灯
0x04	雾灯	0x09	转向灯+雾灯

续表

命令代码	作用	命令代码	作用
0x10	转向灯+远光灯	0x13	转向灯+远光灯+雾灯
0x11	转向灯+近光灯	0x14	转向灯+远光灯+雾灯
0x12	转向灯+示宽灯	0x15	转向灯+示宽灯+雾灯

主机 CPU 收到 P2 口的代码。呼叫从机 3 和从机 4,代码不同,主机向从机发送的命令就不同,左(右)尾灯的 CPU 收到的命令代码共有 30 种,每种命令代码对应不同的灯光显示,其对应关系见表 9-8。

表 9-8 尾灯的命令代码及其作用

命令代码	作用	命令代码	作用
0x00	关闭所有	0x15	雾灯+示宽灯+倒车灯
0x01	雾灯	0x16	雾灯+示宽灯+制动灯
0x02	转向灯	0x17	雾灯+示宽灯+转向灯
0x03	示宽灯	0x18	雾灯+倒车灯+制动灯
0x04	倒车灯	0x19	雾灯+倒车灯+转向灯
0x05	制动灯	0x20	雾灯+制动灯+转向灯
0x06	雾灯+示宽灯	0x21	示宽灯+倒车灯+制动灯
0x07	倒车灯+示宽灯	0x22	示宽灯+制动灯+转向灯
0x08	制动灯+示宽灯	0x23	倒车灯+制动灯+转向灯
0x09	转向灯+示宽灯	0x24	示宽灯+倒车灯+制动灯+转向灯
0x10	倒车灯+雾灯	0x25	雾灯+倒车灯+制动灯+转向灯
0x11	转向灯+雾灯	0x26	雾灯+制动灯+转向灯+示宽灯
0x12	制动灯+倒车灯	0x27	雾灯+倒车灯+转向灯+示宽灯
0x13	转向灯+倒车灯	0x28	雾灯+倒车灯+制动灯+示宽灯
0x14	转向灯+制动灯	0x29	雾灯+制动灯+转向灯+示宽灯+转向灯

3. 程序编写

主机根据检测到的开关信息(60 种编码)通过串行通信总线呼叫某个从机,主机一次只能呼叫一个从机,所有从机都能接收主机的呼叫信息,各从机通过甄别判断主机呼叫的是不是自己,确定被主机呼叫的从机要和主机联络,没被主机呼叫的从机回到监听状态。主机在得到被呼叫的从机的应答信号后，确定已经联络上，再向呼叫的从机发出控制命令，这个控制命令只有被呼叫的从机能收到，其他从机收不到，是双机通信，被呼叫的从机根据主机的命令做出相应的灯光显示。至此一种显示结束，此从机再次回到和其他从机一样的监听状态，等待主机的再次呼叫。其他显示类同。

模拟车灯局域网控制程序设计流程如图 9-18 所示。

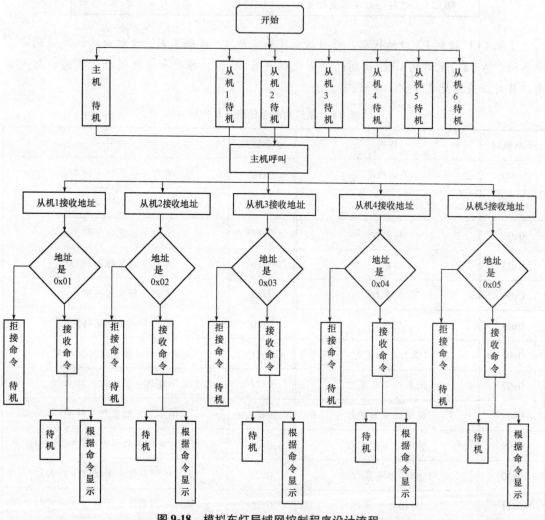

图 9-18 模拟车灯局域网控制程序设计流程

本设计需要编写 6 部分程序，分别是主机程序、从机 1 ~ 从机 5 程序。各部分的源程序见二维码。

主机控制程序

从机 1 (左前灯) 控制程序

从机 2 (右前灯) 控制程序

 从机3(左尾灯)控制程序　　 从机4(右尾灯)控制程序　　 从机5(液晶显示器)控制程序

各部分程序的编写容量见表9-9。

表9-9　各部分程序的编写容量

名称	程序容量/KB
主机	10
从机1(左前灯)	8
从机2(右前灯)	8
从机3(左尾灯)	15
从机4(右尾灯)	15
从机5(仪表盘12864)	8

四、模拟车灯控制局域网的电路板制作

1. 列出元器件清单

元器件清单见表9-10~表9-12。

表9-10　左前灯元器件清单

序号	元器件名称	参数	数量
1	单片机	STC89C51	1
2	IC插座	DIP40	2
3	晶体振荡器	11.059 2 MHz	2
4	瓷片电容	30 pF	2
5	弹性按键	复位按钮	1
6	电解电容	22 μF	1
7	电源指示灯	红发红	1
8	复位电阻	10 kΩ	1
9	示宽灯	φ5 白发白(0.5 mm)	16
10	近光灯	φ5 白发白(0.5 mm)	16
11	远光灯	φ5 白发白(0.5 mm)	4
12	左转向灯	φ5 白发黄(0.5 mm)	16
13	侧面转向灯	φ5 白发黄(0.5 mm)	8

续表

序号	元器件名称	参数	数量
14	雾灯	φ10 白发黄	4
15	锁存器	74HC573	2
16	达林顿管	ULN2803	1
17	限流电阻	100 Ω	8
18	4个双列插针	电源、地、P3.0、P3.1	2组

表 9-11　左后灯元器件清单

序号	元器件名称	参数	数量
1	单片机	STC89C51	1
2	IC插座	DIP40	2
3	晶体振荡器	11.059 2 MHz	2
4	瓷片电容	30 pF	2
5	弹性按键	复位按钮	1
6	电解电容	22 μF	1
7	电源指示灯	红发红	1
8	复位电阻	10 kΩ	1
9	示宽灯	φ5 红发红	16
10	左转向灯	φ5 白发黄	16
11	侧面转向灯	φ5 白发黄	8
12	倒车灯	φ10 白发白	16
13	雾灯	φ10 白发白	4
14	高位刹车灯	φ5 白发白	4
15	牌照灯	φ5 白发白	4
16	锁存器	74HC573	2
17	达林顿管	ULN2803	1
18	限流电阻	100 Ω	8
19	4个双列插针	电源、地、P3.0、P3.1	2组

表9-12 主机及仪表显示控制元器件清单

序号	元器件名称	参数	数量
1	单片机(主机)	STC89C51	1
2	单片机(控制显示器)	STC89C51	1
3	IC插座	DIP40	2
4	晶体振荡器	11.059 2 MHz	2
5	瓷片电容	30 pf	2
6	电解电容	22 μF	1
7	电源指示灯	红发红	1
8	复位电阻	10 KΩ	1
9	复位按钮	弹性按键	2
10	液晶显示器	12 864	1
11	左右转向灯开关	扭子开关3挡	1
12	远近光和示宽灯控制	3挡拨码开关(远近光、示宽灯、断)	1
13	远近光灯开关	2挡拨码开关	1
14	前雾灯和前后雾灯	3挡拨码开关(前后雾灯、前雾灯、断)	1
15	倒车	2挡拨码开关	1
16	制动	2挡拨码开关	1
17	普通二极管	1N4001	3
18	可变电阻	调光	1
19	4个双列插针	电源、地、P3.0、P3.1	2组

2. 按照原理图进行焊接

(1)手工焊接。电烙铁过热,焊接时间长,焊锡过多,都会造成线路板上的覆铜翘起。焊接时注意烙铁的温度不能过高,焊接时间尽量短。

焊接质量的好坏,关键取决于焊接表面是否干净,如果干净,涂上助焊剂,焊接会很迅速、很坚固。可以使用细砂纸打磨焊接表面,打磨后立刻涂上助焊剂防止再次氧化。

焊接三极管或者集成电路的时候不能过热,时间持续不超过3 s,焊接后可立即使用无水酒精冷却,否则PN结过热会使元件性能变差甚至报废。

(2)PCB板。按照原理图制作PCB板,再将元件焊接上去。

3. 下载并调试程序

程序编写好,用下载器下载程序,下载后进行脱机运行时出现了许多问题,需不断地进行修改、调试、运行,再修改、再调试、再运行,直至修改成功为止。

实验电路板如图9-19所示。图9-20所示为项目组制作人员在调试电路板。

仿真运行如图9-21所示。

图9-19　实验电路板

图9-20　项目组制作人员在调试电路板

图9-21　在车模上仿真运行

注:该项目为2016年全国机械职业教育教学指导委员会高职汽车类专业教学指导委员会"十三五"规划课题。全体项目组成员在此科研项目中自主研发了一个"基于单片机多机通信的模拟车灯控制局域网"模型车,该模型车已作为汽车类专业多门学科的教具,深受教师和学生的欢迎。

小资料

1. 车联网的概念

车联网(Internet of Vehicle, IOV)是指利用先进的传感技术、网络技术、计算技术、控制技术、智能技术,对道路交通、人车互动、信息互动、时时监控、位置定位、道路救援、娱乐游戏互动等进行全面感知,实现多个系统之间大范围、大容量数据的交互,对每辆汽车和终端移动用户进行全程控制和时时互动,既可以对每条道路进行交通全时空控制,也可以对用户进行全时空定位和信息处理与互动服务(图9-22)。

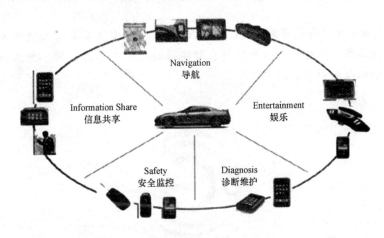

图9-22 车联网

按照网络原理,车联网系统是一个三层体系。

第一层是汽车的智能传感器,负责采集与获取车辆的智能信息,感知行车状态与环境;既是具有车内通信、车间通信、车网通信的泛在通信终端;也是让汽车具备IOV寻址和网络可信标识等能力的设备。

第二层解决车与车(V2V)、车与路(V2R)、车与网(V2I)、车与人(V2H)等的互联互通,实现车辆自组网络及多种异构网络之间的通信与漫游,在功能和性能上保障实时性、可服务性与网络泛在性,同时它是公网与专网的统一体。

第三层是一个云架构的车辆运行信息平台,它的生态链包含了智能交通、物流、客货运、危特车辆、汽修汽配、汽车租赁、企事业车辆管理、汽车制造商、4S店、车管、保险、紧急救援、移动互联网等,是多源海量信息的汇聚,因此需要虚拟化、安全认证、实时交互、海量存储等云计算功能,其应用系统也是围绕车辆的数据汇聚、计算、调度、监控、管理与应用的复合体系。

2. 车联网相关技术

(1) GPS全球定位系统。现在的车载和手机导航都是基于GPS全球定位技术(图9-23)。在车联网中,它负责为汽车提供准确定位。

(2) WCDMA/LTE移动通信技术。4G/5G等安全、高速的移动通信技术为汽车这一快速交通工具接入互联网提供了可能(图9-24)。

图 9-23　GPS 全球定位系统

（3）智能车载系统。智能车载系统（图 9-25）在车联网中主要负责人机交互与信息处理。具体设备有智能车载一体机、智能导航屏、智能后视镜、汽车防盗器、智能行车记录仪等，接近实现智能手机般的功能和用户体验。

图 9-24　5G 网络

图 9-25　车载系统

3. 车联网的优点

（1）更安全，实时监控。实时监控，就是通过 GPS 以及 OBD 系统实时地监控车辆的方位以及状态。只要客户购买了一辆加入车联网的汽车，车厂、售后服务中心、保险公司、交通管理部门等都可以通过车联网实时得知车辆的方位以及状况。

(2)更高效,了解资源。了解资源是指交通资源的合理分配。即通过GPS对车辆定位,由移动网络将车辆位置信息反馈给云控制中心(一般是交通部门负责管理调度),然后系统自动计算或者人工进行分配疏导,车载智能系统接收到交通调度信息后反馈给GPS导航,自动为客户修正驾驶路线。

(3)更智能,信息交互。车联网中的智能在于"信息交互"。它可以做到与人、设备(手机及PC等)、车厂及服务中心、第三方机构(购物中心、餐厅等)以及其他车辆进行信息交互,为车主的生活和出行提供便利。

练习题

1. 简述汽车网络技术的作用。
2. 汽车网络的拓扑结构有几种类型?
3. SAE的汽车网络分为哪几种类型?
4. 汽车采用网络技术的目的是什么?
5. 简述多路传输的原理。
6. 什么叫网络?
7. 什么叫通信协议?

附录1　ASCII 码字符表

美国信息交换标准代码（American Standard Code for Information Interchange，ASCII），是国际通用的单字节（7 位二进制数）编码系统，总共包含 128 个字符。ASCII 码字符见附表 1。

附表 1　ASCII 码字符表

低位 \ 高位		0H 000	1H 001	2H 010	3H 011	4H 100	5H 101	6H 110	7H 111
0H	0000	NUL	DLE	SP	0	@	P	`	p
1H	0001	SOH	DC1	!	1	A	Q	a	q
2H	0010	STX	DC2	"	2	B	R	b	r
3H	0011	EXT	DC3	#	3	C	S	c	s
4H	0100	EOT	DC4	$	4	D	T	d	t
5H	0101	ENQ	NAK	%	5	E	U	e	u
6H	0110	ACK	SYN	&	6	F	V	f	v
7H	0111	BEL	ETB	'	7	G	W	g	w
8H	1000	BS	CAN	(	8	H	X	h	x
9H	1001	HT	EM	)	9	I	Y	i	y
AH	1010	LF	SUB	*	:	J	Z	j	z
BH	1011	VT	ESC	+	;	K	[	k	{
CH	1100	FF	FS	,	<	L	\	l	l
DH	1101	CR	GS	-	=	M	]	m	}
EH	1110	SO	RS	.	>	N	^	n	~

附录2 汽车电控单元汇总

不同的车型所具有的电控单元类别、名称及作用会有不同，附表2是参考MagotanB8L2018_电路图整理。

附表2 汽车电控单元汇总

符号	名称	符号	名称
J453	多功能方向盘控制单元	J527	转向柱电子装置控制单元
J130	超速切断控制器单元(仅用于1.8 L发动机)	J587	换挡杆传感器控制单元
J764	电子转向柱锁止装置控制单元	J623	发动机控制单元
J243	油压和冷却液报警及转速表控制单元	J234	安全气囊控制单元
J386	驾驶员侧车门控制单元	J245	滑动天窗控制单元
J387	副驾驶员侧车门控制单元	J810	驾驶员座椅调节控制单元
J388	左后车门控制单元	J898	前窗玻璃投影(平视显示器)控制单元
J389	右后车门控制单元	J338	节气门控制单元
J844	远光灯辅助系统控制单元	J500	助力转向控制单元
J928	周围环境摄像机控制单元	J861	左侧日间行车灯和驻车示宽灯控制单元
J605	行李箱盖控制单元	J745	弯道灯和大灯照明距离调节控制单元
J138	散热器风扇控制单元	J860	左侧日间行车灯和驻车示宽灯控制单元
J938	行李箱盖开启装置控制单元	J367	蓄电池监控控制单元
J519	车载电网控制单元	J104	ABS控制单元
J502	轮胎压力监控控制单元	J285	组合仪表中的控制单元

附录3 汽车传感器汇总

传感器（英文名称：transducer/sensor）是一种检测装置，能感受到被测量的信息，并能将感受到的信息，按一定规律变换为电信号或其他所需形式的信息输出，以满足信息的传输、处理、存储、显示、记录和控制等要求。

传感器的特点包括：微型化、数字化、智能化、多功能化、系统化、网络化。它是实现**自动检测**和**自动控制**的首要环节。传感器的存在和发展，让物体有了触觉、味觉和嗅觉等感官，让物体慢慢变得活了起来。通常根据其基本感知功能划分，可分为热敏元件、光敏元件、气敏元件、力敏元件、磁敏元件、湿敏元件、声敏元件、**放射线敏感元件**、色敏元件和味敏元件等十大类。

附表3是根据Magotan B8L 2018—电路图汇总的汽车传感器。

附表3 Magotan B8L 2018汽车传感器

符号	名称	符号	名称
G17	车外温度传感器	G32	冷却液不足显示传感器
G397	雨水与光线识别传感器	G745	电机1中的传感器，用于行李箱盖
G750	行李箱盖打开传感器	G760	行李箱盖开启装置的传感器2
G266	机油油位和机油温度传感器	GX7	尾气催化净化器后的氧传感器1
GX10	尾气催化净化器前的氧传感器1	G238	空气质量传感器
G805	冷却液循环管路压力传感器	G190	前部安全气囊碰撞传感器
G179	驾驶员侧侧面安全气囊碰撞传感器	G180	副驾驶员侧侧面安全气囊碰撞传感器
G128	副驾驶员侧座椅占用传感器	G256	驾驶员侧后部侧面安全气囊碰撞传感器
G257	副驾驶员侧后部侧面安全气囊碰撞传感器	G415	驾驶员侧车门外把手接触传感器
G416	副驾驶员侧车门外把手接触传感器	G417	左后车门外把手接触传感器
G418	右后车门外把手接触传感器	G33	车窗玻璃清洗液液位传感器
G487	换挡执行器行程传感器1	G488	换挡执行器行程传感器2
G270	变速箱液压传感器	G489	换挡执行器行程传感器3
G490	换挡执行器行程传感器4	G510	控制单元温度传感器
G612	变速箱输入转速传感器2	G617	离合器行程传感器1

续表

符号	名称	符号	名称
G618	离合器行程传感器2	G632	变速箱输入转速传感器1
G182	变速箱输入转速传感器	G509	离合器温度传感器
G93	变速箱油温度传感器	G76	左后汽车高度传感器
G343	后部车身加速传感器	G78	左前汽车高度传感器
G289	右前汽车高度传感器	G85	转向角传感器
G269	转向扭矩传感器	G253	右前中部自动泊车辅助系统传感器
G254	左前中部自动泊车辅助系统传感器	G255	左前自动泊车辅助系统传感器
G568	泊车辅助系统的左前侧传感器,汽车左侧	G203	左后自动泊车辅助系统传感器
G252	右前自动泊车辅助系统传感器	G569	泊车辅助系统的右前侧传感器,汽车右侧
G716	左后泊车辅助系统传感器	G204	左后中部自动泊车辅助系统传感器
G205	右后中部自动泊车辅助系统传感器	G206	右后自动泊车辅助系统传感器
G717	右后泊车辅助系统传感器	G238	空气质量传感器
G107	阳光照射光电传感器	G150	左侧出风口温度传感器
G151	右侧出风口温度传感器	G174	后部出风口温度传感器
G192	脚部空间出风口温度传感器	G308	蒸发器温度传感器
G45	右前转速传感器	G608	真空传感器
G44	右后转速传感器	G46	左后转速传感器
G47	左前转速传感器	G200	横向加速度传感器
G201	制动压力传感器1	G202	偏转率传感器
G251	纵向加速度传感器	G79	油门踏板位置传感器
G185	油门踏板位置传感器2	G83	散热器出口处的冷却液温度传感器
GX7	尾气催化净化器后的氧传感器1	GX10	尾气催化净化器前的氧传感器1
G39	氧传感器	G130	尾气催化净化器后的氧传感器
G40	霍尔传感器	G62	冷却液温度传感器
GX9	进气歧管传感器	G71	进气歧管压力传感器

续表

符号	名称	符号	名称
G163	霍尔传感器2	G247	燃油压力传感器
G299	进气温度传感器2	GX26	增压压力传感器
G28	发动机转速传感器	G31	增压压力传感器
G42	进气温度传感器	G187	电控油门操纵机构的节气门驱动装置角度传感器1
G188	电控油门操纵机构的节气门驱动装置角度传感器2	G61	爆震传感器1
G	燃油表传感器	G186	电控油门操纵机构的节气门驱动装置传感器
G300	霍尔传感器3	G410	低压燃油压力传感器
G374	腰部支撑高度调节传感器	G375	腰部支撑前后调节传感器
G551	驾驶员侧安全带拉力限制器	G552	副驾驶员侧安全带拉力限制器
G341	前左车身加速传感器	G342	前后车身加速传感器

附录 4　Proteus 常用元件表

Proteus 可提供的仿真元器件资源有仿真数字和模拟、交流和直流等数千种元器件，有 30 多个元件库，Proteus 是单片机学习者的好助手，附表 4 供电路设计时选用。

附表 4　Proteus 常用元件表

类型	符号	说明	符号	说明
电阻类 Resistors	RES	通用电阻	NTC/RTC	负/正温度系数电阻
	RESISTORS NETWORK	电阻网络	RESISTORS PACKS	排阻
	VARIABLE	可变电阻	VARISTORS	压敏电阻
	MINRES	固定电阻		
电容 Capacitors 电感类 Inductors	CAP	电容	ELECTRO	电解电容
	CAP－ELEC	电解电容	CAP－POL	有极性电容
	CAPVAR	可调电容	IND－AIR	充气电感
	CAPACITOR	电容	IND－IRON	带铁芯电感
	NLINDUCTOR	非线性电感	INDUCTOR	通用电感
光电子器件类 Optoelectronics	LED-	各种单个发光二极管	DPY_3-SEG	3 段 LED
	7SEG-COM-CATHODE	1 个共阴极 7 段数码显示器(红色)	DPY_7-SEG	7 段 LED
	DPY_7-SEG_DP	7 段 LED(带小数点)	MATRIX-8×8-GREEN	8×8 点阵块(绿色)
	7SEG-MPX4-CA-GRN	4 个七段共阴绿色数码管	LM016L	液晶显示器
开关和继电器类 Switches &Relays	SW-SPST	单刀单掷开关	SW-SPDT	单刀双掷开关
	DIPSWC_X	X 位拨动开关	BUTTON	按钮开关
	SW-DPDY	双刀双掷开关	SW-PB	按钮
	RELAYS	继电器	RELAY2P	2P 继电器
	RLY-DPCO	2P 常开常闭继电器	RLY-SPCO	1P 常开常闭继电器

续表

类型	符号	说明	符号	说明
二极管 Diodes /三极管类 Transistors	BRIDGE	整流桥	NPN	三极管
	DIODE-SC	肖特基二极管	PNP	三极管
	DIODE	二极管	SCR	晶闸管
	DIODE-ZEN	稳压二极管	MOSFET	MOS管
	JFET N N	沟道场效应管	IGBT	绝缘栅晶体管
	JFET P P	沟道场效应管		
其他类	SPEAKER	蜂鸣器	FUSE	熔断器
	BUZZER	蜂鸣器	LAMP	灯泡
	MOTOR – DC	直流电机	LAMP NEDN	起辉器
	OPAMP	运算放大器	METER	仪表
	AlterNATOR	交流发电机	MICROPHONE	麦克风
	MOTOR AC	交流电机	CRYSTAL	晶体整荡器
	MOTOR SERVO	伺服电机	PELAY – DPDT	双刀双掷继电器
	ANTENNA	天线	THERMISTOR	电热调节器
	BATTERY	直流电源	TRANSI	变压器
	BELL	铃，钟	TRANS2	可调变压器

附录5 常用的C51标准库函数

我们在用C语言编程时往往第一行就是头文件,所谓头文件就是指51编译器。为了提高编程效率,减少编程人员的重复劳动,将一些使用频率很高的定义和命令单独组成的一个文件,以文件名.h的形式存于编程软件C:\ KEIL \ C51 \ INC下。程序中要使用头文件就用"文件包含"指令,所谓"文件包含"是指在一个文件内将另外一个文件的内容全部包含进来。如几乎每个程序中都可能要用到的reg51.h,用预编译指令#include < reg51.h >包含进来就可以了。这个就相当于工业上的标准零件,拿来直接使用就可以了。

1. 专用寄存器函数库

专用寄存器函数库对专用寄存器及相关位进行了地址声明,只有对寄存器及相关位进行声明地址后,才能对其进行赋相关的值,Keil软件才能编译通过。其原型声明包含在头文件reg51.h中,其原型声明如下:

```
/*  BYTE Register */
sfr P0=0x80;
sfr P1=0x90;
sfr P2=0xA0;
sfr P3=0xB0;
sfr PSW=0xD0;
sfr ACC=0xE0;
sfr B=0xF0;
sfr SP=0x81;
sfr DPL=0x82;
sfr DPH=0x83;
sfr PCON=0x87;
sfr TCON=0x88;
sfr TMOD=0x89;
sfr TL0=0x8A;
sfr TL1=0x8B;
sfr TH0=0x8C;
sfr TH1=0x8D;
sfr IE=0xA8;
sfr IP=0xB8;
sfr SCON=0x98;
sfr SBUF=0x99;

/*  BIT Register */
```

```
/*  PSW  */
sbit CY=0xD7;
sbit AC=0xD6;
sbit F0=0xD5;
sbit RS1=0xD4;
sbit RS0=0xD3;
sbit OV=0xD2;
sbit P=0xD0;

/*  TCON  */
sbit TF1=0x8F;
sbit TR1=0x8E;
sbit TF0=0x8D;
sbit TR0=0x8C;
sbit IE1=0x8B;
sbit IT1=0x8A;
sbit IE0=0x89;
sbit IT0=0x88;

/*  IE  */
sbit EA=0xAF;
sbit ES=0xAC;
sbit ET1=0xAB;
sbit EX1=0xAA;
sbit ET0=0xA9;
sbit EX0=0xA8;

/*  IP  */
sbit PS=0xBC;
sbit PT1=0xBB;
sbit PX1=0xBA;
sbit PT0=0xB9;
sbit PX0=0xB8;

/*  P3  */
sbit RD=0xB7;
sbit WR=0xB6;
sbit T1=0xB5;
sbit T0=0xB4;
```

```
sbit INT1=0xB3;
sbit INT0=0xB2;
sbit TXD=0xB1;
sbit RXD=0xB0;
/*  SCON  */
sbit SM0=0x9F;
sbit SM1=0x9E;
sbit SM2=0x9D;
sbit REN=0x9C;
sbit TB8=0x9B;
sbit RB8=0x9A;
sbit TI=0x99;
sbit RI=0x98。
```

2. I/O 函数库

I/O 函数主要用于数据通过串口的输入和输出等操作，C51 的 I/O 函数库的原型声明包含在头文件 stdio.h 中。由于这些 I/O 函数使用了 51 单片机的串行接口，因此在使用前需要先进行串口的初始化。然后，才可以实现正确的数据通信。

典型的串口初始化需要设置串口模式和波特率，示例如下：

```
SCON=0x50;           //串口模式1，允许接收
TMOD|=0x20;          //初始化T1为定时功能，工作方式2
PCON|=0x80;          //设置SMOD=1
TL1=0xF4;            //波特率4 800 b/s，初值
TH1=0xF4;
IE|=0x90;            //中断
TR1=1;               //启动定时器
```

3. 标准函数库

标准函数库提供了一些数据类型转换以及存储器分配等操作函数。标准函数的原型声明包含在头文件 stdlib.h 中，标准函数库的函数见附表 5-1。

附表 5-1 常用标准函数

函数	功能	函数	功能
atoi	将字符串 sl 转换成整型数值并返回该值	atol	将字符串 sl 转换成长整型数值并返回该值
atof	将字符串 sl 转换成浮点数值并返回该值	strtod	将字符串 s 转换成浮点型数据并返回该值
strtol	将字符串 s 转换成 long 型数值并返回该值	strtoul	将字符串 s 转换成 unsigned long 型数值并返回该值

续表

函数	功能	函数	功能
rand	返回一个 0 到 32 767 之间的伪随机数	srand	初始化随机数发生器的随机种子
calloc	为 n 个元素的数组分配内存空间	free	释放前面已分配的内存空间
init_mempool	对前面申请的内存进行初始化	malloc	在内存中分配指定大小的存储空间
realloc	调整先前分配的存储器区域大小		

4. 字符函数库

字符函数库提供了对单个字符进行判断和转换的函数。字符函数库的原型声明包含在头文件 ctype.h 中，字符函数库的常用函数见附表 5-2。

附表 5-2 常用字符处理函数

函数	功能	函数	功能
isalpha	检查形参字符是否为英文字母	isalnum	检查形参字符是否为英文字母或数字字符
iscntrl	检查形参字符是否为控制字符	isdigit	检查形参字符是否为十进制数字
isgraph	检查形参字符是否为可打印字符	isprint	检查形参字符是否为可打印字符以及空格
ispunct	检查形参字符是否为标点、空格或格式字符	islower	检查形参字符是否为小写英文字母
isupper	检查形参字符是否为大写英文字母	isspace	检查形参字符是否为控制字符
isxdigit	检查形参字符是否为十六进制数字	toint	转换形参字符为十六进制数字
tolower	将大写字符转换为小写字符	toupper	将小写字符转换为大写字符
toascii	将任何字符型参数缩小到有效的 ASCII 范围之内	_tolower	将大写字符转换为小写字符
_toupper	将小写字符转换为大写字符		

5. 字符串函数库

字符串函数库的原型声明包含在头文件 string.h 中。在 C51 语言中，字符串应包括 2 个或多个字符，字符串的结尾以空字符来表示。字符串函数通过接收指针串来对字符串进行处理。常用的字符串函数见附表5-3。

附表5-3 常用的字符串函数

函数	功能	函数	功能
memchr	在字符串中顺序查找字符	memcmp	按照指定的长度比较两个字符串的大小
memepy	复制指定长度的字符串	memccpy	复制字符串，如果遇到终止字符，则停止复制
memmove	复制字符串	memset	按规定的字符填充字符串
strcat	复制字符串到另一个字符串的尾部	strncat	复制指定长度的字符串到另一个字符串的尾部
strcmp	比较两个字符串的大小	stmcmp	比较两个字符串的大小，比较到字符串结束符后便停止
strcpy	将一个字符串覆盖另一个字符串	strncpy	将一个指定长度的字符串覆盖另一个字符串
strlen	返回字符串中字符总数	strstr	搜索字符串出现的位置
strchr	搜索字符出现的位置	strpos	搜索并返回字符出现的位置
strrchr	检查字符串中是否包含某字符	strrpos	检查字符串中是否包含某字符
strspn	查找不包含在指定字符集中的字符	strcspn	查找包含在指定字符集中的字符
strpbrk	查找第一个包含在指定串符集中的字符	strrpbrk	查找最后一个包含在指定串符集中的字符

6. 内部函数库

内部函数库提供了循环移位和延时等操作函数。内部函数的原型声明包含在头文件intrins.h中，内部函数库的常用函数见附表5-4。

附表5-4 内部函数库的常用函数

函数	功能	函数	功能
crol	将字符型数据按照二进制循环左移n位	_irol_	将整型数据按照二进制循环左移n位
lrol	将长整型数据按照二进制循环左移n位	_cror_	将字符型数据按照二进制循环右移n位

续表

函数	功能	函数	功能
iror	将整型数据按照二进制循环右移n位	_lror_	将长整型数据按照二进制循环右移n位
nop	使单片机程序产生延时	_testbit_	对字节中的一位进行测试

7. 数学函数库

数学函数库提供了多个数学计算的函数，其原型声明包含在头文件math.h中，数学函数库的函数见附表5-5。

附表5-5　数学函数库的函数

函数	功能	函数	功能
abs	计算并返回输出整型数据的绝对值	cabs	计算并返回输出字符型数据的绝对值
fabs	计算并返回输出浮点型数据的绝对值	labs	计算并返回输出长整型数据的绝对值
exp	计算并返回输出浮点数x的指数	log	计算并返回浮点数x的自然对数
log10	计算并返回浮点数x的以10为底的对数值	sqrt	计算并返回浮点数x的平方根
cos、sin、tan、acos、asin、atan、atan2、cosh、sinh、tanh	计算三角函数的值	ceil	计算并返回一个不小于x的最小正整数
floor	计算并返回一个不大于x的最小正整数	modf	将浮点型数据的整数和小数部分分开
pow	进行幂指数运算		

8. 绝对地址访问函数库

绝对地址访问函数库提供了一些宏定义的函数，用于对存储空间的访问。绝对地址访问函数的原型声明包含在头文件abcacc.h中，常用函数见附表5-6。

附表 5-6　绝对地址访问函数库的函数

函数	功能	函数	功能
CBYTE	对 51 单片机的存储空间进行寻址 CODE 区	DBYTE	对 51 单片机的存储空间进行寻址 IDATA 区
PBYTE	对 51 单片机的存储空间进行寻址 PDATA 区	XBYTE	对 51 单片机的存储空间进行寻址 XDATA 区
CWORD	访问 51 单片机的 CODE 区存储器空间	DWORD	访问 51 单片机的 IDATA 区存储器空间
PWORD	访问 51 单片机的 PDATA 区存储器空间	XWORD	访问 51 单片机的 XDATA 区存储器空间
FVAR	访问 far 存储器区域	FARRAY	访问 far 空间的数组类型目标
FCARRAY	访问 fconst far 空间的数组类型目标		

参考文献

[1] 郭天祥. 新概念51单片机C语言教程——入门、提高、开发、拓展全攻略[M]. 2版. 北京：电子工业出版社，2018.

[2] 王宇. 单片机技术[M]. 北京：中国轻工业出版社，2015.

[3] 陈静，李俊涛，郑宇平，等. 单片机应用技术项目化教程[M]. 北京：化学工业出版社，2014.

[4] 姜志海，赵艳雷，陈松. 单片机的C语言程序设计与应用——基于Proteus仿真[M]. 3版. 北京，电子工业出版社，2015.

[5] 侯树梅. 汽车单片机及局域网技术[M]. 北京：高等教育出版社，2005.

[6] 黄鹏. 汽车单片机应用技术[M]. 北京：机械工业出版社，2010.

[7] 徐涢基，黄建华. 单片机原理及应用[M]. 北京：航空工业出版社，2016.

[8] 王静霞. 单片机应用技术（C语言版）[M]. 4版. 北京：电子工业出版社，2019.

[9] 刘建清. 从零开始——学单片机C语言[M]. 北京：人民邮地出版社，2019.

[10] 范红刚，魏学海，任思瑾. 51单片机自学笔记[M]. 北京：北京航空航天大学出版社，2010.

[11] 李朝青，卢晋，王志勇，等. 单片机原理及接口技术[M]. 5版. 北京：北京航空航天大学出版社，2017.